互联网+高等教育精品课程
"十三五"规划教材（财经类）

DIANZI SHANGWU GAILUN
电子商务概论

张锁通　主编

西安交通大学出版社
XI'AN JIAOTONG UNIVERSITY PRESS

国家一级出版社
全国百佳图书出版单位

图书在版编目（CIP）数据

电子商务概论 / 张锁通主编. —西安：西安交通大学出版社，2017.8(2022.4 重印)
ISBN 978-7-5693-0008-6

Ⅰ.①电… Ⅱ.①张… Ⅲ.①电子商务－高等学校－教材 Ⅳ.①F713.36

中国版本图书馆 CIP 数据核字(2017)第 203040 号

书　　名	电子商务概论
主　　编	张锁通
责任编辑	张　阳　贺彦峰

出版发行	西安交通大学出版社 (西安市兴庆南路1号　邮政编码　710048)
网　　址	http://www.xjtupress.com
电　　话	(029)82668357　82667874(发行中心) (029)82668315(总编办)
传　　真	(029)82668280
印　　刷	西安日报社印务中心
开　　本	787mm×1092mm　1/16　印张　16　字数　390千字
版次印次	2017年10月第1版　2022年4月第5次印刷
书　　号	ISBN 978-7-5693-0008-6
定　　价	42.00元

读者购书、书店添货，如发现印装质量问题，请与本社发行中心联系、调换。
订购热线：(029)82665248　(029)82665249
投稿热线：(029)82668133
读者信箱：xj_rwjg@126.com

版权所有　侵权必究

编审说明

电子商务的发展日新月异，作为一门新学科，理论知识更新很快，实践运用不断创新。无论是电子商务的内涵、技术、营销手段，还是电子商务的管理及运营，与几年前相比都发生了很大的变化。尤其电子商务的发展与计算机网络技术和通讯技术密切相关，受社会经济的影响也非常大。近年来智能手机的快速普及，移动技术的发展，使移动支付变得方便快捷，直接带动了移动电子商务的发展，促进了物流水平的提高，大数据分析使网络营销活动更加精准化、效率化。前几年受国际金融危机的影响，我国对外贸易下降，电子商务以其特有的跨时空、少环节、易沟通、低成本等优势引起了国家层面的重视。2015年国务院印发了《关于促进跨境电子商务健康快速发展的指导意见》，促进了电子商务的快速发展。跨境电子商务也促进了我国中小企业和对外经济的又一轮提升发展。电子商务理论实践的变化使得原有教材的很多内容显得陈旧滞后，远远不能满足和适应现有电子商务专业和其他相关专业学生学习电子商务的需要，这促使我们从2016年开始进行了《电子商务概论》这部新教材的编写。

本教材在编写前就学习内容及学习方法习惯，对学生进行了广泛的调研，在编写内容上征求了理论研究人士的建议，重点对从事电子商务网站运营及企业网络营销的人员进行访谈，使教材内容尽可能在理论上占据前沿和在实践上具有指导价值。教材编写克服了以往重历史发展研究、重技术阐述的倾向，力求突出知识性、实操性、可读性、通俗性的特点。在教材中根据内容穿插了适宜学习理解记忆的生动图表、流程示意图等。结合现代技术特点，将一些习题及答案以及一些拓展阅读等采用二维码阅读形式方便学生学习。在总体内容安排上与网上资源衔接互补，避免重复交叉和内容堆砌，以学科专业内容应知应会为目标，适合学生现代网络学习的特点。

本书主要增加了跨境电子商务和移动电子商务的内容，同时增加了大家普遍希望学习掌握的网络市场调研内容和大数据分析等内容。在电子商务技术中重点阐述了移动电子商务技术，在电子支付中阐述了移动电子支付技术。在服务内容中增加了网络会计和网络教育的内容。在电子商务法律中对我国已经启动的电子商务立法工程做了重点阐述。经审定，本书适合于高等院校电子商务专业、市场营销专业、工商管理专业及会计学等财经专业学员学习。

本书由河北广播电视大学张锁通教授总策划并统稿，河北广播电视大学教学支持服务中心副主任郑新建教授参加了前期教材及资源建设框架设计及部分内容审定。教材编写具体分工如下：河南广播电视大学赵倩倩（第一、十章）；唐山广播电视大学杜春梅（第二、五、六章）；山西广播电视大学韩晓丽副教授（第三、四章）；河北广播电视大学张锁通教授（第七、八、九章）。本书在编写过程中得到河北广播电视大学教务处处长李刚教授及王金山老师的大力支持，书中参考、借鉴了国内同行的教学研究成果，在此一并表示诚挚的感谢！

本教材可扫描二维码做作业练习。由于编者水平所限，书中难免有疏漏和不妥之处，敬祈广大读者不吝批评指正。

主编QQ号：195444849。

互联网＋高等教育精品课程"十三五"规划教材编审指导委员会
2017年8月

目 录

第一章 导 论 (1)
- 第一节 电子商务的概念 (1)
- 第二节 电子商务环境与交易流程 (4)
- 第三节 电子商务分类 (8)
- 第四节 电子商务发展历程及趋势 (15)

第二章 电子商务技术 (24)
- 第一节 互联网络技术 (24)
- 第二节 EDI 与数据库技术 (31)
- 第三节 网站建设技术 (34)
- 第四节 移动电子商务技术 (37)
- 第五节 电子商务安全技术 (40)

第三章 网络市场调研 (48)
- 第一节 网络市场调研概述 (48)
- 第二节 网络信息的收集 (55)
- 第三节 网络信息的整理分析 (61)

第四章 网络营销 (73)
- 第一节 网络营销概述 (73)
- 第二节 网络营销理论及战略 (77)
- 第三节 网络营销常用工具和方法 (79)
- 第四节 网络营销策略及效果评价 (86)

第五章 电子商务支付 (98)
- 第一节 电子商务支付概述 (98)
- 第二节 电子支付工具 (103)
- 第三节 网上银行 (109)
- 第四节 第三方支付 (113)

第六章 移动电子商务 (122)
- 第一节 移动电子商务概述 (122)
- 第二节 移动商务价值链与商业模式 (125)
- 第三节 移动商务的应用 (132)
- 第四节 移动商务安全 (137)

第七章 跨境电子商务 (145)
- 第一节 跨境电子商务概述 (145)
- 第二节 跨境电子商务业务模式 (148)
- 第三节 国际物流与跨境支付 (155)

第四节　跨境电子商务发展趋势……………………………………………………(163)
第八章　服务业与电子商务…………………………………………………………(170)
　　第一节　电子商务服务业……………………………………………………………(170)
　　第二节　网络金融……………………………………………………………………(174)
　　第三节　网络旅游……………………………………………………………………(180)
　　第四节　网络教育……………………………………………………………………(183)
　　第五节　网络会计……………………………………………………………………(187)
第九章　电子商务物流………………………………………………………………(195)
　　第一节　物流概述……………………………………………………………………(195)
　　第二节　企业物流模式………………………………………………………………(203)
　　第三节　物流系统及现代物流技术…………………………………………………(207)
　　第四节　电子商务供应链管理………………………………………………………(211)
第十章　电子商务法律问题…………………………………………………………(223)
　　第一节　电子商务法概述……………………………………………………………(223)
　　第二节　网络服务与在线交易的法律规制…………………………………………(228)
　　第三节　电子签名与认证法律制度…………………………………………………(233)
　　第四节　网络权益保护法律制度……………………………………………………(235)
　　第五节　电子商务税收法律问题……………………………………………………(240)
参考文献………………………………………………………………………………(249)

第一章 导 论

☞ **本章学习目标**
1. 理解电子商务的概念、主要特征；
2. 掌握电子商务的分类；
3. 掌握电子商务的主要功能；
4. 理解电子商务的交易流程；
5. 了解电子商务的发展历程及趋势。

20世纪90年代初期的Internet商业化，直接推动了现代电子商务的产生和迅速发展，也促进了商业模式的变革和创新。电子商务已经成为一个重要的全球经济要素。它不仅指基于互联网的新型交易或流通方式，而且指所有利用电子信息技术来扩大宣传、降低成本、增加价值和创造商机的商务活动。电子商务是互联网时代的产物，随着互联网的高速发展，电子商务已经不是一个单纯的商业概念，而是一个以互联网为支撑的集信息流、商流、资金流、物流为一体的整个贸易过程。研究和实践表明，电子商务的影响和带来的变革是全面而深远的，同时，电子商务的发展和应用是一个不断变化和演进的过程，这就要求我们系统深入地认识和理解电子商务。

第一节 电子商务的概念

电子商务源于英文Electronic Commerce，简写为EC。电子商务是指交易当事人或参与人利用互联网络和其他信息网络从事商品或服务的活动（支付、物流、认证等第三方服务平台互联网信息服务）。对电子商务的理解应从"现代信息技术"和"商务"两个方面考虑。一方面，"电子商务"概念所包括的"现代信息技术"应用，涵盖各种以电子技术为基础的通信方式。另一方面，对"商务"一词应作广义解释，使其包括契约型或非契约型的一切商务性质的关系所引起的种种事项。

网络交易服务是指为交易各方从事网络交易提供的技术、信息、交易撮合等服务，包括信息网络接入互联网信息服务、第三方网络交易服务以及其他交易辅助服务等。

电子商务不等于商务电子化，真正的电子商务绝不仅仅是企业前台的商务电子化，更重要的是包括后台在内的整个运作体系的全面信息化以及企业整体经营流程的优化和重组。也就是说，建立在企业全面信息化基础上，通过电子手段对企业的生产、销售、库存以及人才资源等环节实行全方位控制的电子商务，才是真正意义上的电子商务。

一、电子商务的功能

电子商务可提供网上交易和管理等全过程的服务，因此它具有广告宣传、咨询洽谈、网上订购、网上支付、交易服务、信息处理等各项功能。

(一)广告宣传

信息发布的实时性和便捷性是传统媒体无可比拟的。企业可以通过自己的电子商务网站或其他门户网站发布各类宣传信息和商业信息。比如电子商务可凭借企业的 Web 服务器和客户的浏览器,在 Internet 上发布各类商业信息(见图 1.1)。客户可借助网上的检索工具(Search)迅速地找到所需商品信息,而商家可利用网上主页(Home Page)和电子邮件(E-mail)在全球范围内作广告宣传。与以往的各类广告相比,网上的信息发布和广告宣传突破了时空限制,成本最为低廉,而给顾客的信息量却最为丰富。

图 1.1 君乐宝网上商城婴幼儿奶粉广告宣传

(二)咨询洽谈

电子商务可借助非实时的电子邮件,新闻组(News Group)和实时的讨论组(Chat)来了解市场和商品信息、洽谈交易事务。如有进一步的需求,还可用网上的白板会议(Whiteboard Conference)来交流即时的图形信息。网上咨询和洽谈能超越人们面对面洽谈的限制,提供多种方便的异地交谈形式。

(三)网上订购

网上购物是电子商务中最为直观也是对企业和个人购物行为影响最大的一个功能。客户可以通过企业的官方网站或搜索引擎进行商品的搜索和比较,可以方便地进行商品的网上订购,并享受送货上门等优质的物流服务,同时也可通过网上支付完成货款的支付等环节。如果对购买的商品不满意,还可以享受退货等服务。电子商务可借助 Web 中的邮件交互传送,实现网上订购。网上订购通常都是在产品介绍的页面上提供十分友好的订购提示信息和订购交互格式框。当客户填完订购单后,通常系统会回复确认信息单来保证订购信息的收悉。订购信息也可采用加密的方式,使客户和商家的商业信息不会泄漏。

(四)网上支付

电子商务要成为一个完整的过程,网上支付是重要的环节。客户和商家之间可采用银行卡或者电子钱包等支付工具进行支付,网上支付方便快捷,可节省很多人工成本。网上支付要有电子金融来支持,也就是需要银行、信用卡公司、保险公司等金融单位提供相关服务。网上支付中电子账户管理是其基本的组成部分。但网上支付也需要更为可靠的信息传输等安全性技术,以防止欺骗、窃听、冒用等非法行为。

(五)交易服务

电子商务的核心是达成交易。为了确保交易顺利实现,就需要提供相应的网上洽谈、网上支付、物流配送、融资保险、商务咨询、政策宣传及交易信息技术安全等各项服务(见图1.2)。目前提供上述金融、物流及技术安全服务的中介或第三方电子商务服务公司大量涌现,有利于电子商务长期快速发展。

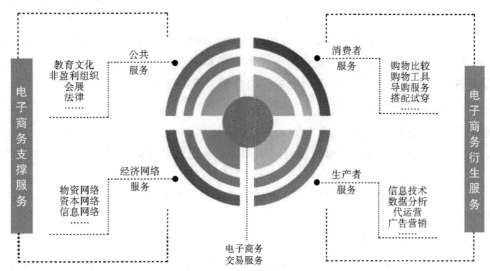

图1.2 电子商务交易服务

(六)信息处理

提供企业网站,可以非常方便地征求消费者及企业客户对企业产品和服务的反馈意见。经过对这些信息的分析处理,不仅能够提高售后服务的水平,也能使企业获得改进产品、发现市场的商业机会。

二、电子商务的主要特征

(一)营销过程电子化

通过 Internet 互联网络进行的贸易,贸易各方从贸易磋商、签订合同到支付等,无需当面进行,均通过计算机互联网络完成,整个交易完全虚拟化。对卖方来说,可以将产品信息上网。买方根据自己的需求选择交易商品或者服务,并将信息反馈给卖方。通过信息的推拉互动,签定电子合同,完成交易并进行电子支付,整个交易都在网络这个虚拟的环境中进行。电子商务的发展打破了传统企业间明确的组织界限,也突破了交易的时空界限。虚拟企业表现为企业有形边界的缩小,无形边界(虚拟企业的共同边界)的扩张。

(二)商务行为全球化

传统市场由于受到国界的限制,国际性产品或劳务的交易活动在很大程度上要受到政府的干预。而电子商务是以国际性、交互性、开放性的互联网为其运行的载体,该网络在本质上是无国界的、全球性的,这就使得电子商务突破了传统交易所具有的地域和时空的界限。任何主体只要进入了该开放性、交互性的网络,就可以在该网络所覆盖的范围内收集信息、推销产品或服务。

(三)商务信息透明化

电子商务是建立在网络基础上的,是全社会资源,以透明快捷互动方式流动,带来整个全社会生产经营活动价值链的改变,电子商务中的整个交易过程都在电子屏幕上显示,非常透明。买卖双方从交易的洽谈、签约以及货款的支付、交货通知等整个交易过程都在网络上进行。通畅、快捷的信息传输可以保证各种信息之间互相核对,可以防止伪造信息的流通。例如,在典型的许可证 EDI 系统中,由于加强了发证单位和验证单位的通信、核对,假的许可证就不易漏网。海关 EDI 也帮助杜绝边境的假出口骗退税等行径。

(四)交易机会平等化

电子商务大大降低了企业进入市场尤其是国际市场的门槛,减少了企业广告宣传及交易洽谈、资金支付等成本。使得中小企业拥有和大企业相近的信息资源,提高了中小企业的竞争能力。另外通过互联网,商家之间可以直接交流、谈判、签合同,消费者也可以把自己的反馈建议反映到企业或商家的网站,而企业或者商家则要根据消费者的反馈及时调查产品种类及服务品质,做到良性互动。

(五)交易过程便捷化

传统贸易方式中,用信件、电话和传真传递信息必须有人的参与,且每个环节都要花费不少时间。有时由于人员合作和工作时间的问题,会延误传输时间,失去最佳商机。由于互联网络将贸易中的商业报文标准化,使商业报文经计算机自动处理在世界各地瞬间完成传递,使原料采购、产品生产、需求与销售、银行汇兑、保险、货物托运及申报等过程无需人员干预就能在最短的时间内完成。电子商务克服了传统贸易方式费用高、易出错、处理速度慢等缺点,极大地缩短了交易时间,使整个交易非常快捷与方便。

第二节 电子商务环境与交易流程

一、电子商务运行环境

电子商务的发展需要企业内外部环境的支持(见图 1.3),主要包括技术环境、政策法律环境、物流金融环境、经济环境、社会文化环境等。

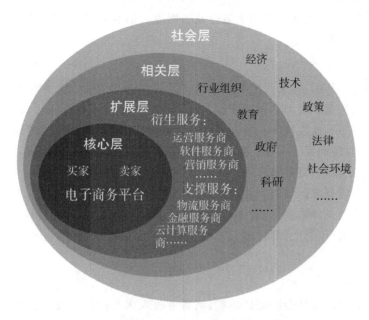

图1.3 电子商务企业发展所处内外环境

(一)技术环境

电子商务的发展离不开科学技术的进步。尤其是计算机技术、通信及移动通信技术、网络技术对于发展电子商务起着至关重要的作用,没有这些技术的重大突破,没有网络基础设施的改善,就没有电子商务的飞速发展。由于传统观念及个别网络犯罪的影响,网络交易安全性一直是人们担心并制约电子商务发展的一个重要因素。尽管安全性是所有行业面临的问题,但网络安全问题的解决是电子商务能够被商家和消费者普遍接受的前提。电子商务网络网站,包括加密设备、隔离标志、访问控制、防火墙、智能卡、反病毒等安全技术的提高,也是电子商务发展所需的重要环境。

(二)政策法律环境

电子商务是新生事物,其良好可持续的发展需要政策法律法规的规范和支持。

规范主要是使计算机网络及通信等技术与交易行为等方面有统一或者相对统一的运行规则和标准。这必须要由各国政府及相关国际组织制定具有约束力的各方必须遵循的基本程序和行为准则。如1996年联合国国际贸易法委员会大会制定的《电子商务示范法》,及其后又制定的《电子签名示范法》《电子合同公约》,美国制定的《统一电子交易法》,2004年8月通过并于2005年4月1日实行的《中华人民共和国电子签名法》。2013年12月全国人大常委会启动了《电子商务法》的立法进程。所有这些都是电子商务顺利发展的有力保障。

支持主要是为了推进电子商务的快速、持续发展,各国政府应该制定出一系列适应各自国情的电子商务政策,尤其是投资及税收鼓励政策,做好宣传和知识普及,国家投资和企业市场化运作共举。譬如:在通信网络方面国家投资可占较大的比例,在计算机网络建设方面国家投资可以较小,对信息资源网则视行业信息情况酌情给予投入,对电子商务增值网则主要给予法律、法规上的指导和帮助,这一部分应促进企业的市场行为。另外如美国克林顿执政时期强制联邦政府网上采购,强制国际贸易网上进行及各国通行的企业网上交易给予税收优惠等都有利于电子商务的快速发展。

(三)物流金融环境

在电子商务的交易中,对于无实物形态的产品,如电子出版物、软件等信息产品,可以通过互联网在线传输到消费者手中。但对于有实物形态的产品却不能在线传输,传统商业中的物流部分是电子商务所不能取代的。要开展电子商务,必须建立高效快捷的现代化货物配送系统,将实物产品及时送到买方手中。物流环境的重要性主要表现在:物流是电子商务的组成部分,是完成商流的手段,物流是服务客户的保证,也是生产的保障。

随着越来越多的商家计划对企业进行扩展并进入到电子商务新时代,支付问题就显得越来越突出。发展网上支付体系,建立和健全良好的金融环境,是保障和促进电子商务发展的一个关键因素。网上银行、网上保险、第三方电子支付、互联网投融资等金融业务,为电子商务的发展提供了保障。

(四)经济环境

经济环境主要指国家社会经济的发展,消费者收入水平的提高及良好的社会经济保障等内容。电子商务经济环境在企业方主要包括信息网络的基础设施、企业信息化和金融电子化建设等内容。在消费者方面主要指现实的和潜在的购买能力,当然也包括消费者家庭及个人的计算机、手机等信息终端设备的普及程度。

(五)社会文化环境

电子商务的兴起和发展离不开社会环境,有益的社会环境将会促进电子商务的发展。互联网改变了人们的生活、工作方式,电子商务交易方式改变了人们传统的购物习惯。人们网上交易的意识和进行网上交易的产品服务及交易方法等专业知识教育,也是电子商务进行的基础。电子商务交易中语言、文化等因素影响着交易的效率和效果。此外,电子商务是在虚拟的市场环境下运作的,交易双方是通过网络进行交易的,网络诚信在交易中显得尤为重要,整个社会诚信环境的建立是电子商务发展的必要支撑。

二、电子商务交易流程

(一)电子商务交易主框架

完整的电子商务,包括信息流、资金流、物流和商流等四种基本"流"(见图1.4)。信息流包括商品信息、服务信息、技术支持信息、企业资信信息等的传递过程,也包括询价单、报价单、付款通知单等商业贸易单证信息的传递过程。资金流是指资金的转移过程,包括付款转账等。物流是指物质实体(商品或服务)的流动过程,具体指运输、储存、配送、装卸、保管、物流信息管理等各种活动。商流是指商品在进行交易过程中发生的有关商品所有权的转移过程。在电子商务下,信息流、资金流、商流都可以通过计算机和网络来实现。

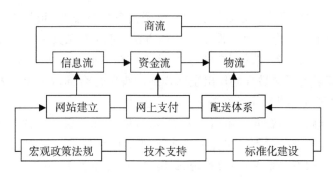

图 1.4　电子商务交易主框架

（二）电子商务交易的一般流程

电子商务流程是指具体从事电子商务交易过程中的实际操作步骤和处理过程。在电子商务条件下，交易者之间的沟通方式和交易规则都发生了很大的变化。与传统商务活动相比，电子商务交易流程也发生了相应的变化，形成了新的电子商务交易流程。电子商务交易改变了以往以贸易单据文件流转为主体的企业交易流程和交易方式，交易各方以数字化电子方式来达成或进行商品或服务的交易。此外，电子商务的本质是利用互联网等电子手段获得信息、利用信息，改善商业活动中的信息流，在整个商务过程中实现电子化、数字化和网络化，从而提高企业商务运作和管理的效率，简化贸易流程。

电子商务一般交易过程大致可分为以下四个阶段：交易前的准备、交易磋商、签定合同和办理手续、履行合同和索赔。

1. 交易前的准备

这一阶段主要是指买卖双方和参加交易各方在签约前的准备活动。买方根据自己所要购买的商品制定购货计划，准备购货款，进行货源市场调查和市场分析，反复进行市场查询，了解卖方的贸易政策，反复修改购货计划和进货计划，而后确定和审批购货计划。再按计划确定购买商品的种类、数量、规格、价格、购货地点和交易方式等，尤其要利用 Internet 和各种电子商务网络寻找自己满意的商品和商家。买方还可以通过网络对供货方的信誉进行调查，以确定好的合作伙伴。

卖方根据自己所销售的商品，召开商品新闻发布会，制作广告进行宣传，全面进行市场调查和市场分析，制订各种销售策略和销售方式。利用 Internet 和各种电子商务网络发布商品广告，寻找贸易伙伴和交易机会，扩大贸易范围和商品所占市场的份额。其他交易各方，如中介方、银行或其他金融机构、信用卡公司、海关系统、商检系统、保险公司、税务系统、运输公司等，也都为跨地区或跨国电子商务交易做好准备工作。

2. 交易磋商

这一阶段主要是指具有交易意向的买卖双方对所有交易细节进行谈判，对双方在交易中的权利和所承担的义务，以及对所购买商品的种类、数量、价格、交货地点、交货期、交货方式和运输方式、违约和索赔等合同条款进行商讨，以达成交易。

3. 签定合同和办理手续

经过交易磋商达成一致的意见之后，交易双方将磋商的结果以文件的形式确定下来，即以书面文件形式和电子文件形式签定贸易合同。电子商务的特点是:可以签订电子商务贸易合同,交易双方可以利用现代电子通信设备和通信方法,将双方在交易中的权利和所承担的义务,以及对所购买商品的种类、数量、价格、交货地点、交货期、交货方式和运输方式、违约和索赔等合同条款,全部以电子交易合同作出全面详细的规定。合同双方可以利用电子数据交换(EDI)进行签约,也可以通过数字签名等方式进行签约。

买卖双方签定合同后到合同开始履行之前,双方应办理与履行合同相关的各种手续。这也是双方贸易前的交易准备过程。交易中要涉及到有关各方,即可能要涉及到中介方、银行、金融机构、信用卡公司、海关系统、商检系统、保险公司、税务系统、运输公司等,买卖双方要利用 EDI 与有关各方进行各种电子票据和电子单证的交换,直到办理完可以将所购商品从卖方按合同规定开始向买方发货的一切手续为止。

4. 履行合同和索赔

这一阶段是从买卖双方办完所有各种手续之后开始,卖方要备货、组货,同时进行报关、保险、取证、信用等,然后将商品交付给运输公司包装、起运、发货,买卖双方可以通过电子商务服务跟踪发出的货物,银行和金融机构也按照合同处理双方收付款,进行结算,出具相应的银行单据等,直到买方收到自己所购商品,就完成了整个交易过程。索赔是在买卖双方交易过程中出现违约时,需要进行违约处理的工作,受损方要向违约方索赔。

第三节　电子商务分类

一、按照交易主体分类

电子商务的主体要素包括消费者、企业和政府等。政府一方面作为消费者,可以通过 Internet 网发布自己的采购清单,公开、透明、高效、廉洁地完成所需物品的采购;另一方面,政府对企业宏观调控、指导规范、监督管理的职能通过网络以电子商务方式更能充分、及时地发挥管理作用。作为电子商务主体的企业包括电子商务服务商、中介组织等。

按照交易主体分类,电子商务可以分为以下五种类型。

(一)企业与消费者之间的电子商务——B2C(Business to Consumer)

B2C 即企业通过互联网为消费者提供一个新型的购物环境——网上商店,消费者通过网络在网上购物、支付。B2C 模式基本等同电子化的零售,其一般以网络零售业为主,主要借助于互联网开展在线销售活动。

B2C 的电子商务模式是近年来各类电子商务模式中发展较快的一个(交易规模见图 1.5),主要原因是互联网的发展为企业和消费者之间开辟了新的交易平台,首先,对于商品制造商来说,他们可以放弃传统的产品销售渠道,通过在网上建立独立的虚拟商店直接销售商品和服务。另外,也可以参与由 B2C 供应商开设的网上商城来销售其产品和服务,成为网上商城的一部分。其次,尽管电子商务对传统的销售方式带来了一定的冲击,但它并不可能完全取代传统的销售方式。在传统销售渠道中批发零售商也在考虑电子商务所带来的利益,尤其是零售商,他们也可以将业务开展到网上,与产品制造商一样可以通过建立自己的网上商城,或参与一个 B2C 商务平台的方式来进行。B2C 在各行业的应用很普遍,还有巨大的发展空间,当当网、京东商城、凡客诚品等都是这种模式的典型代表。

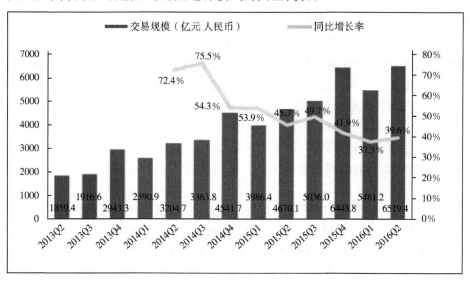

图1.5　2013—2016年中国网络零售B2C市场交易规模

以网上购物为例,B2C购物及后台管理流程图如图1.6所示。

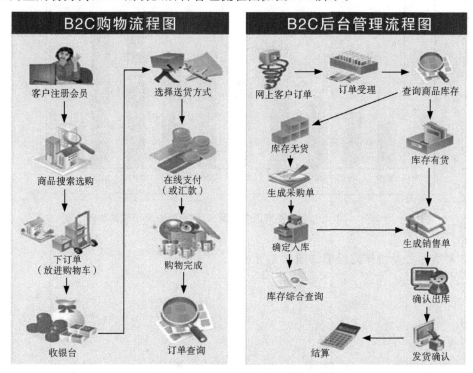

图1.6　B2C购物及后台管理流程图

上述网上购物过程,即从顾客确认订货单到银行确认付款的全过程,在实际进行过程中,十分省事、省时、省力,交易活动是在极短的时间内完成的。这种基于B2C的网上购物,彻底改变了传统的面对面交易和一手交钱一手交货的购物方式,是一种新型高效、保密性好的购物方式,与传统的购物方式有着根本的不同。

(二)企业与企业之间的电子商务——B2B(Business to Business)

B2B 是在企业之间(包括制造商与批发商之间、批发商与零售商之间)直接进行的网络交易。它是指企业与企业之间通过互联网或私有网络等现代信息技术手段进行产品服务及信息的交换活动。这种形式一般以信息发布与商谈为主,涉及双方的商务洽谈、订货及确认订货、合同签订、货款支付、票据的签发及传送和接收、货物的配送及监控等的全部或部分过程。其主要商务活动集中在原材料的采购、产品的买卖、运输三方面。B2B 电子商务是一种全新的营销推广体验,它能帮助企业实现多角度推广。目前我国 B2B 行业的发展速度十分迅猛,以中小企业为主要使用群体。

B2B 电子商务模式是当前电子商务交易中份额最大(见图 1.7)、最具操作性、最容易成功的模式,是当前电子商务的重点。现在以信息服务、广告服务、企业推广的时代已经逐渐退去,以在线交易、数据服务、金融服务、物流服务等为主的 B2B 电子商务正在发展。B2B 电子商务模式引起了企业供应链的变革,实现了在整个产业乃至全球的供应链网络上的增值。

图 1.7　2016—2018 年中国电子商务 B2B 市场交易规模预测

B2B 网络业务及协作流程图如图 1.8 所示。

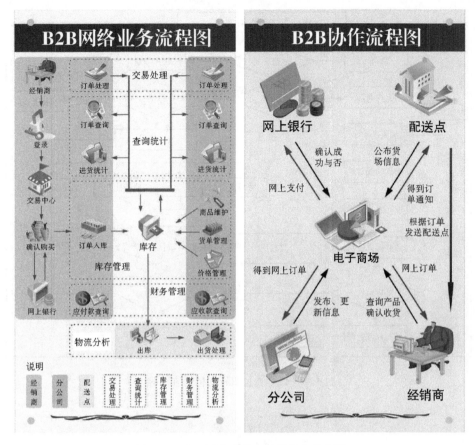

图 1.8　B2B 网络业务交易及协作流程图

如果是跨境交易,中间还将涉及海关、商检、国际运输、外汇结算等业务。

(三)消费者与消费者之间的电子商务——C2C(Consumer to Consumer)

C2C 电子商务模式的本质是网上拍卖,它是一种个人之间的自由贸易,通过在网上完成交易,从而沟通了个人之间商品的流通。要出售商品的个人将要出售物品的图片和详细资料放在拍卖网站上,供那些想买东西的人挑选。其构成要素除了包括买卖双方外,还包括电子商务交易平台提供商。买卖双方通过电子商务交易平台提供商提供的在线交易平台,如淘宝网、拍拍网,发布商品信息,从事交易活动。C2C 通过银行支付的流程图如图 1.9 所示。

C2C 的交易中,为降低或者避免交易风险,资金支付主要通过第三方支付平台进行。以支付宝为例,其交易流程图如图 1.10 所示。

在 C2C 模式中,电子商务交易平台提供商扮演着举足轻重的角色。首先,平台提供商为买卖双方提供技术支持服务,包括帮助建立个人店铺,发布产品信息,提供支付手段等;其次,交易平台汇集了大量商户信息,将买卖双方聚集在一起;再次,平台提供商往往还担负监督和管理的职责,负责对交易行为进行监控,对买卖双方的诚信进行监督和管理。C2C 盈利模式如图 1.11 所示。

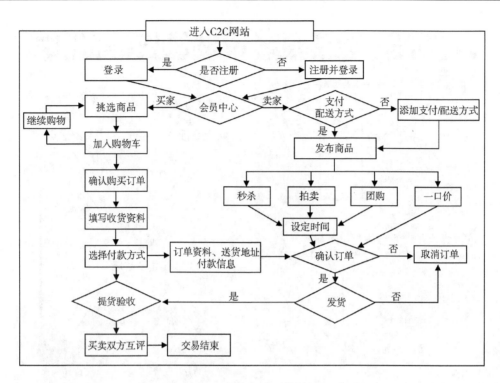

图 1.9　C2C 通过银行支付的流程图

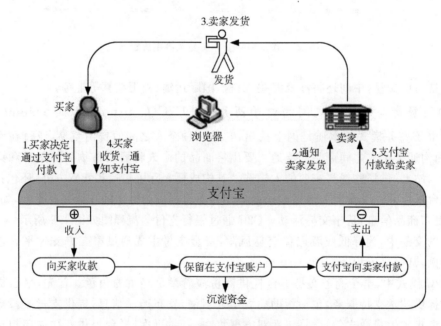

图 1.10　C2C 支付宝交易流程图

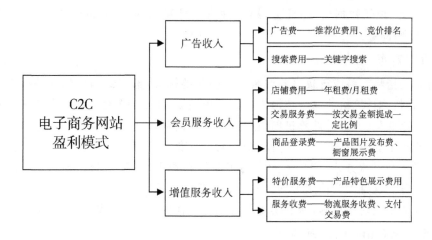

图 1.11　C2C 盈利模式

(四) 企业与政府方面的电子商务——B2G(Business to Government)

B2G 涵盖了政府采购、税收、商检、管理条例发布等系列政府与企业之间的各种事务。政府通过因特网发布采购清单,企业通过网络方式投标。例如,在美国,政府采购清单可以通过互联网发布,公司可以以电子化方式回应。同样在公司税的征收上,政府也可以通过电子交换来完成。在这种模式中,政府既是电子商务的使用者,进行商品采购等商业活动;又是电子商务的宏观管理者,对电子商务的发展发挥着规范和扶持的作用。

(五) 非企业组织的电子商务

非企业组织的电子商务主要指一些非盈利组织,如学校、医院、新闻媒体和一些社会团体组织机构,利用电子商务网站或者专业平台进行的宣传推广及交易业务活动等。

二、按照交易的商品内容分类

(一) 有形商品电子商务

有形商品电子商务,又称非完全电子商务,是指不能完全在互联网上依靠电子商务来解决交易过程的所有问题,还必须依赖于其他外部条件的配合才能完成全部交易过程。它采用网上订购,网下配送的方法,仍然需要利用传统渠道,如邮政服务和商业快递送货或交割。一些实物性的非数字化的产品通常都是非完全电子商务,比如顾客在网上购买衣服等。

(二) 无形商品电子商务

无形商品电子商务,又称完全电子商务,是指可以以电子商务方式实现和完成整个交易活动的所有交易行为和交易过程。换言之,它是指商品和服务的交易全过程都是在互联网上完成的。完全电子商务的优点是可以使买卖双方进行不受时空限制的交易,从而可以充分发挥互联网的超时空优势。

三、按照使用网络类型分类

根据使用网络类型的不同,电子商务目前主要有三种形式:第一种形式是 EDI(Electronic

Data Interchange,电子数据交换)商务,第二种形式是互联网(Internet)商务,第三种形式是Intranet(内联网)商务。

(一)EDI 商务

EDI 商务是指将商务或行政事务按照一个公认的标准,形成结构化的事务处理或文档数据格式,从计算机到计算机的电子传输方法。简单地说,EDI 商务就是按照商定的协议将商业文件标准化和格式化,并通过计算机网络在贸易伙伴的计算机网络系统之间进行数据交换和自动处理。EDI 主要应用于企业与企业、企业与批发商、批发商与零售商之间的批发业务。相对于传统的订货和付款方式,EDI 大大节约了时间和费用,相对于 Internet,EDI 较好地解决了安全保障问题。这是因为使用者均有较可靠的信用保证,并有严格的登记手续和准入制度,加之多数权限的安全防范措施,从而实现了包括付款在内的全部交易工作电脑化。

(二)互联网(Internet)商务

互联网商务是国际现代商业的最新形式。它以信息技术为基础;通过互联网络,在网上实现营销、购物服务。它突破了传统商业生产、批发、零售及进、销、存、调的流转程序与营销模式,真正实现了少投入、低成本、零库存,从而实现了社会资源的高效运转。消费者可以不受时间、空间、厂商的限制,广泛浏览,充分比较,模拟使用,力求以最低的价格获得最为满意的商品和服务,特别是 Internet 全球联网的属性,使在全球范围内实行电子商务成为可能。

(三)Intranet(内联网)商务

Intranet 是在 Internet 基础上发展起来的企业内部网,它在原有的局域网上附加了一些特定的软件,将局域网与互联网连接起来,形成企业内部的虚拟网络。Intranet 商务是指利用企业内部所建立的网络系统,沟通企业内部人员的信息,开展内部交易。一般的 Intranet 多设有防火墙系统程序,以避免未经授权的人进入。由于建立成本较低,Intranet 目前发展迅速,且开展 Intranet 商务,一方面可以节省许多文件往来时间,方便沟通管理并降低管理成本,另一方面可通过网络与客户进行双向沟通,适时提供特色的产品与服务,并且提升服务品质。

四、按照网络接入方式分类

按照网络接入方式,可以将电子商务分为网站电子商务(Web Commerce)、移动电子商务(Mobile Commerce)和语音电子商务(Voice Commerce)。

(一)网站电子商务(Web Commerce)

网站电子商务(Web Commerce)是指通常意义上的电子商务,它一般要通过一台计算机、机顶盒等相对固定的网络基础设施来进行。

(二)移动电子商务(Mobile Commerce)

移动电子商务(Mobile Commerce)是基于移动通信网络和 Internet 的集成而产生的移动式电子商务,主要特点是"移动"接入和应用,包括:银行业务、交易、订票、购物、娱乐、无线医疗、移动应用服务商(MASP)。

(三)语音电子商务(Voice Commerce)

语音电子商务(Voice Commerce)是基于语音通信网络与 Internet 的集成而产生的语音式电子商务。其主要特点是"语音"接入和应用。

第四节 电子商务发展历程及趋势

信息网络技术为电子商务奠定了物质基础。国际经贸的迅速发展要求在商务手段和工具上产生相应的变革。国际市场的激烈竞争也促进了电子商务的发展。电子商务产生的标志一是 Internet 技术在商业各个环节得到全面应用;二是 Internet 上的商务活动已经在企业、消费者和政府中全面开展。

一、电子商务的产生和发展

(一)雏形阶段(电报、电话、传真、电视)

电子商务的雏形可以追溯到早期利用电报、电话、传真、电视等传统媒体来实现交易和管理的商务过程。1837 年,美国出现了电报。早期的电报只能传递音讯信号,现代的电报可以传递文字、图片、图表等。随着社会的进步发展,特别是办公自动化的发展,传统的用户电报在速率和效率上已经不能满足日益增长的文件往来的需要,因此产生了智能用户电报。但由于智能用户电报终端设备复杂,成本较高,致使智能用户电报业务的进展比预期要慢得多。1876 年,美国出现了世界上第一部电话。电话因其采用语音通信,实现了即时双向交流,因而从它诞生以来就迅速发展成为一种广泛使用的电子商务工具。然而,在许多情况下,电话仅是为书面的交易合同或者为产品实际送交做准备。1843 年,英国发明家贝恩发明传真。传真提供了一种将图、文和表等原样、快速地进行传输的方式,其在商贸、办公自动化等领域的应用日益广泛,并逐渐进入家庭。由于传真的连接、网络进入、需求带宽以及用户界面的友好方式与电话相同,使得其在通信和商务活动中显得非常重要,在经济合作组织国家中每十条电话线就有一条传真线。但传真缺乏传递声音和复杂图形的能力,传送时还需要另一个传真机或电话,这是它的不足之处。电视是一种能利用电磁信号将视频信号和声音信号同步传输和接收的系统,利用电视接收机人们可以获取大量的多媒体信息。而且随着电视的普及,使得电视广告和电视直销在商务活动中显得很重要。然而,由于电视是一种"单通道"的通信方式,消费者不能在电视上主动寻求出售的货物或者与商家谈判交易条件,因此消费者还必须通过电话等方式进行认购。除此之外,在电视节目中插播广告的成本相当高。

在这一阶段,买卖双方通过传统手段进行市场营销、广告宣传获取营销信息、接收订货信息、作出购买决策、支付款项并提供客户服务。商品往往要经过企业批发商零售商等环节才能最终到达消费者手中。这种方式具有环节多、成本高、效率低、受时间和空间的限制等特点。

(二)产生阶段(EDI)

20 世纪 70 年代,EDI(电子数据交换)技术的开发引起许多国家的注意。到 20 世纪 70 年代末和 80 年代初,美国、英国和西欧一些发达国家逐步开始采用 EDI 技术进行贸易。它允许在不同的计算机系统之间进行电子商务的结构化商务文件交换,而无需人工干预。随着网络技术的发展,电子数据资料的交换从磁带、软盘等物理载体的寄送转变为通过专用的通信网络传送。银行间的电子资金转账技术与企事业单位将电子数据交换技术相结合,产生了早期的电子商务。

（三）发展阶段（Internet 互联网）

20世纪90年代以来，随着计算机网络通信和信息技术突破性的进展，因特网在全球爆炸性的增长并迅速普及，要求现代商业具有更迅速的供货能力、更准确的客户服务能力和更强大的市场竞争能力。在这一趋势下，一种基于因特网、以交易双方为主体、以银行电子支付和结算为手段、以客户数据为依托的全新商务模式电子商务出现并发展起来。1993年，时任美国总统的克林顿宣布互联网面向全球开放，引发了随后的互联网技术在全球的大规模应用。互联网的广泛应用，彻底的改变了人们的工作、学习和生活方式，也真正催生了电子商务这一新生事物。毫无疑问，自从第一个用户开始浏览万维网搜索商品和服务以来，随着互联网的可用性不断增强以及万维网的普及，电子商务已迅速发展。

（四）移动电子商务阶段

目前，人类正进入"移动电子商务"阶段，又称之为"数字经济"时期。凡是通过移动电子方式（如手机、平板电脑等）进行的各项社会活动，即利用信息技术来解决问题、创造商机、降低成本、满足个性化需求的活动（电子政务、电子业务、电子军务），均被称为移动电子商务。

二、我国电子商务的发展概况

我国的银行业是推行电子商务的领军行业，从1989年开始，银行系统逐步开发了全国子联行系统、同城资金清算系统等。1996年中国银行开通了国内第一家网上银行，1997年招商银行推出了国内一网通网上支付工具。1993年10月，国家启动金卡工程，在短短十余年时间里把数亿国人带进了持卡时代。

中国海关从20世纪90年代开始了EDI的研究与推广工作，1994年先后在首都机场海关和上海浦东外高桥保税区海关进行EDI通关系统的试点应用工作，到1997年底，北京上海广州等十余个海关开通了EDI通关业务。

2000年初，电子商务网站通过各种努力不断探索自身发展的新途径，以商务平台为表现形式的阿里巴巴网络技术有限公司出现。2002年，搜狐网站在企业在线网上商城互联网接入和手机短信等多个领域进行了扩展，第三季度首次实现了净盈利。2002年以后电子商务网站盈利不再是新闻，携程、当当和腾讯等网站在收支平衡的基础上先后实现了净盈利。新浪、网易等门户网站的电子商务等非广告收入大幅增长，电子商务服务业更是迅猛增长。2004年，中国旅游、票务、金融、房地产、职业介绍、网上教育、娱乐等网上服务业已达到相当的规模。电子商务交易服务平台大量涌现，网盛科技、阿里巴巴等电子商务企业先后上市。从2005年起，中国电子商务重新步入稳定发展时期。

中国互联网络信息中心发布第39次《中国互联网络发展状况统计报告》显示，截至2016年12月底，中国网民规模达7.31亿，相当于欧洲人口总量，互联网普及率达到53.2%。手机网民规模达6.95亿，占比达95.1%。

2015年的政府工作报告指出制定"互联网+"行动计划，推动移动互联网、云计算、大数据、物联网等与现代制造业结合，促进电子商务工业互联网和互联网金融健康发展，引导互联网企业拓展国际市场。

三、电子商务的影响

(一)对社会经济的影响

电子商务对经济规律的影响是电子商务对经济最深刻、最本质的影响。因为以电子计算机、通信和网络技术为代表的现代信息技术在经济领域的广泛应用,使得交易成本急剧下降,从而导致信息替代了资本在经济发展中的主导地位。作为重要的生产要素和战略资源,通过因特网传递的大量信息,使得现有的社会资源获得高效配置,社会劳动生产率大幅度提高,并推动经济结构革新和产业结构的升级。

政府承担着大量的社会、经济、文化的管理和服务功能,在调整市场经济运行、防止市场失灵带来的不足方面发挥着很大的作用。在电子商务时代,当企业应用电子商务进行生产经营,银行推行金融电子化,消费者实现网上消费的同时,将同样对政府管理行为提出新的要求,推动政府角色的转变。同时,政府可以通过电子商务将市场、企业和个人连接起来,方便地进行宏观调控和微观调控。

(二)对企业经营管理、竞争战略、组织结构的影响

电子商务对企业组织结构的影响表现在它使企业组织趋于扁平化。电子商务以数字化网络设备替代了纸上办公,这种方式突破了传统的企业运作格局,实现了以物流为依据、信息流为核心、商流为主体的全新运作方式。在这种新型运作方式下,企业的信息化水平将直接影响到企业供销链的有效建立,进而影响企业的竞争力。这就需要企业对现有业务流程进行优化,加强自身的信息化建设,从而适应电子商务的发展需要。企业营销管理网络的改变将代替以往的批零方式,经济主体将直接从网络上采购,广告宣传因为传播媒体改变而改变。企业对目标市场的选择和定位,必将更加依赖于上网者的资料以及对网络的充分利用。企业结算方式的改变,交易中的经济主体可以通过网上银行系统实现付款,进行资金结算、转账。

(三)对消费者购买行为、生活方式的影响

传统的经营模式,生产经营者通过传统的大众媒体如电视、广播、报纸、杂志和其他消费者进行信息传播,在一定区域内强制性地发布广告信息。消费者不明白生产经营的实际情况,不能直接了解,只能被动地接受在广告中传递的信息。而网络具有非强制性、全天候传播等特点,消费者可以随时随地点击企业网站,查看信息方便又快捷,消费者还可以使用友情链接或搜索引擎,直接或间接到经营同类产品的企业网站上了解相关产品信息,做到全面了解产品信息。网上购物的最大特征是消费者的主导性购物意愿掌握在消费者手中,同时消费者摆脱了以往面对面交易的方式,在互联网上实现了网上购物,从而节省了更多的时间和精力,能以一种轻松自由的自我服务的方式来完成交易。这使消费者主权可以在网络购物中充分体现出来。

四、我国电子商务的发展趋势

未来中国电子商务的发展将呈现出以下六个方面的趋势。

(一)国际化跨境电商趋势

中国电子商务必然走向世界,同时也面临着世界电子商务强手的严峻挑战。互联网最大的优势之一就是超越时间、空间的限制,能够有效地打破国家和地区之间各种有形和无形的障

碍,这对促进每个国家和地区对外经济、技术、资金、信息等的交流将起到革命性的作用。电子商务将有力地刺激对外贸易。因此,我国电子商务企业将随着国际电子商务环境的规范和完善逐步走向世界。我国企业可以由此同发达国家真正站在一个起跑线上,变我国在市场经济轨道上的后发劣势为后发优势。电子商务对我国的中小企业开拓国际市场,利用好国外各种资源是一个千载难逢的有利时机。同时,国外电子商务企业也在努力开拓中国市场。

（二）纵深化移动电商趋势

电子商务的基础设施将日益完善,支撑环境逐步趋向规范,企业发展电子商务的深度进一步拓展,个人参与电子商务的深度也将得到拓展。图像通信网、多媒体通信网将建成使用,三网合一潮流势不可挡,高速宽带互联网将扮演越来越重要的角色,制约中国电子商务发展的网络瓶颈有望得到缓解和逐步解决。我国电子商务的发展将具备良好的网络平台和运行环境。电子商务的支撑环境逐步趋向规范和完善。个人对电子商务的应用将从目前点对点的直线方式走向多点的无线移动智能式发展。

（三）个性化趋势

个性化定制信息的需求强势出现,这使个性化商品的深度参与成为必然。互联网的出现、发展和普及本身就是对传统秩序型经济社会组织中个人的一种解放,使个性的张扬和创造力的发挥有了一个更加有利的平台,也使消费者主权的实现有了更有效的技术基础。在这一方面,个性化定制信息需求和个性化商品需求将成为发展方向,消费者把个人的偏好参与到商品的设计和制造过程中去,对所有面向个人消费者的电子商务活动来说,提供多样化的、个性化的服务,是决定今后成败的关键因素。

（四）专业化趋势

一是面向个人消费者的专业化趋势。要满足消费者个性化的要求,提供专业化的产品线和专业水准的服务至关重要。今后若干年内我国上网人口仍将是以中高收入水平的人群为主,他们购买力强,受教育程度高,消费个性化需求比较强烈。所以相对而言,提供一条龙服务的垂直型网站及某类产品和服务的专业网站发展潜力更大。二是面向企业客户的专业化趋势。对B2B电子商务模式来说,以大的行业为依托的专业电子商务平台前景大好。

（五）区域化趋势

立足中国国情采取有重点的区域化战略是有效扩大网上营销规模和效益的必然途径。中国电子商务的区域化趋势与前面强调的国际化趋势并不矛盾。区域化趋势是就中国独特的国情条件而言的。中国是一个人口众多、幅员辽阔的大国,社会群体在收入、观念、文化水平的很多方面都有不同的特点。我国虽然总体上仍然是一个收入比较低的发展中国家,但地区经济发展的不平衡所反映出来的经济发展的阶段性、收入结构的层次性十分明显。在可以预见的今后相当长的时间内,上网人口仍将以大城市、中等城市和沿海经济发达地区为主。B2B的电子商务模式区域性特征非常明显。以这种模式为主的电子商务企业在资源规划、配送体系建设、市场推广等方面都必须充分考虑这一现实,采取有重点的区域化战略,才能最有效地扩大网上营销的规模和效益。

（六）融合化趋势

电子商务网站在最初的全面开花之后必然走向新的融合。一是同类网站之间的合并:目前大量的网站属于"重复建设",定位相同或相近,业务内容相似,激烈竞争的结果只能是少数企业最终胜出,处于弱势状态的网站最终免不了被吃掉或者关门的结果;二是同类别网站之间互补性的兼并:那些处于领先地位的电子商务企业在资源、品牌、客户规模等方面虽然有很大优势,但这毕竟是相对而言的,与国外著名电子商务企业相比还不在一个数量级。这些具备良好基础和发展前景的网站在扩张过程中必然采取收购策略,主要模式将是互补性收购;三是战略联盟:由于个性化、专业化是电子商务发展的两大趋势,每个网站在资源方面总是有限的,客户需求又是全方位的,所以不同类型的网站以战略联盟的形式互相协作成为必然。

本章小结

电子商务是科学技术和社会发展的必然产物,其不仅仅是一种适应时代发展要求的新的商业技术,而且是一种新的业务模式和管理方法。利用新技术(特别是 Internet 技术、Web 等)帮助个人、企业及其他组织改进业务活动。通过采用电子商务,一些企业可以创造新的产品或服务,另外一些企业可以改变现有产品或服务的营销及物流模式。企业或组织可以通过不同的方式实施电子商务,更有效地改善经营管理。因此,电子商务将从根本上改变人们的生活方式、工作方式,改变企业的价值,创造机制,促进社会、经济和人们生活的变革。

随着经济全球化和信息技术与信息产业迅速发展,电子商务将成为今后信息交流的热点,成为各国争先发展,各个产业部门最为关注的领域。中国电子商务虽然还处在初始阶段,面临着体制、技术、管理等诸多问题,但是已迈出可喜的一步。今后只有具备战略性和前瞻性的眼光,适应全球经济一体化的趋势,努力发展适合我国国情的电子商务,才能立于不败之地。

思考与练习

一、单选题

1. 目前,人们所提及的电子商务多指在(　　)上开展的商务活动。
   A. 手机　　　　　B. 网络　　　　　C. 计算机　　　　　D. POS 机
2. 电子商务是在(　　)技术与网络通信技术的互动发展中产生和不断完善的。
   A. 电子　　　　　B. 微波　　　　　C. 多媒体　　　　　D. 计算机
3. 传统商务运作过程可分为以下三个部分:信息流、物流和(　　)。
   A. 数据流　　　　B. 资金流　　　　C. 知识流　　　　　D. 企业流
4. 电子商务的前提是(　　)。
   A. 商务信息化　　B. 商务国际化　　C. 交易国际化　　　D. 交易网络化
5. 交易虚拟化指的是贸易活动无需当面进行,均通过(　　)完成。
   A. 媒体　　　　　B. 互联网　　　　C. 计算机　　　　　D. 电子工具
6. 电子商务与传统商务的最大区别在于(　　)。
   A. 一手交钱一手交货的方式　　　　B. 利用网络进行商务活动
   C. 可以进行网络营销　　　　　　　D. 在线支付并可查询商品

7. 电子商务的分类可以根据(　　)等进行。
A. 按交易主体、按交易的商品内容、按电子商务使用的网络类型
B. 按消费者的对象、按交易涉及的商品内容、按消费者所处的职业
C. 按商家的规模、按电子商务使用的网络类型、按商家的商品内容
D. 按网络的类型、按电子商务的受众群体、按网络银行的类型

8. 电子商务源于英文(　　),简称 EC。
A. Easy Commerce   B. Electronic Commerce
C. Electronic Computer   D. Electronic Communication

9. 目前,电子商务总交易量中80%是由(　　)实现的。
A. 企业与消费者交易   B. 消费者与消费者交易
C. 企业与企业交易   D. 企业与政府交易

10. 直接电子商务指的是(　　)。
A. 软件订购   B. 计算机配件订购
C. 无形货物和服务   D. 有形货物的电子订货

11. 间接电子商务指的是(　　)。
A. 软件订购   B. 计算机配件订购
C. 无形货物和服务   D. 有形货物的电子订货

二、多选题

1. 下列选项中,属于电子商务的功能的有(　　)。
A. 广告宣传   B. 网上订购   C. 网上支付   D. 信息处理

2. 在电子商务发展的雏形阶段,商品供应方是通过(　　)等形式宣传自己的商品信息的。
A. 报纸   B. 电视   C. E-mail   D. 网络广告

3. 电子商务的交易流程包括(　　)。
A. 交易前的准备   B. 交易磋商
C. 签订合同和办理手续   D. 履行合同和索赔

4. 属于电子商务的主要特征的是(　　)。
A. 营销过程虚拟化   B. 商务信息透明化
C. 交易机会不平等   D. 交易过程便捷化

5. 电子商务的发展趋势有(　　)。
A. 国际化   B. 纵深化   C. 融合化   D. 专业化

6. 从企业经营的微观角度看电子商务是通过 Internet 支持企业的交易活动,即(　　)或(　　)的买卖。
A. 产品   B. 技术   C. 信息   D. 服务

7. 电子商务概念的构成要素主要由(　　)、信息流、资金流、物资流等基本要素构成。
A. 交易主体   B. 电子市场   C. 交易事务   D. 中介机构

8. 在电子商务模式中,交易双方信息的沟通具有(　　)的特点。
A. 快速   B. 低速   C. 低效率   D. 高效率

9.企业将重要的信息以全球信息网、企业内部网或外联网直接与分布在各地的（　　）连接,创造更具竞争力的经营优势。

  A.客户　　　　　　B.员工　　　　　　C.经销商　　　　　　D.供应商

10.传统商务运作过程可分为（　　）。

  A.物流　　　　　　B.单证流　　　　　C.资金流　　　　　　D.信息流

11.电子商务安全存在的隐患有（　　）。

  A.对合法用户身份的仿冒

  B.网络传输数据的保密性

  C.网络传输数据的完整性

  D.利用网络数据恶意攻击网络硬件和软件

12.EDI的优势包括（　　）。

  A.可以降低成本　　　　　　　　B.可以减少库存

  C.可以改善客户服务　　　　　　D.运行费用低

13.按照网络接入方式,可以将电子商务分为（　　）。

  A.网站电子商务　　　　　　　　B.EDI商务

  C.移动电子商务　　　　　　　　D.语音电子商务

14.根据使用网络类型的不同,可以将电子商务分为（　　）。

  A.互联网商务　　　　　　　　　B.EDI商务

  C.内联网商务　　　　　　　　　D.移动电子商务

15.按照交易的商品内容分类,可以将电子商务分为（　　）。

  A.有形商品电子商务　　　　　　B.无形商品电子商务

  C.内联网商务　　　　　　　　　D.互联网商务

三、判断题

1.电子商务是指整个贸易活动实现电子化。从涵盖范围方面来讲,交易各方以电子交易方式而不是通过当面交换或直接面谈方式进行任何形式的商业交易。（　　）

2.电子商务是在与计算机技术和网络通信技术的互动发展中产生和不断完善的。在主机系统出现并应用到企业管理的日常活动之时,企业内部电子商务便已开始启动;随着信息技术的发展,电子商务的应用从企业内部扩展到企业外部。（　　）

3.买方企业先上网公布需求信息,然后等待卖方企业来洽谈和交易,通过在网上发布采购信息,企业可以在全世界范围内选择供应商,这种方式是以卖方为主B2B的模式。（　　）

4.虚拟企业通过互联网,两家或几家位于世界各地的公司针对当前市场变动或某个具体项目开展的一种合作,形成一种永久性的企业间的战略联盟关系。（　　）

5.企业和政府之间的电子商务主要包括:政府机构通过互联网进行工程的招投标和政府采购;政府利用电子商务方式为企业通过网络办理交税、报关、出口退税、商检等业务。（　　）

6.B2B的电子商务具体包括:供货管理、库存管理、安全管理、运输管理、信息传递和交易文档管理。（　　）

7.电子商务中介是制造业、流通渠道和零售业的服务商,目标是为制造企业和流通企业搭建一个高效的信息交流平台,创建一个良好的商业信用环境,解决传统交易中出现的:"拿钱不给货""拿货不给钱"现象。   (   )

8. 物流过程网络化,即订货、生产、仓储、包装、运输等整个商务过程物质的流动网络化。只有建立起跨行业、跨地区、甚至跨国界的物流网络,才能实现物流的低成本、高效率。(   )

9. 自建网站,注册域名很有必要,为便于营销和客户使用,可申请多个域名用于同一个网站。   (   )

10. IP地址与域名是表示主机的两种符号系统,一个IP地址可以对应多个域名,但一个域名只能对应一个IP地址。   (   )

11. 直接电子商务,是指有形货物的电子订货,仍然需要利用传统渠道如邮政服务和商业快递车送货。   (   )

12. 电子商务是一种技术,可以简单的理解成一种互联网的在线销售模式。   (   )

13. EDI数据是从一个计算机向另一个计算机传输的,但必须人工操作。   (   )

四、实践题

1. 登录中国互联网信息中心(www.cnnic.net),了解互联网最新统计数据,分析我国电子商务的发展现状及趋势。

2. 登录淘宝网(www.taobao.com)或者其他购物网站,体验购物流程并与传统购物进行比较。说明其优劣及需要改进之处。

3. 登录自己所在单位或者熟悉的当地企业网站,与同行业著名企业网站相比,阐述在页面设计和网站推广方面有哪些可以学习借鉴的地方。

五、案例分析题

8848——珠穆朗玛网上超市(B2C)的兴衰

8848——珠穆朗玛网上超市站点由连邦软件公司建立,1999年3月18日开始试运行,1999年5月18日正式开业。该站点主要销售软件、计算机图书、硬件、消费类电子产品,销售商品品种总数在1999年6月30日已经超过15000种,比开始试运行时增长了二倍,其中,软件类产品占42.41%;图书类产品占14.1%;消费类电子产品占22.27%;其他产品占21.22%。1999年11月,8848网站大规模增资扩股,注册资金达到上亿元人民币,当月销售额达到1250万人民币,产品种类已达14万种,注册用户数量已近12万人。

8848网上超市站点1999年平均日交易笔数为171.43笔,平均每笔交易额为277.78元,有效购买率(访问人次中发生购买的人次)约为1.7%。按照支付方式统计,货到付款的占58.5%,以龙卡支付的占14.1%,以长城系列卡支付的占13.7%,以招商银行一网通支付的占0.7%,以牡丹卡支付的占0.3%,通过邮局汇款的占12.5%,利用各种存折的占0.2%。在8848网上超市上,消费者购买时间主要集中在白天(上午9:00到下午18:00),占86.93%;利用晚上(18:00到次日上午9:00)从事购买活动的占13.07%。

从当时大环境来看,1998年初开始大力宣扬电子商务的概念,直到年底依然还是处于概念上,一些国内的互联网企业开始尝试做电子商务网站。而在几年前,亚马逊就开始开展电子商务活动,逐步成为电子商务领域最具成功经验的公司,在纳斯达克股市牛气冲天,甚至可以称为电子商务领域中的典范。

中国的国情完全不同于美国,信用消费、电子货币、配送系统乃至消费观念,都与中国现在的情况不同,完全照搬亚马逊的模式,几乎不可能在国内建立起一个电子商务网站。在内外部环境不成熟的情况下,如何进入电子商务领域,并成为其中的佼佼者,这需要从多方面考虑整体环境和所拥有的资源。

在域名上,珠穆朗玛峰是世界上最高的山峰,高约 8848.13 米,8848 的谐音是"发发誓发",按中国人的理解是一定成功的意思。珠穆朗玛峰又在国外具有极高的知名度,因为它是世界第一峰,其冲击力是相当明显的。

在具体的操作上,可以将 8848 网站形象地用两个词汇加以总结。其一是"先入为主",其二是"乘势而起"。

"先入为主"的概念是抢占国内电子商务的龙头地位。在当时,国内电子商务网站虽然有一些,但都不成功,虽然其中有很多原因,但从具体操作上来说,是缺乏对电子商务的真正理解和市场推动能力。8848 网站可以以连邦全国性连锁店作为依托,充分利用已有的品牌资源,形成"先入为主"的概念。

"乘势而起"的概念源于对资源的整合利用。电子商务概念经过长时间、大强度的宣传已深入人心,但国内用户并没有看到、用到真正的电子商务网站;微软、英特尔等国际性大公司,以及一些试图开展网上业务的银行,都希望有一个在电子商务领域中的合作伙伴,这是可以充分加以利用的社会资源。"72 小时网络生存测试"至今仍然有很多人并不知道这是哪一家公司举办的活动,但通过这次活动,8848 赢得了广泛的赞誉和深度的报道,从而进一步确立了在中国电子商务领域中的地位。

在 8848 网站发布后短短的半年时间,不管从商品品种还是销售规模,不管是知名度还是网站建设,8848 网站都走在了所有国内电子商务网站的前列,这也反映出在知识经济的环境下,人在整个商务活动中所起到的重要作用。

回顾 8848 网站的整体策划和实施的过程,可以明显地感受到,企业需要重新定义传统意义上的营销策划,因特网需要创新,需要一群有创新意识的人,需要整合各种社会资源,并对其加以有效地利用,这是因特网企业生存和发展的关键所在。

问题:

1. 如果你是 8848 的决策者,你觉得当时还应该再做哪些工作?
2. 上网搜索查找有关 8848 的资料,分析其兴衰的原因所在。
3. 了解电子商务发展的历史,找出其中规律性内容并探讨今后如何发展。

习题参考答案

第二章　电子商务技术

☞ **本章学习目标**
1. 了解计算机网络的组成及分类；
2. 理解 EDI 的特点及优势；
3. 掌握电子商务网站建设规划内容；
4. 理解移动电子商务技术及应用；
5. 了解电子商务的安全技术。

电子商务是通过电子方式进行的商业交易，计算机技术、网络技术和通信技术推动了电子商务的发展。尤其是互联网（Internet）技术、电子数据交换（EDI）技术、网站建设技术、移动通信技术及电子商务安全技术的发展，为电子商务的快速发展提供了技术支持。

第一节　互联网络技术

互联网始于 1969 年美国国防部建成的阿帕网，该网的出现第一次实现了由通信网络和资源网络联合构成的计算机网络系统，标志着计算机网络的真正产生。20 世纪 70 年代中后期局域网络（LAN）作为一种新型的计算机体系结构开始进入产业部门。到 80 年代时局域网络完全从硬件上具备了国际标准组织（ISO）的开放系统互联通信模式的协议能力。计算机局域网及其互联产品的集成，使得局域网与广域网互联、局域网与各类主机互联，以及局域网与广域网互联的技术越来越成熟。到了 90 年代，计算机网络化、协同计算能力发展以及全球互联网络（Internet）的盛行，使得计算机的发展已经完全与网络融为一体。此后计算机网络已经真正进入社会各行各业并迅速走向市场，走进平民百姓的生活。

现在已经进入云计算和物联网时代。云计算是一种基于互联网的计算新方式，通过互联网上的服务为个人和企业用户提供按需即取的计算。其主要特点是：安全，云计算提供了可靠、安全的数据存储中心，用户不用再担心数据丢失、病毒入侵等麻烦；方便，它对用户端的设备要求最低，使用起来很方便；数据共享，它可以轻松实现不同设备间的数据与应用共享；无限可能，它为人们使用网络提供了几乎无限多的可能。

物联网是通过各种信息传感设备，如传感器、射频识别（RFID）技术、全球定位系统、红外线传感器、激光扫描器、气体感应器等各种装置与技术，通过一定的网络协议，把任何物品与互联网连接起来，进行信息交换和通信，实时采集任何需要监控、连接、互动的物体或过程，采集其声、光、热、电、力学、化学、生物、位置等各种需要的信息，以实现智能化识别、定位、跟踪、监控和管理的一种巨大网络。其目的是实现物与物、物与人，所有的物品与网络的连接，方便识别、管理和控制。人们通过物联网的应用获得了一个新的沟通维度，即从任何时间、任何地点的人与人之间的沟通连接，扩展到人与物、物与物之间的沟通连接。物联网将极大地促进社会生产力的发展，丰富社会生活。

一、计算机网络的组成

所谓计算机网络,是指将地理位置不同的具有独立功能的多台计算机及其外部设备,通过通信线路连接起来,在网络操作系统、网络管理软件及网络通信协议的管理和协调下,实现资源共享和信息传递的计算机系统(见图2.1)。

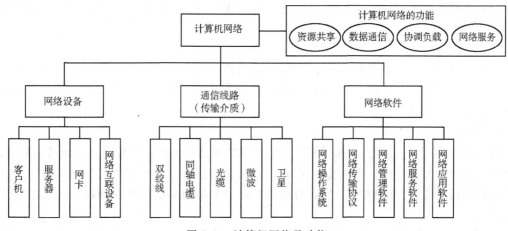

图 2.1 计算机网络及功能

计算机网络系统的组成可分为两大部分,即硬件系统和软件系统。

1. 硬件系统

硬件系统是计算机网络的基础。硬件系统由计算机系统(见图2.2)、通信设备、连接设备及辅助设备组成。

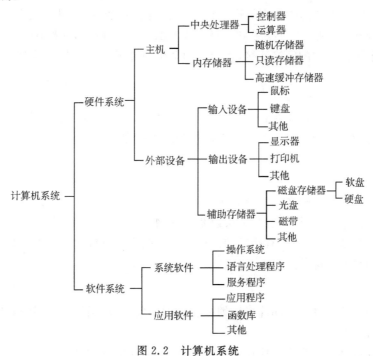

图 2.2 计算机系统

计算机网络中常用的硬件设备主要有以下几种:
(1)服务器。

服务器是一台速度快、存储量大的计算机,它是网络系统的核心设备,负责网络资源管理和用户服务。服务器可分为文件服务器、远程访问服务器、数据库服务器、打印服务器等,是一台专用或多用途的计算机。在互联网中,服务器之间互通信息,相互提供服务,每台服务器的地位是同等的。服务器需要专门的技术人员对其进行管理和维护,以保证整个网络的正常运行。

(2)工作站。

工作站是具有独立处理能力的计算机,它是用户向服务器申请服务的终端设备。用户可以在工作站上处理日常工作,并随时向服务器索取各种信息及数据,请求服务器提供各种服务(如传输文件、打印文件等)。

(3)网卡。

网卡又称为网络适配器,它是计算机和计算机之间直接或间接传输介质互相通信的接口,它插在计算机的扩展槽中。一般情况下,无论是服务器还是工作站都应安装网卡。网卡的作用是将计算机与通信设施相连接,将计算机的数字信号转换成通信线路能够传送的电子信号或电磁信号。

(4)调制解调器。

调制解调器(Modem)是一种信号转换装置。它可以把计算机的数字信号"调制"成通信线路的模拟信号,将通信线路的模拟信号"解调"回计算机的数字信号。调制解调器的作用是将计算机与公用电话线相连接,使得现有网络系统以外的计算机用户,能够通过拨号方式利用公用电话网访问计算机网络系统。

(5)集线器。

集线器(Hub)是局域网中使用的连接设备。它具有多个端口,可连接多台计算机。在局域网中常以集线器为中心,用双绞线将所有分散的工作站与服务器连接在一起,形成星型拓扑结构的局域网系统。这样的网络连接,在网上的某个节点发生故障时不会影响其他节点的正常工作。

(6)网桥。

网桥(Bridge)也是局域网使用的连接设备。网桥的作用是扩展网络的距离,减轻网络的负载。在局域网中每条通信线路的长度和连接的设备数都是有最大限度的,如果超载就会降低网络的工作性能。

(7)路由器。

路由器(Router)是互联网中使用的连接设备,它可以将两个网络连接在一起,组成更大的网络。被连接的网络可以是局域网,也可以是互联网,连接后的网络都可以称为互联网。路由器不仅有网桥的全部功能,还具有路径的选择功能。路由器可根据网络上信息拥挤的程度,自动地选择适当的线路传递信息。

2. 软件系统

计算机网络中的软件按其功能可以划分为数据通信软件、网络操作系统和网络应用软件。
(1)数据通信软件。

数据通信软件是指按照网络协议的要求,完成通信功能的软件。

(2)网络操作系统及信息系统。

网络操作系统是指能够控制和管理网络资源的软件。网络操作系统的功能作用在两个级别上：在服务器机器上，为在服务器上的任务提供资源管理；在每个工作站机器上，向用户和应用软件提供一个网络环境的"窗口"，以便向网络操作系统的用户和管理人员提供一个整体的系统控制能力。

网络信息系统是指以计算机网络为基础开发的信息系统，如各类网站、基于网络环境的管理信息系统等。

(3)网络应用软件。

网络应用软件是指网络能够为用户提供各种服务的软件，如浏览查询软件、传输软件、远程登录软件、电子邮件等。

二、计算机网络的分类

计算机网络根据不同的标准有以下分类。

(一)按网络节点分类

(1)局域网：一种在小范围内实现的计算机网络，一般在一个建筑物内或一个工厂、一个单位内部。局域网覆盖范围可在十几公里以内，结构简单，布线容易。

(2)广域网：范围很广，可以分布在一个省内、一个国家或几个国家。广域网信道传输速率较低，结构比较复杂。

(3)城域网：在一个城市内部组建的计算机信息网络，提供全市的信息服务。目前，我国许多城市正在建设城域网。

(二)按传输介质分类

(1)有线网：是采用同轴电缆或双绞线连接的计算机网络。同轴电缆网是常见的一种连网方式，它比较经济，安装较为便利，传输率和抗干扰能力一般，传输距离较短。双绞线网是目前最常见的连网方式，其价格便宜，安装方便，但易受干扰，传输率较低，传输距离比同轴电缆要短。

(2)光纤网：也是有线网的一种，但由于其特殊性而单独列出。光纤网采用光导纤维作传输介质，光纤传输距离长，传输率高，每秒可达数千兆位，抗干扰性强，不会受到电子监听设备的监听，是高安全性网络的理想选择。但其成本较高，且需要高水平的安装技术。

(3)无线网：用电磁波作为载体来传输数据，目前无线网连网费用较高，还不太普及。但由于连网方式灵活方便，是一种很有前途的连网方式。

局域网通常采用单一的传输介质，而城域网和广域网采用多种传输介质。

(三)按交换方式分类

(1)线路交换：最早出现在电话系统中，早期的计算机网络就是采用这一方式来传输数据的，数字信号经过变换成为模拟信号后才能联机传输。

(2)报文交换：这是一种数字化网络，当通信开始时，源机发出的一个报文被存储在交换机里，交换机根据报文的目的地址选择合适的路径发送报文，这种方式称作存储转发方式。

(3)分组交换：也采用报文传输，但它不是以不定长的报文作传输的基本单位，而是将一个长的报文划分为许多定长的报文分组，以分组作为传输的基本单位。这不仅大大简化了对计算机存储器的管理,而且也加速了信息在网络中的传播速度。由于分组交换优于线路交换和报文交换,具有许多优点。因此,它已成为计算机网络中传输数据的主要方式。

（四）按逻辑方式分类

(1)通信子网:面向通信控制和通信处理,主要包括通信控制处理机(CCP)、网络控制中心(NCC)、分组组装/拆卸设备(PAD)、网关等。

(2)资源子网:负责全网的面向应用的数据处理,实现网络资源的共享。它由各种拥有资源的用户主机和软件(网络操作系统和网络数据库等)所组成,主要包括主机(HOST)、终端设备(T)、网络操作系统、网络数据库。

（五）按通信方式分类

(1)点对点传输网络:数据以点到点的方式在计算机或通信设备中传输。星型网、环型网均采用这种传输方式。

(2)广播式传输网络:数据在公用介质中传输。无线网和总线型网络均属于这种类型。

（六）按服务方式分类

(1)客户机/服务器网络:服务器是指专门提供服务的高性能计算机或专用设备,客户机是指用户计算机。这是由客户机向服务器发出请求并获得服务的一种网络形式,多台客户机可以共享服务器提供的各种资源。这是最常用、最重要的一种网络类型,不仅适合于同类计算机的连网,也适合于不同类型的计算机的连网,如PC机、Mac机的混合连网。这种网络安全性容易得到保证,计算机的权限、优先级易于控制,监控容易实现,网络管理能够规范化。网络性能在很大程度上取决于服务器的性能和客户机的数量。目前,针对这类网络有很多优化性能的服务器,称为专用服务器。银行、证券公司都采用这种类型的网络。

(2)对等网:对等网不要求专用服务器,每台客户机都可以与其他每台客户机对话,共享彼此的信息资源和硬件资源,组网的计算机一般类型相同。这种组网方式灵活方便,但是较难实现集中管理与监控,安全性也低,较适合作为部门内部协同工作的小型网络。

（七）按网络的拓扑结构分类

网络的拓扑结构是指网络中通信线路和站点(计算机或设备)的几何排列形式。计算机网络按其拓扑结构不同,可以分为星型网、环型网和总线型网等类型(见图2.3)。

(1)星型网:网上的站点通过点到点的链路与中心站点相连。其特点是增加新站点容易,数据的安全性和优先级易于控制,网络监控易于实现,但若中心站点出故障,会引起整个网络瘫痪。

(2)环型网:网上的站点通过通信介质连成一个封闭的环形。其特点是易于安装和监控,但容量有限,增加新站点困难。

(3)总线型网:网上所有的站点共享一条数据通道。其特点是铺设电缆最短,成本低,安装简单方便;但监控较困难,安全性低,若介质发生故障会导致网络瘫痪,增加新站点也不如星型网容易。

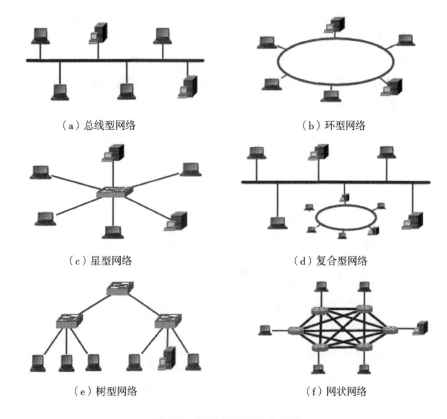

图 2.3　网络拓扑结构分类图

三、互联网(Internet)技术及应用

互联网(Internet)是一个通过网络互联设备(路由器),将分布在世界各地的数以万计的局域网、城域网以及大规模的广域网连接起来而形成的世界范围的最大计算机网络,又称全球性信息资源网。这些网络通过普通电话线、高速率专用线路、卫星、微波、光纤等,将不同国家的大学、公司、科研部门、政府组织等的网络连接起来,为世界各地的用户提供信息交流、通信和资源共享等服务。从 Internet 实现技术角度看,它主要是由通信线路、路由器、主机、信息资源等几个主要部分构成。Internet 网络互联采用 TCP/IP 协议。

(一)TCP/IP 协议

有计算机网络互通就必须要有协议。所谓协议就是指网络中的计算机与计算机之间传输数据与信息在传输的顺序、数据的格式与内容等方面共同遵守的约定或规则。1981 年 ISO 为计算机网络通信制定了一个七层协议的框架,称为开放系统互联参考模式(OSI),为全球计算机网络互联提供了标准和条件。互联网 TCP(Transmission Control Protocol,传输控制协议)/IP(Internet Protocol,网际协议)协议,泛指以 TCP/IP 为基础的协议集,其开发早于 OSI 模型(模型对比见图 2.4,层级功能见图 2.5),现在已经演变成为一个工业标准。TCP/IP 协议具有以下特点:

(1)它是一个开放的协议标准,独立于特定的计算机硬件与操作系统;

(2)它适用于多种异构网络的互联,可以运行在局域网、广域网,更适用于互联网;

(3)它有统一的网络地址分配方案;

(4)它能提供多种可靠的用户服务,并具有较好的网络管理功能。

互联网除 TCP/IP 协议之外,常见的网络协议还有动态主机配置协议(DHCP)、文件传输协议(FTP)、超文本传输协议(HTTP)等。

ISO/OSI 模型 　　　　　　　　　　TCP/IP 协议 　　　　　　　　　　TCP/IP 模型

应用层	文件传输协议(FTP)	远程登录协议(Telnet)	电子邮件协议(SMTP)	网络文件服务协议(NFS)	网络管理协议(SNMP)	应用层
表示层						
会话层						
传输层	TCP			UDP		传输层
网络层	IP	ICMP		ARP	RARP	网际层
数据链路层	Ethernet IEEE 802.3	FDDI	Token-Ring/ IEEE 802.5	ARCnet	PPP/SLIP	网络接口层
物理层						硬件层

图 2.4　TCP/IP 协议模型与 OSI 模型的对比

层	功能规定
第 7 层　应用层	提供与用户应用程序的接口 port;为每一种应用的通讯在报文上添加必要的信息
第 6 层　表示层	定义数据的表示方法,使数据以可以理解的格式发送和读取
第 5 层　会话层	提供网络会话的顺序控制;解释用户和机器名称也在这层完成
第 4 层　传输层	提供端口地址(tcp);建立、维护、拆除连接;流量控制;出错重发;数据分段
第 3 层　网络层	提供 IP 地址寻址;支持网间互联的所有功能——路由器,三层交换机
第 2 层　数据链路层	提供链路地址(如 MAC 地址)寻址;介质访问控制(如以太网的总线争用技术);差错检测;控制数据的发送与接收——网桥、交换机
第 1 层　物理层	提供建立计算机和网络之间通信所必须的硬件电路和传输介质

图 2.5　7 层模型功能图示

(二)Internet 提供的主要服务

(1)WWW(World Wide Web)服务:也称 Web 服务、万维网、环球网或 3W 网,它实际上是网上的一种服务,是一种高级查询、浏览服务系统。WWW 是一种广域超媒体信息检索的原始规约,其目的是访问分散的巨量文档。它使用了超媒体与超文本的信息组织和管理技术,发布或共享的信息以 HTML 的格式编排,存放在各自的服务器上。用户启动一个浏览软件,利用搜索引擎进行检索和查询各种信息。

(2)电子邮件(E-mail):是 Internet 为用户之间发送和接收信息提供的一种快速、简单、经济的通信和信息交换的手段。电子邮件系统主要包括邮件服务器、电子邮箱和电子邮件地址的书写规则。邮件服务器用于接收或发送邮件。电子邮箱是邮件服务机构为用户建立的,只要拥有正确的用户名和用户密码,就可以查看电子邮件内容或处理电子邮件。

每一个电子邮箱都有一个邮箱地址,称为电子邮件地址;电子邮件的地址格式为:用户名@主机名,主机名为拥有独立 IP 地址的计算机的名字,用户名指在该计算机上为用户建立的电子邮件账号,"@"是 at 的意思,是 E-mail 地址的专用标识符号,不可多也不可少。

(3)远程登录(Telnet):是指在网络通信协议的支持下,用户的计算机通过 Internet 与其他计算机建立连接,当连接建立后,用户所在的计算机可以暂时作为远程主机的终端,用户可以实时使用远程计算机中对外开放的全部资源。

(4)文件传输(FTP):允许用户将一台计算机上的文件传送到另一台计算机上,利用这种服务,用户可以从 Internet 分布在世界不同地点的计算机中拷贝、下载各种文件。

(5)新闻与公告类服务:个人或机构利用网络向用户发布有关信息。

第二节 EDI 与数据库技术

一、EDI 技术

EDI(Electronic Data Interchange,电子数据交换)是由国际标准化组织(ISO)推出使用的国际标准,也就是计算机可识别的标准化和格式化的商业语言。这是一种为商业或行政事务处理,按照一个公认的标准,形成结构化的事务处理或消息报文格式,在贸易伙伴的计算机网络系统之间进行数据交换和自动处理的电子传输方法,俗称"无纸化贸易"。

在国际贸易中,由于买卖双方地处不同的国家和地区,因此在大多数情况下,这种买卖不是简单的、直接的、面对面的买卖,而是必须以银行进行担保,以各种纸面单证为凭证,方能达到商品与货币交换的目的。全球贸易额的上升带来了各种贸易单证、文件数量的激增。虽然计算机及其他办公自动化设备的出现,可以在一定范围内减轻人工处理纸面单证的劳动强度,但由于各种型号的计算机不能完全兼容,实际上又增加了对纸张的需求。此外,在各类商业贸易单证中有相当大的一部分数据是重复出现的,需要反复地键入,重复输入也使出差错的机率增高。同时重复录入浪费人力、浪费时间、降低效率。因此,纸面贸易文件成了阻碍贸易发展的一个比较突出的因素。

此外,市场竞争也出现了新的特征。价格因素在竞争中所占的比重逐渐减小,而服务性因素所占比重增大。销售商为了减少风险,要求小批量、多品种、供货快,以适应瞬息万变的市场行情。而在整个贸易链中,绝大多数的企业既是供货商又是销售商,因此提高商业文件传递速度和处理速度,成了所有贸易链中成员的共同需求。同样,现代计算机的大量普及和应用以及功能的不断提高,已使计算机应用从单机应用走向系统应用;同时通信条件和技术的完善、网络的普及又为 EDI 的应用提供了坚实的基础。正是在这样的背景下,以计算机应用、通信网络和数据标准化为基础的 EDI 应运而生。EDI 一出现便显示出了强大的生命力,在世界各主要工业发达国家和地区迅速得到广泛的应用。当 EDI 于 20 世纪 60 年代末期在美国首次被采用时,只属于当时经商的途径之一。时至今日,不只美国和欧洲大部分国家,越来越多的亚太地区国家,也已认定 EDI 是经商的唯一途径。20 世纪 70 年代,数字通信技术的发展大大加快了 EDI 技术的成熟和应用范围的扩大,也带动了跨行业 EDI 系统的出现。20 世纪 80 年代 EDI 标准的国际化又使 EDI 的应用跃入了一个新的里程。时至今日,EDI 历经萌芽期、发展期已步入成熟期,已经广泛应用于商业内外贸易、运输以及与之业务关联的海关、商检、税务、银行保险等部门。

(一)EDI 的组成及实现

EDI 是将贸易、运输、保险、银行和海关等行业的信息,用一种国际公认的标准格式,通过计算机通信网络,使各有关部门、公司与企业之间进行数据交换与处理,并完成以贸易为中心的全部业务过程。EDI 不是用户之间简单的数据交换,EDI 用户需要按照国际通用的消息格式发送信息,接收方也需要按国际统一规定的语法规则,对消息进行处理,并引起其他相关系统的 EDI 综合处理。整个过程都自动完成,无需人工干预,减少了差错,提高了效率。

EDI 系统由通信模块、格式转换模式、联系模块、消息生成和处理模块等 4 个基本功能模块组成。构成 EDI 系统的要素是数据标准化、EDI 软件及硬件、通信网络。EDI 单证、报文的处理过程,一般经过报文的生成、发送、接收等步骤(见图 2.6)

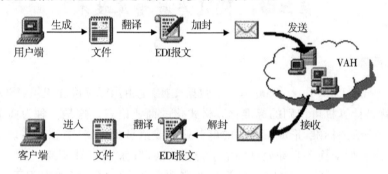

图 2.6　EDI 的工作方式

(二)EDI 的特点及优势

1. EDI 的特点

(1)EDI 是使用电子方法传递信息和处理数据的。EDI 一方面用电子传输的方式取代以往纸单证的邮寄和递送,从而提高了传输效率,另一方面通过计算机处理数据取代人工处理数据,从而减少了差错和延误。

(2)EDI 是采用统一标准编制数据信息的。这是 EDI 与电传、传真等其他传递方式的重要区别,电传、传真等并没有统一格式标准,而 EDI 必须统一的标准方能运作。

(3)EDI 是计算机应用程序之间的连接。EDI 实现的是计算机应用程序与计算机应用程序之间的信息传递与交换。由于计算机只能按照给定的程序识别和接受信息,所以电子单证必须符合标准格式并且内容完整准确。在电子单证符合标准且内容完整的情况下,EDI 系统不但能够识别、接受、存储信息,而且能对单证数据信息进行处理,自动制作新的电子单据并传输到有关部门。

(4)EDI 系统采用加密防伪手段。EDI 系统具有相应的保密措施,EDI 传输信息的保密通常是采用密码系统,各用户掌握自己的密码,可打开自己的"邮箱"取出信息,外人却不能打开这个"邮箱",有关部门和企业发给自己的电子信息均自动进入自己的"邮箱"。一些重要信息在传递时还要加密,即把信息转换成他人无法识别的代码,接收方计算机按特定程序译码后还原成可识别信息。

2. EDI 的优势

(1) EDI 降低了纸张文件的消费。

(2) EDI 减少了许多重复劳动,提高了工作效率。

(3) EDI 使得贸易双方能够以更迅速、有效的方式进行贸易,大大简化了订货过程或存货过程,使双方能及时充分地利用各自的人力和物力资源。

(4) 可以改善贸易双方的关系。厂商可以准确地估计日后商品的需求量,货运代理商可以简化大量的出口文书工作,商业用户可以提高存货的效率,提高竞争能力。

EDI 也属于电子商务的形式,但其原理和应用方式与基于互联网的电子商务有很大的不同,这也造成了两者之间应用状况的差异。EDI 虽然也获得了很大的发展,但根本无法与基于互联网的电子商务相提并论,其中的重要原因,一方面在于 EDI 复杂的标准难以为众多企业和机构所掌握;另一方面,实施 EDI 的费用非常高昂,使得很多企业难以跨过这一门槛。因此从这个角度上看,可以将 EDI 比喻为逐渐走向没落的贵族式的电子商务。20 世纪 90 年代,出现了互联网,使 EDI 从专用网扩展到因特网,降低了成本,满足了中小企业对 EDI 的需求。基于互联网的电子商务则可称为现代电子商务,代表了企业电子商务的发展方向。

二、数据库技术

数据(Data)是用于描述现实世界中各种具体事物或抽象概念的,可存储并具有明确意义的符号,包括数字、文字、图形和声音等。数据处理是指对各种形式的数据进行收集、存储、加工和传播的一系列活动的总和。其目的之一,是从大量原始的数据中抽取、推导出对人们有价值的信息,以作为行动和决策的依据;目的之二是为了借助计算机技术科学地保存和管理复杂的、大量的数据,以便人们能够方便而充分地利用这些宝贵的信息资源。

数据库技术是通过研究数据库的结构、存储、设计、管理以及应用的基本理论和实现方法,并利用这些理论来实现对数据库中的数据进行处理、分析和理解的技术。数据库技术研究和管理的对象是数据,通过对数据的统一组织和管理,按照指定的结构建立相应的数据库和数据仓库;利用数据库管理系统和数据挖掘系统,设计出能够实现对数据库中的数据进行添加、修改、删除、处理、分析、理解、报表和打印等多种功能的数据管理和数据挖掘应用系统,并利用应用管理系统最终实现对数据的处理、分析和理解。

数据库技术产生于 20 世纪 60 年代末 70 年代初,其主要目的是有效地管理和存取大量的数据资源。数年来,数据库技术和计算机网络技术的发展相互渗透,相互促进,已成为当今计算机领域发展迅速、应用广泛的两大领域。数据库技术不仅应用于事务处理,并且进一步应用到情报检索、人工智能、专家系统、计算机辅助设计等领域。

数据管理技术是对数据进行分类、组织、编码、输入、存储、检索、维护和输出的技术。数据管理技术的发展大致经过了人工管理阶段、文件系统阶段、数据库系统阶段。目前许多行业如电信、金融、税务等逐步认识到数据仓库技术对于企业宏观发展所带来的巨大经济效益,纷纷建立起数据仓库系统。此外,如今的信息系统逐渐要求按照以客户为中心的方式建立应用框架,因此势必要求数据库应用更加广泛地接触客户,而 Internet 提供一个非常便捷的连接途径。因此,电子商务将成为未来数据库技术发展的另一方向。

数据库应用系统又简称为数据库系统,是指拥有数据库技术支持的计算机系统,它可以实现有组织地、动态地存储大量相关数据,提供数据处理和信息资源共享服务的功能。

第三节 网站建设技术

互联网络的飞速发展,使得目前企业网站制作已经和名片一样普及。网站是一个企业或机构在 Internet 上建立的站点,是企业从事电子商务的基本平台,是通过互联网浏览器访问有关的电子商务网站,进行信息交互,进而完成商业交易的业务流程。在互联网快速发展的时代,企业网站无疑是让客户和投资者相互了解的重要渠道,可以向国内外用户展示企业自身独特的企业文化、背景、概况、产品、售后服务品质和最新新闻动态。通过对企业网站的大力宣传推广,可以大大提升企业形象。另外,建网站也是为了提供更好的产品与服务。从用户体验度去看,拥有企业网站可以让客户不受时间地域的限制,通过网络方便快捷地获取自己想要的信息。建立网站可以更好地发展外地市场,有利于企业发展电子商务。企业通过开展网上电子商务,切实降低企业销售成本、企业产品原材料采购成本,全面提升企业竞争力和企业产品竞争力。

一、域名与 IP 地址

Internet 上的计算机地址有两种表示形式:IP 地址与域名。

(一)IP 地址

IP 地址是唯一的,它具有固定、规范的格式。IP 地址由两部分构成(见图 2.7),即网络名(Network ID)和主机名(Host ID)。网络名标识的是 Internet 上的一个子网,而主机名是子网中的某台主机。每台直接接到 Internet 上的计算机与路由器都必须有唯一的 IP 地址。IP 地址长度为 32 位(即 4 个字节)二进制数组成,以 X.X.X.X 格式表示,每个 X 为 8 位,其值为 0~255。

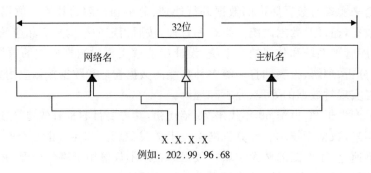

图 2.7 IP 地址构成

Internet IP 地址由 Inter NIC(Internet 网络信息中心)统一负责全球地址的规划、管理;同时由 Inter NIC、APNIC、RIPE 三大网络信息中心具体负责美国及其他地区的 IP 地址分配。通常每个国家需成立一个组织,统一向有关国际组织申请 IP 地址,然后再分配给客户。

(二)域名

域名(DOMAIN NAME)是互联网上企业或机构的名字,是互联网上各网站间相互联系的地址,是由一串用点分隔的名字组成的 Internet 上某一台计算机或计算机组的名称,用于在数据传输时标识计算机的电子方位(有时也指地理位置,地理上的域名,指代有行政自主权的一个地方区域)。由于 IP 地址结构是数字型的,比较抽象,难以记忆,因此 TCP/IP 专门设计了一种字符型的主机名字机制,即 Internet 域名系统 DNS。主机名与它的 IP 地址一一对应。域名采用层次结构的基于"域"的命名方案,每一层由一个子域名组成,子域名间用"."分隔。因特网上的域名由域名系统(Domain Name System,简称 DNS)统一管理。DNS 是一个分布式数据库系统,由域名空间、域名服务器和地址转换请求程序三部分组成。有了 DNS,凡域名空间中有定义的域名,都可以有效地转换为对应的 IP 地址,同样 IP 地址也可通过 DNS 转换成域名。域名服务器的主要功能是将域名翻译成 IP 地址。

域名地址是从右至左来表述其意义的,最右边的部分为顶层域,最左边的则是这台主机的机器名称。第一级域名往往表示主机所属的国家、地区或组织性质的代码。第二级或第三级是子域,最后一级是主机。

通常最高(顶级)域名采用组织模式和地理模式划分。

地理模式按国家或地区划分:cn 代表中国,jp 代表日本,uk 代表英国,hk 代表中国香港地区,tw 代表中国台湾地区。

组织模式划分:gov 代表政府机构,com 代表商业机构,net 代表主要网络支持中心,edu 代表教育机构,ac 代表科研机构等。

域名注册遵循先申请先注册原则,管理机构对申请人提出的域名是否违反了第三方的权利不进行任何实质审查。同时每一个域名的注册都是独一无二的、不可重复的。因此,在网络上,域名是一种相对有限的资源,它的价值将随着注册企业的增多而逐步为人们所重视。

二、电子商务网站的规划及网页设计

企业电子商务的网站是一个企业电子商务的门面,也是根基,规划要符合企业的文化和发展需求,满足于客户的诉求,完成品牌曝光、品牌展示、公信力建立及成交的设计理念。

网站是一个企业或品牌的展示平台,所以在网站策划的时候,要注重客户和产品及企业之间的交流和互动,随时随地让客户可以找到他们需要的产品,随时随地可以解答客户的疑问,快速及时地沟通满足客户的心理,合理的产品布局,清晰地类目划分,强大的在线交流及交易系统、数据系统等,组合成企业电子商务强大的交易型网站,要注重数据分析。

在商务网站建设中要注重运用多媒体技术。利用多媒体技术可以制作生动、有趣的网页,使得 Internet 上的浏览者会一再光临该网站而留连忘返。网页设计既要考虑技术要求,也要注重设计的艺术性。

网页艺术设计包含视听元素与版式设计两项内容;以主题鲜明、形式与内容相统一、强调整体为设计原则;多媒体具有交互性与持续性、多维性、综合性、版式的不可控性、艺术与技术结合的紧密性五个特点。由于多媒体自身的互动性、娱乐性,有创意的设计自然会吸引浏览者的眼球。

网站投资选择中的外购整体网络服务方式主要有两种,即虚拟主机方式和服务器托管方式。

电子商务网站是由若干的技术部件相互关联而成的。作为企业网站,这些技术部件设置的目的只有一个,那就是为企业经营发展服务。

企业网站的常用技术构成部件有访问计数器、意见反馈单或各类商务单证、动画及广告模式、商贸业务及相关热门话题论坛、导航器及搜索引擎、菜单以及数据库等。

1. 访问计数器

在网站中设置访问计数器是一种通常的做法,但是在企业网站中,企业的经营策略和市场分析会赋予访问计数器更多的商务含义。访问计数器中的数据常常是企业分析和了解市场消费发展趋势的重要信息来源。

2. 电子邮件和电子表格

为了规范电子商务的过程和信息形式,人们常常在企业网站中设置许多表格。通过表格在网络上的相互传送来达到交换网络商务单证的目的。在网站设计过程中,表格是通过结构化和内容充实的屏幕设计来完成的,而表格中所填写的内容则可以通过电子邮件以报文的方式来传送。电子邮件是电子商务单证交换的常用工具。

3. 动画和图像

动画和图像是目前各种网站开发中常用的工具和技术。利用动画和图像等手段来达到宣传企业和产品形象以及开展网络广告的目的,也是企业网站建设中常用的技术工具。企业网站通常用这些功能来突出宣传企业的最新产品、最新服务或特色产品、特色服务,从而实现促销目的。企业网站中动画和图像宣传的主要内容通常有:企业的整体形象(例如厂区图像、特色建筑、企业商标徽记、重要活动、重要奖项和经营业绩等),滚动旗帜广告(例如各类特色产品和新产品广告、以企业或产品新闻形式发布的产品广告、以贺词方式发布的产品广告等),需突出宣传的产品的动画广告等。

4. 电子公告扳(BBS)

企业的行为大多有其商业目的,企业网站中开设电子公告板的主要目的是吸引客户了解本企业的发展动向和引导消费市场。为实现这些目的,企业往往以如下几种方式利用 BBS:①开办热门话题论坛。以一些热门话题,引起公众兴趣,引导消费市场的发展。同时,企业也可以通过对 BBS 讨论内容的分析来把握市场需求动向,启发灵感,开发出适销对路的新产品和新服务。②开办网上俱乐部(或称沙龙)。如汽车及配件行业的车迷俱乐部、电器行业的发烧友俱乐部、体育用品行业的球迷俱乐部、计算机行业的电脑天地俱乐部、一般产品行业的产品用户俱乐部等。通过俱乐部可以稳定原有的客户群,吸引新的客户群。

5. 导航器和搜索引擎

企业网站导航系统和搜索引擎是企业网站开展网络信息服务的一种方式。企业网站设置导航器的主要目的有三个,一是宣传自己的合作伙伴、联营企业和分销商,以便于客户能尽快找到它们;二是为客户提供不成为竞争对手的同行业网址来间接地提高自己企业的竞争能力;三是为用户提供访问其他类型网站的服务。企业提供搜索引擎的主要目的是通过提供各种逻辑组合信息查询的方法,来帮助客户尽快地找到其所需要了解的产品信息以及企业所希望向用户推荐的信息。其最终目的是希望客户能够更多地了解到产品的性能和服务的特点,以便作出进一步的商业决策。

6. 数据库

数据库从技术上来看是整个信息系统的基础;从模型处理上来看,也是定量分析工作的基础。目前各类网站开发工具大都提供了相应的数据库功能,企业网站应充分利用这些数据库功能,分类保存有用的商务信息,为各种类型的经营分析提供支持。

7. 菜单

菜单是超文本链接访问操作的引导员,是各类企业网站信息系统最常用的技术部件之一。在考虑企业网站设计菜单时,要注意如下特点:①菜单不仅要组织和管理所有的程序功能模块,而且还要反映企业营销策略和经营特色。②传统菜单是一个严格按功能分类划分的倒树状分支结构,而到了网站上就有所不同,它是一个菜单+超文本链接方式的扁平化链接(或网络)的连接结构。其目的是尽可能快地满足用户的要求,方便用户操作,最终目的是留住用户。③网站上的菜单结构从严格的技术分类上来看,可能是乱的。它不严格区分层次,甚至会有较多的交叉,但是对于用户的使用来说是最方便的。

8. 广播方式的信息发布

网络有多种信息通信方式,大部分是点对点,或通过服务器来进行数据通信(访问)的方式。另外还有一种常用的网络信息通信方式,即广播信息发布方式。企业网站中可以利用这种技术来实现推销、促销和沟通消费者的目的。通常的做法是根据客户数据库中所有客户购买产品和关心产品的情况,然后再根据产品数据库中相关产品、配套产品和新产品的情况,进行综合分析。如果两者能够吻合,则系统就以广播的形式给所有相关客户的电子邮箱发送有关产品的信息,以达到促销的目的。

9. 电子支付

为了方便电子商务业务的开展,就需要通过电子信息网络实现电子支付。作为一个希望利用电子支付系统来展开安全电子商务业务的企业来说,在它的网站中将会涉及到电子收银机、电子钱包和支付网关这三个技术部件。

第四节　移动电子商务技术

一、移动通信技术

移动通信是指移动用户之间,或移动用户与固定用户之间的通信。随着电子技术的发展,特别是半导体、集成电路和计算机技术的发展,移动通信得到了迅速的发展。随着其应用领域的扩大和对性能要求的提高,移动通信在技术上和理论上迅速发展。已经从第一代蜂窝网络移动通信系统(1G)发展到通信费用更加便宜,传输速率更高,语言、数据、影像等多媒体通信服务质量更高的 4G 数字通信阶段。目前,4G 已经进入商用时代,根据工信部"互联网+"行动计划,到 2018 年,建成一批全光纤网络城市,4G 网络全面覆盖城市和乡村,80% 以上的行政村实现光纤到村,直辖市、省会主要城市宽带用户平均接入速率达到 30 Mb/s。

二、移动互联网

移动互联网(Mobile Internet,MI)是一种通过智能移动终端,采用移动无线通信方式获取业务和服务的新兴业务,包含终端、软件和应用 3 个层面。终端层包括智能手机、平板电脑、电子书、MID 等;软件包括操作系统、中间件、数据库和安全软件等;应用层包括休闲娱乐类、工具媒体类、商务财经类等不同应用与服务。随着技术和产业的发展,未来 LTE 和 NFC 等网络传输层关键技术也将纳入移动互联网的范畴之内。随着宽带无线接入技术和移动终端技术的飞速发展,人们迫切希望能够随时随地乃至在移动过程中都能方便地从互联网获取信息和服务,移动互联网应运而生并迅猛发展。然而,移动互联网在移动终端、接入网络、应用服务、安全与隐私保护等方面还面临一系列的挑战。其基础理论与关键技术的研究,对于国家信息产业的整体发展具有重要的现实意义。

在我国互联网的发展过程中,PC 互联网已日趋饱和,移动互联网却呈现出井喷式的发展。伴随着移动终端价格的下降及 WiFi 的广泛铺设,移动网民呈现爆发趋势。据中国产业调研网发布的 2015 年中国移动互联网现状调研及市场前景走势分析报告,2015 年 1 月,移动互联网用户总数达到 8.8 亿户。其中使用手机上网的用户达到 8.39 亿户,我国移动互联网发展进入全民时代。

三、移动操作系统和移动终端设备

移动操作系统是一种运算能力及功能比传统功能手机更强的操作系统。使用最多的操作系统有 Android、iOS、Symbian、Windows Phone 和 BlackBerry OS。它们之间的应用软件互不兼容。因为可以像个人电脑一样安装第三方软件,所以智能手机有丰富的功能。智能移动终端能够显示与个人电脑所显示出来的一致的正常网页,具有独立的操作系统以及良好的用户界面,拥有很强的应用扩展性,能方便随意地安装和删除应用程序。这些系统可以提供通知服务、手势识别器、文件共享支持、点对点服务、图形技术、音频技术、视频技术等。

移动终端设备主要有智能手机、平板电脑、便携式计算机、掌上电脑等。这些移动终端设备是体积越来越小,质量越来越轻,而功能却越来越强大,运行速度越来越快。如手机具有无线接入互联网的能力,具有 PDA 的功能,包括 PIM(个人信息管理)、日程记事、任务安排、多媒体应用、浏览网页;具有开放性的操作系统。这些移动终端也都拥有独立的核心处理器(CPU)和内存,可以安装更多的应用程序,即可以根据个人需要实时扩展机器内置功能,进行软件升级,智能识别软件兼容性,实现与软件市场同步的人性化功能。

四、二维码技术

二维条码或称二维码(2-Dimensional Bar Code)是用某种特定的几何图形,按一定规律在平面(二维方向上)分布的黑白相间的图形记录数据符号信息;在代码编制上巧妙地利用构成计算机内部逻辑基础的"0""1"比特流的概念,使用若干个与二进制相对应的几何形体来表示文字数值信息,通过图像输入设备或光电扫描设备自动识读以实现信息自动处理。它具有条码技术的一些共性:每种码制有其特定的字符集;每个字符占有一定的宽度;具有一定的校验功能等。同时还具有对不同行的信息自动识别功能并能处理图形旋转变化点。

二维码作为一种先进的应用,随着移动互联网和智能终端的普及快速发展,在媒体、产品质量、仓储物流等各行各业都有广泛应用。在支付上应用到了生活的方方面面,甚至包括日常的买菜、乘车等。

五、移动定位技术

移动电子商务的主要应用领域之一就是基于位置的服务(LBS),它能够向旅游者和外出办公的人员提供当地新闻、天气及旅馆等信息。这项技术为旅游业、零售业、娱乐业和餐饮业的发展带来巨大的商机。移动定位技术是基于目前较为普及的GSM/GPRS无线网络覆盖对手机终端进行实时位置捕捉的新型技术,只要手机开机,能收到网络信号,那么用户所处的位置便能随时被掌握。

手机定位服务,是指通过移动终端和移动网络的配合,确定移动用户的实际地理位置,提供位置数据给移动用户本人或他人以及通信系统,实现各种与位置相关的业务。实质上是一种概念较为宽泛的与空间位置有关的新型服务业务。手机定位服务是在无线状态下基于通信位置的定位服务。开通这项服务,手机用户可以方便地获知自己目前所处的准确位置,并用手机查询或收取附近各种场所的资讯。手机定位服务的巨大魅力正是在于能在正确的时间、正确的地点把正确的信息发送给正确的人同时,还可以对手机用户进行定位,并对手机用户的位置进行实时监测和跟踪,使所有被控对象都显示在监控中心的电子地图上,一目了然。因此手机定位服务在无线移动的领域内具有广泛的应用前景。

手机导航就是通过手机的导航功能,把用户从目前所在的地方带到另一个想要到达的地方。手机导航就是卫星手机导航,它与手机电子地图的区别在于,它能够告诉用户在地图中所在的位置,以及要去的那个地方地图中的位置,并且能够在用户所在位置和目的地之间选择最佳路线,并在行进过程中提示左转还是右转。现在市面上的手机导航分为通过太空中的卫星进行GPS导航、通过基站网络进行粗略的导航和AGPS+CELLID+GPS定位三类。其中第三类最为精确。

六、移动电子商务主要实现技术

移动电子商务目前采用的技术主要有六种。

(一)无线应用协议(WAP)

WAP是一种技术标准,融合了计算机、网络和电信领域的诸多新技术,旨在使电信运营商、Internet内容提供商和各种专业在线服务供应商能够为移动通信用户提供一种全新的交互式服务。WAP是开展移动电子商务的核心技术之一,它提供了一套开放、统一的技术平台,使用户可以通过移动设备很容易地访问和获取以统一的内容格式表示的因特网或企业内部网信息和各种服务。通过WAP,手机可以随时随地、方便快捷地接入互联网,真正实现不受时间和地域约束的移动电子商务。

(二)移动IP

移动IP(Mobile IP)是由互联网工程任务小组(IETF)在1996年制定的一项开放标准。它的设计目标是能够使移动用户在移动自己位置的同时,无需中断正在进行的Internet通信。人们在网络世界中,可以拥有唯一的网络IP地址与外界保持统一的通信。

(三)无线局域网(WLAN)

无线局域网(WLAN)是一种借助无线技术取代以往有线布线方式构成局域网的新手段,可提供传统有线局域网的所有功能,支持较高的传输速率。它通常利用射频无线电或红外线,借助直接序列扩频(DSSS)或跳频扩频(FHSS)、GMSK、OFDM和UWBT等技术实现固定、半移动及移动的网络终端对因特网网络进行较远距离的高速连接访问。

(四)蓝牙

蓝牙旨在取代有线连接,实现数字设备间的无线互联,以确保大多数常见的计算机和通信设备之间可方便地进行通信。蓝牙作为一种低成本、低功率、小范围的无线通信技术,可以使移动电话、个人电脑、个人数字助理、便携式电脑、打印机及其他计算机设备在短距离内无需线缆即可进行通信。

(五)通用分组无线业务(GPRS)

通用分组无线业务(GPRS)是在原有基于电路交换(CSD)方式的 GSM 网络上引入两个新的网络节点:GPRS 服务支持节点(SGSN)和网关支持节点(GGSN)。

GPRS 可以高速数据传输,并且可以实现永远在线,它仅按数据流量计费。

(六)4G 网

4G 网是集 3G 与 WLAN 于一体并能够传输高质量视频图像,以及图像传输质量与高清晰度电视不相上下的技术产品。4G 可以在 DSL 和有线电视调制解调器没有覆盖的地方部署,然后再扩展到整个地区。很明显,4G 有着不可比拟的优越性,在移动电子商务中发挥着重要的作用。

第五节 电子商务安全技术

随着互联网的迅猛发展,电子商务已经逐渐成为人们进行商务活动的常态模式,但伴随而来的网络安全问题也日渐突出。如何建立一个安全的电子商务应用环境,对交易关联各方及信息提供足够的保护,成为大家关心的话题。各种调查也显示,至少有一半以上的网上消费者担心安全问题。

一、电子商务安全的主要问题

(一)网络软件、通信协议的缺陷和漏洞

目前 Internet 上 95% 的数据流使用的是 TCP/IP 协议,而 TCP/IP 协议是完全开放的,其设计之初没有考虑安全问题。恶意攻击者可以很容易地窃取、更换、假冒数据包。

(二)计算机病毒的危害

由于计算机系统和网络存在缺陷和漏洞,可以针对这些缺陷和漏洞设计出各式各样的病毒。病毒的入侵导致计算机系统的瘫痪,程序和数据的严重破坏,使网络的效率和作用大大降低,使许多功能无法使用或不敢使用。

(三)"黑客"的攻击

"黑客"是指那些偷偷地、未经许可就打入别人计算机系统的计算机罪犯。随着网络的飞速发展,"黑客"的攻击事件不断发生,他们以各种方式有选择地破坏信息的有效性和完整性。

(四)对交易信息进行抵赖

交易者为推卸自己的责任对交易信息进行修改,否认报文的接收或发送等。否认交易行为,损害了对方的利益,造成了交易者对电子商务安全的不信任。

(五)电子商务网站的安全性问题

有些企业建立的电子商务网站本身在设计制作时就会有一些安全隐患,服务器操作系统本身也会有漏洞,不法攻击者如果进入电子商务网站,大量用户信息及交易信息将被窃取、篡改与破坏。

二、电子商务的安全技术

(一)数据加密技术

对数据进行加密是电子商务系统最基本的信息安全防范措施。其原理是利用加密算法将信息明文转换成按一定加密规则生成的密文后进行传输,到达目的地后再用相同或不同的手段还原(解密),从而保证数据的保密性。使用数据加密技术可以解决信息本身的保密性要求。数据加密技术可分为对称密钥加密和非对称密钥加密。

(二)数字签名技术

数字签名就是只有信息的发送者才能产生的别人无法伪造的一段数字串,这段数字串同时也是对信息的发送者发送信息真实性的一个有效证明。数字签名是非对称密钥加密技术与数字摘要技术的应用。数字签名文件的完整性是很容易验证的,而且数字签名具有不可抵赖性。

(三)安全认证技术

网络安全认证技术是网络安全技术的重要组成部分之一。认证指的是证实被认证对象是否属实和是否有效的一个过程。其基本思想是通过验证被认证对象的属性来达到确认被认证对象是否真实有效的目的。被认证对象的属性可以是口令、数字签名或者像指纹、声音、视网膜这样的生理特征。认证常常被用于通信双方相互确认身份,以保证通信的安全。认证主要有身份认证和消息认证。

1. 身份认证

身份认证是证实实体身份的过程,是保证系统安全的重要措施之一。当服务器提供服务时,需要确认来访者的身份,访问者有时也需要确认服务提供者的身份。身份认证是指计算机及网络系统确认操作者身份的过程。

身份认证技术从是否使用硬件来看,可以分为软件认证和硬件认证;从认证需要验证的条件来看,可以分为单因子认证和双因子认证;从认证信息来看,可以分为静态认证和动态认证。身份认证技术的发展,经历了从软件认证到硬件认证,从单因子认证到双因子认证,从静态认证到动态认证的过程。

常用的身份认证方法有基于口令的认证方法、双因素认证、一次口令机制、生物特征认证、USB Key 认证等。

2. 消息认证技术

随着网络技术的发展,对网络传输过程中信息的保密性提出了更高的要求,这些要求主要包括:

(1)对敏感的文件进行加密,即使别人截取文件也无法得到其内容。

(2)保证数据的完整性,防止截获人在文件中加入其他信息。

(3)对数据和信息的来源进行验证,以确保发信人的身份。

现在业界普遍通过加密技术方式来满足以上要求,实现消息的安全认证。消息认证就是验证所收到的消息确实是来自真正的发送方且未被修改的消息,也可以验证消息的顺序和及时性。

消息认证实际上是对消息本身产生一个冗余的信息——MAC(消息认证码),消息认证码是利用密钥对要认证的消息产生新的数据块并对数据块加密生成的。它对于要保护的信息来说是唯一的,因此可以有效地保护消息的完整性,以及实现发送方消息的不可抵赖和不能伪造。消息认证技术可以防止数据的伪造和被篡改,以及证实消息来源的有效性,已广泛应用于信息网络。随着密码技术与计算机计算能力的提高,消息认证码的实现方法也在不断的改进和更新之中,多种实现方式会为更安全的消息认证码提供保障。

(四)杀毒和防火墙软件

杀毒软件,也称反病毒软件或防毒软件,是用于消除电脑病毒、特洛伊木马和恶意软件等计算机威胁的一类软件。杀毒软件通常集成监控识别、病毒扫描和清除、自动升级病毒库、主动防御等功能,有的杀毒软件还带有数据恢复等功能,是计算机防御系统(包含杀毒软件、防火墙、特洛伊木马和其他恶意软件的查杀程序和入侵预防系统等)的重要组成部分。

防火墙指的是一个由软件和硬件设备组合而成、在内部网和外部网之间、专用网与公共网之间的界面上构造的保护屏障,是一种获取安全性方法的形象说法,它是一种计算机硬件和软件的结合,使 Internet 与 Intranet 之间建立起一个安全网关(Security Gateway),从而保护内部网免受非法用户的侵入,防火墙主要由服务访问规则、验证工具、包过滤和应用网关 4 个部分组成。

(五)认证机构 CA

认证中心(Certificate Authority,CA)作为权威的、可信赖的、公正的第三方机构,专门负责发放并管理所有参与网上交易的实体所需的数字证书。它作为一个权威机构,对密钥进行有效的管理,颁发证书证明密钥的有效性,并将公开密钥同某一个实体(消费者、商户、银行)联系在一起。它负责产生、分配并管理所有参与网上信息交换各方所需的数字证书,因此是安全电子信息交换的核心。为保证客户之间在网上传递信息的安全性、真实性、可靠性、完整性和不可抵赖性,不仅需要对客户身份的真实性进行验证,也需要有一个具有权威性、公正性、唯一性的机构,负责向电子商务的各个主体颁发并管理符合国内、国际安全电子交易协议标准的安全证书。数字证书管理中心是保证电子商务安全的基础设施。它负责电子证书的申请、签发、制作、废止、认证和管理,提供网上客户身份认证、数字签名、电子公证、安全电子邮件等服务等业务。

随着认证中心的出现,使得开放网络的安全问题得以迎刃而解。利用数字证书、PKI、对称加密算法、数字签名、数字信封等加密技术,可以建立起安全程度极高的加解密和身份认证系统,确保电子交易有效、安全地进行,从而使信息除发送方和接收方外,不被其他方知悉(保密性);保证传输过程中不被篡改(完整性和一致性);发送方确信接收方不是假冒的(身份的真实性和不可伪装性);发送方不能否认自己的发送行为(不可抵赖性)。

CA 发放的证书有 SSL 和 SET 两种。SSL 安全协议主要用于提高应用程序之间数据的安全系数。SET 协议位于应用层,一般服务于持卡消费、网上购物的电子商务。

电子商务的安全是一个复杂系统工程,仅从技术角度防范是远远不够的,还必须完善电子商务方面的立法,以规范飞速发展的电子商务现实中存在的各类问题,从而引导和促进我国电子商务快速健康发展。

本章小结

电子商务技术与电子商务是相辅相成的关系。电子商务的发展离不开电子商务技术的支持,电子商务的发展又促进了电子商务技术水平的提高。互联网络技术的发展得益于计算机技术、通信技术及网络信息处理技术的提高。无论是由 EDI 技术到互联网技术,再到现在的云计算和将来的物联网技术,还是移动通信的蜂窝模拟 1G 技术到现在的 4G 技术再到将来的 5G 技术甚至更高,都使电子商务活动变得更加方便快捷,降低了沟通交易成本,提高了交易效率,进而带动社会经济更快更高的发展。但由于互联网的开放性和便利性,也给电子商务交易带来了安全隐患,所以也应该加强加密技术、数字签名技术、身份和消息认证技术、认证中心技术、防火墙和杀毒技术等电子商务安全技术的开发和应用,加强电子商务网站的艺术性和人性化设计。以此来获得电子商务的更好发展。

思考与练习

一、单选题

1. IP 地址的长度为(　　)位。
 A. 8　　　　　　　B. 128　　　　　　　C. 32　　　　　　　D. 64
2. 关于 IP 地址和域名,以下描述不正确的是(　　)。
 A. Internet 上任何一台主机的 IP 地址在全世界是唯一的
 B. IP 地址和域名一一对应,由 DNS 服务器进行解析
 C. 人们大都用域名在 Internet 上访问一台主机,因为这样速度比用 IP 地址快
 D. Inter NIC 是负责域名管理的世界性组织
3. 下列表示广域网的是(　　)。
 A. WLAN　　　　B. WAN　　　　　C. MAN　　　　　D. LAN
4. 数字证书中不包括(　　)。
 A. 公开密钥　　　　　　　　　　　B. 数字签名
 C. 证书发行机构的名称　　　　　　D. 证书的使用次数信息
5. 路由器工作在 OSI 开放式互联模式的(　　)。
 A. 物理层　　　　B. 数据链路层　　C. 网络层　　　　D. 会话层
6. 根据通信方式分类,计算机网络可以分为广播式网络和(　　)。
 A. 局域网　　　　B. 区域网　　　　C. 广域网　　　　D. 点对点网络
7. 计算机网络存在的前提条件是(　　)。
 A. TCP/IP 协议　B. 局域网　　　　C. 网关　　　　　D. 资源共享
8. 计算机网络的正确定义是(　　)。
 A. 能够互相通信的各种计算机
 B. 不同的计算机用通信线路设备连在一起的系统
 C. 独立的计算机系统通过通信设备连接在一起使用统一的操作系统

D. 独立计算机系统通过通信设备连接在一起用网络软件实现资源共享

9. 在 Internet 上,实现超文本传输的协议是(   )。
   A. http   B. ftp   C. www   D. hypertext

10. 电子邮件的应用层协议是(   )。
    A. FTP 和 HTTP   B. TCP 和 IP
    C. ARP 和 RAPP   D. SMTP 和 POP3

11. 域名服务器的主要功能是(   )。
    A. 把域名翻译 IP 地址
    B. 把 IP 地址翻译成域名
    C. 在域名与 IP 地址之间互相翻译
    D. 专门存储域名

二、多选题

1. 关于防火墙,叙述正确的是(   )。
   A. 防火墙可通过屏蔽未授权的网络访问等手段把内部网络隔离为可信任网络
   B. 防火墙的安全性能可根据系统安全的要求而设置,因系统的安全级别不同而有所不同
   C. 防火墙可以有效的查杀病毒,对网络攻击可进行检测和告警
   D. 防火墙可以用来把内部可信任网络对外部网络或其他非可信任网络的访问限制在规定的范围之内

2. 关于用数字签名进行文件传输过程的说法中,错误的是(   )。
   A. 接收方用自己的私有密钥对密钥进行解密,得到秘密密钥的明文
   B. 接收方用公开密钥对文件进行解密,得到经过加密的数字摘要
   C. 接收方用发送方的公开密钥对数字签名进行解密,得到数字摘要的明文
   D. 接收方得到的明文和哈希函数重新计算数字摘要,并与解密后的数字摘要进行对比

3. 按照覆盖距离来划分,计算机网络一般分为(   )。
   A. 局域网   B. 区域网   C. 广域网   D. 农村网
   E. 城市网

4. 计算机网络的必备要素是(   )。
   A. 至少两台分离的计算机,在它们之间有一些需要共享的东西
   B. 一种能保持计算机之间进行接触的通道
   C. 一些保证计算机之间相互通信的规则
   D. 虚拟主机
   E. 服务器托管

5. 在 Internet 里,WWW 的英文全称是(   )。
   A. World   B. Wide   C. Web   D. What
   E. Why

6. OSI 参考模型共分 7 层,其中下三层分别是(   )。
   A. 物理层   B. 数据链路层   C. 网络层   D. 会话层
   E. 保护层

7. 在网络中可共享的资源包括（   ）。
A. 硬件   B. 软件   C. 数据   D. 程序
E. 模块
8. TCP/IP 协议是最基本的协议，协议包括（   ）。
A. 语义   B. 语法   C. 时序   D. 合同
E. 财务
9. 对于个人来讲计算机网络的应用主要有（   ）。
A. 个人之间的通信   B. 发布信息   C. 远程信息的访问
D. 家庭娱乐   E. 市场调查
10. 用户连入互联网的方式有（   ）。
A. 专线接入   B. 拨号接入   C. 微波接入   D. 局域网接入
E. 仿真终端方式接入
11. 构成 EDI 系统的要素是（   ）。
A. 数据标准化   B. EDI 软件及硬件   C. 通信网络   D. 电子钱包
E. 系统工程

三、判断题

1. 网络上的主机既可以用它的域名来表示，也可以用它的 IP 地址来表示。（   ）
2. 在 Internet Explorer 中，"搜索"按钮指的是搜索当前正在浏览网页上的内容。（   ）
3. 认证中心（CA）的主要功能之一是发出产品质量证书。（   ）
4. 数字签名可用于解决未经授权访问主机资源的问题。（   ）
5. 多数所谓的黑客只是使用几个黑客软件而已。（   ）
6. 网站投资选择中的外购整体网络服务方式主要有两种，即虚拟主机方式和服务器托管方式。（   ）
7. 计算机网络就是计算机与信息相融合的产物。（   ）
8. 如果计算机不能正常上网，可以通过"开始—运行—"检查网卡、IP 地址是否正确。
（   ）
9. 防火墙是指由一个软件系统和硬件设备组合而成的，在内部网和外部网之间的界面上构造的保护屏障。（   ）

四、实践题

1. 访问淘宝、阿里巴巴、京东商城等不同类型的网站，比较其网站结构、应用，分析阐述各自的优劣和适用性。
2. 登录 www.net.cn 或者 www.cnnic.com，了解域名的注册过程。
3. 尝试网上开店，了解开店要求及流程等。

五、案例分析题

阿里巴巴电子商务网站建设

阿里巴巴是全球著名的企业间(B2B)电子商务服务公司,管理运营着全球最大的网上贸易市场和商人社区——阿里巴巴网站,为来自220个国家和地区的200多万企业和商人提供网上商务服务,是全球首家拥有百万商人的商务网站。总部在香港,北京办事处主要负责业务开发和公关宣传两块,人员主要在杭州;立足国际市场,服务器放在美国。

阿里巴巴网站由英文国际站(www.alibaba.com)、简体中文中国站(china.alibaba.com)、日文网站(japan.alibaba.com)组成。阿里巴巴在香港成立公司总部,在中国杭州成立中国总部,并在海外设立美国硅谷、伦敦等分支机构、合资企业3家,在中国北京、上海、浙江、山东、江苏、福建、广东等地区设立分公司、办事处十多家。

阿里巴巴是1998年底由创业团队推出网站服务,并以1999年3月10日团队领袖马云正式回杭州创业的时间作为网站创办的纪念日;1999年7月9日在香港成立阿里巴巴中国控股有限公司,9月9日在杭州成立阿里巴巴(中国)网络技术有限公司。香港和杭州分别作为阿里巴巴公司总部和中国区总部所在地;1999年10月,美国著名投资公司高盛牵头的国际财团向阿里巴巴注入500万美元风险资金;2002年2月,日本亚洲投资公司向阿里巴巴投资,并于当年实现全年赢利。

阿里巴巴是专注于中小企业信息流服务的网络经纪模式。其网站功能架构包括以下几方面:
①网上信息社区:提供27大类的商业资讯,近20类的行业资讯,50多个内容丰富的商务论坛;
②网站首页:网站的入口,每日最新最重要的信息的发布;
③行业首页:行业市场的总汇,提供每日最新行业信息;
④商业机会:为企业提供27个行业1000多个产品分类的商业机会查阅;
⑤产品展示:按分类陈列展示阿里巴巴会员的各类图文并茂的产品信息;
⑥公司库:公司网站大全,可以在此按行业类别查询各类公司资讯;
⑦行业资讯:行业新闻报道即时更新,掌握变幻莫测的行业动态;
⑧以商会友:商人俱乐部,与其他会员交流行业见解,交业界朋友;
⑨商务服务:与贸易、商务相关的各种配套服务;
⑩发布信息:选择恰当的类别发布买、卖、合作等商业信息。

同时,阿里巴巴还提供了商情特快,会员可以分类订阅每天新增的供求信息,直接通过电子邮件接收,高效省时。

阿里巴巴网站作为信息交易平台,在为买卖双方提供市场机会的同时,注重网站商人社区的交流功能,使得商业个体在获得商业交易的同时得到心理归属的满足感,从而不断为网站聚集人气、扩大业务量。阿里巴巴网站结构围绕预期功能开设了商业机会、产品展示、公司库、行业资讯、商友中心、以商会友等内容。

2002年3月,阿里巴巴推出"诚信通"会员服务,倡导诚信交易的网上商业风气,受到广大中小企业的积极响应。网上诚信交易之风蔚然成型。

阿里巴巴"把网站当作茶馆开,让生意人到茶馆里来交流信息",这一点在网上社区里得到了充分的体现,在"商友中心"和"以商会友"中大家可以畅所欲言、广交朋友、答疑解问、分享商业经验教训。

阿里巴巴的远景是成为一家持续发展80年的企业,成为全球十大网站之一,达到只要是商人就一定要用阿里巴巴的境界。阿里巴巴网站属于B2B类型,是企业对企业开展网络业务的,更严格地说,它是属于网络经纪模式,是为买卖双方提供信息交易平台,企业通过虚拟的网络平台将买卖双方的供求信息聚集到一起,协调其供求关系并从中收取交易费用。阿里巴巴网站从建立伊始走的就是稳健发展的路线,在不断的发展创新中不断壮大。"用国际资本打国际市场,培育国内电子商务市场"是其战略宗旨。

问题:

1. 分析阿里巴巴的网站定位。
2. 登录联想和海尔等电子商务开展较早的企业网站并分析其如何定位。
3. 联系本地企业实例,阐述不同类型的企业应如何选择适合自己的电子商务网站定位技术及市场定位?

习题参考答案

第三章　网络市场调研

☞ **本章学习目标**

1. 了解网络市场调研的优缺点及市场调研的分类；
2. 掌握网络市场调研的基本原则和步骤；
3. 了解网络商务信息的分级、特点及检索的基本要求；
4. 掌握网络市场调研的方法；
5. 了解网络信息整理的步骤、大数据的概念及处理流程；
6. 分析网络消费者购买行为、企业购买行为及政府采购行为；
7. 掌握调查报告的撰写。

第一节　网络市场调研概述

网络市场调研就是根据一定的目的，采用科学的方法，从网络搜集与市场有关的信息、并对其进行整理和分析研究的过程。在产品日新月异，消费者需求愈来愈多样化，国内外市场竞争日趋激烈的情况下，为了增强产品在市场上的竞争能力，就需要对交易主体的购买动机、支付能力、购买习惯、购买行为等影响购买的各种因素进行充分调研，以便在千变万化的市场中，作出及时正确的营销决策。由于影响市场的因素很多，所以进行市场调查的内容很多，调查的范围也很广泛。凡是直接或间接影响市场营销的情报资料，都要广泛收集和研究。市场调查是企业运营过程中了解和掌握市场情况的工具。面向消费者（B2C）、面向企业（B2B）和面向政府（B2G）的电子商务，是最基本的商务模式，因而对消费者、企业以及政府的网络交易行为进行调查和分析是电子商务网络市场调研最基本的内容。

一、网络市场调研的优点及缺陷

传统的市场调研一方面要投入大量的人力物力，如果调研面较小，则不足以全面掌握市场信息，而调研面较大，则时间周期长，调研费用高；另一方面，在传统的市场调研中，被调查者始终处于被动地位，如果不采取一定的鼓励措施，许多人是不愿意配合的。

（一）网络市场调研的优点

与传统市场调研方法相比，利用互联网进行市场调研有很多优点，主要表现在以下几个方面。

1. 网络调研信息的及时性和共享性

由于网络的传输速度非常快，网络信息能够快速地传送到连接上网的任何网络用户，而且网络调查信息经过统计分析软件初步处理后，可以看到阶段性结果，而传统的市场调研得出结论需经过很长的一段时间。同时网络调研是开放的，任何网民都可以参加和查看结果，这又保证了网络调研的共享性。

由于企业网络站点的访问者一般都是对企业产品有一定的兴趣,对企业市场调研的内容作了认真的思考之后进行回复,而不像传统的调研方式下为了抽号中奖而被动地回答,所以网络市场调研的结果是比较客观和真实的,能够反映消费者的真实要求和市场发展的趋势。

2. 网络调研方式的便捷性和经济性

在网络上进行市场调研,无论是调查者或是被调查者,只需拥有一台能上网的计算机或移动终端就可以进行网络沟通交流。调研者在企业站点上发出电子调查问卷,提供相关的信息,或者及时修改、充实相关信息,被调研者只需在网络按照自己的意愿填写问卷,之后调研者对访问者反馈回来的信息进行整理和分析即可,这种调研方式是十分便捷的。

同时,网络调研非常经济,它可以节约传统调查中大量的人力、物力、财力和时间的耗费。省却了印刷调研问卷、派访问员访问、电话访问、留置问卷等工作;调研也不会受到天气、交通、工作时间等的影响;调查过程中最繁重、最关键的信息收集和录入工作,也分布到众多网络用户的终端上完成;信息检验和信息处理工作均由计算机自动完成。所以网络调研能够以最经济、便捷的手段完成。

3. 网络调研过程的交互性和充分性

网络的最大优势是交互性。这种交互性也充分体现在网络市场调研中。网络市场调研某种程度上具有人员面访的优点,在网络调查时,被访问者可以及时就问卷相关的问题提出自己的看法和建议,可减少因问卷设计不合理而导致的调查结论出现偏差等问题。消费者一般只能针对现有产品提出建议甚至是不满,而对尚处于概念阶段的产品则难以涉足,而在网络调研中消费者则有机会对从产品设计到定价和服务等一系列问题发表意见。这种双向互动的信息沟通方式提高了消费者的参与性和积极性,更重要的是能使企业的营销决策有的放矢,从根本上提高消费者满意度。同时,网络调研又具有留置问卷或邮寄问卷的优点,被访问者有充分的时间进行思考,可以自由地在网络发表自己的看法。把这些优点集合于一身,形成了网络调研的交互性和充分性的特点。

4. 网络调研结果的可靠性和客观性

相比传统的市场调研,网络调研的结果比较可靠和客观,主要是基于以下原因:首先企业站点的访问者一般都对企业产品有一定的兴趣,被调查者是在完全自愿的情况下参与调查的,调查的针对性强。而传统的市场调研中的拦截询问法,实质上是带有一定的"强制性"的。其次,被调查者主动填写调研问卷,证明填写者一般对调查内容有一定的兴趣,回答问题就会相对认真,所以问卷填写可靠性高。此外,网络市场调研可以避免传统市场调研中人为因素干扰所导致的调查结论的偏差,因为被访问者是在完全独立思考的环境中接受调查的,能最大限度地保证调研结果的客观性。

5. 网络调研无时空和地域的限制性

传统的市场调研往往会受到区域与时间的限制,而网络市场调研可以 24 小时全天候进行,同时也不会受到区域的限制。

6. 调研信息的可检验性和可控制性

利用 Internet 进行网络调研收集信息,可以有效地对采集信息的质量实施系统的检验和控制。首先网络市场调查问卷可以附加全面规范的指标解释,有利于消除被访者因对指标理解不清或调查员解释口径不一而造成的调查偏差。其次,问卷的复核检验由计算机依据设定的检验条件和控制措施自动实施,可以有效地保证对调查问卷100%的复核检验,保证检验与控制的客观公正性。最后,通过对被调查者的身份验证技术可以有效地防止信息采集过程中的舞弊行为。

(二)网络调研的缺陷

与传统调研相比,网络调研也存在一些缺陷,如易于产生偏差、代表性不强,网络用户的匿名性、多文化性、缺乏细致的观察、应答者重复作答等这些都会影响调查结果的准确性。

二、网络市场调研原则

网络调研的原则主要有时效性原则、准确性原则、系统性原则、经济学原则、科学性原则、保密性原则等。

(一)时效性原则

市场调查的时效性表现为应及时捕捉和抓住市场上任何有用的情报、信息,及时处理相关数据。信息的利用价值取决于该信息是否能及时提供,即它的时效性。信息只有及时、迅速地提供给它的使用者才能有效地发挥作用。特别是决策对信息的要求是"事前"的消息和情报,而不是"马后炮"。所以,只有信息是"事前"的,对决策才是有效的。过时的信息是没有价值的信息。

(二)准确性原则

市场调查收集到的资料,必须体现准确性原则,对调查资料的分析必须实事求是,尊重客观实际,切忌以主观臆造来代替科学的分析。同样,片面、以偏概全也是不可取的。要使企业的经营活动在正确的轨道上运行,就必须要有准确的信息作为依据,才能瞄准市场,看清问题,抓住时机。为达到这个要求,信息收集者就必须对收集到的信息反复核实,不断检验,力求把误差减少到最低限度。

(三)系统性原则

市场调查的系统性表现为应全面收集有关企业生产和经营方面的信息资料。市场调查既要了解企业的生产和经营实际,又要了解竞争对手的有关情况;既要认识到其内部机构设置、人员配备、管理素质和方式等对经营的影响,也要调查社会环境的各方面对企业和消费者的影响程度。要求所搜集到的信息广泛,全面完整。只有广泛、全面地搜集信息,才能完整地反映管理活动和决策对象发展的全貌,为决策的科学性提供保障。同时市场调查是一个系统过程,需要全面、综合地考虑各个环节、步骤间的关系,稳妥有效地推进市场调查进程。

(四)经济性原则

市场调查是一件费时费力费财的活动。它不仅需要人的体力和脑力的支出,同时还要利用一定的物质手段,以确保调查工作顺利进行和调查结果的准确。市场调查要讲求经济效益,力争以较少的投入取得最好的效果。也就是说,要花最少的钱,办最好的事,追求最高的"性价比"。

(五)科学性原则

市场调查不是简单地搜集情报、信息的活动,为了在时间和经费有限的情况下,获得更多更准确的资料和信息,就必须对调查的过程进行科学的安排。采用什么样的调查方式、选择谁作为调查对象、问卷如何拟订才能达到既明确表达意图又能使被调查者易于答复的效果,这些都需要进行认真的策划设计;同时运用一些社会学和心理学等方面的知识,以便与被调查者进行更好的交流;在汇总调查资料的过程中,要使用计算机智能化地对大量信息进行准确的分类和统计;对资料所作的分析应由具有一定专业知识的人员进行,以便对汇总的资料和信息作出更深入的分析;分析人员还要掌握和运用相关数学模型和公式,从而将汇总的资料以理性化的数据表示出来,精确地反映调查结果。同时在整个调查、整理、分析过程都要严格遵循科学规律。

(六)保密性原则

市场调查的保密性原则体现在两个方面:一是为客户保密。许多市场调查是由客户委托市场调查公司进行的。因此市场调查公司以及从事市场调查的人员必须对调查获得的信息保密,不能将信息泄露给第三者。在激烈的市场竞争中,信息是非常重要的,不管是有意或是无意,也不管信息泄露给谁,只要将信息泄露出去就有可能损害客户的利益,同时反过来也会损害市场调查公司的信誉。所以市场调查人员必须特别谨慎。二是为被调查者提供的信息保密,不管被调查者提供的是什么样的信息,也不管被调查者提供信息的重要性程度如何。如果被调查者发现自己提供的信息被暴露出来,一方面可能给他们带来某种程度的伤害,同时也会使他们失去对市场调查的信任。

三、市场调研的分类

市场调研按其不同的标准可以分为不同的类型。

(一)按调研时间分类

按调研时间的不同,可将市场调研分为定期市场调查、经常性市场调查和临时性市场调查。

定期市场调查如月末、季末、年末市场调查。经常性市场调查是根据企业的生产经营决策的要求来进行的。临时性市场调查是企业投资开发新产品、开拓新市场、或根据市场的某些特殊情况而开展的临时性市场调研。

定期市场调查是对市场现象每隔一段时间就进行一次调查。其目的在于获得关于事物全部发展变化过程及其结果的信息资料。

不定期市场调查则是为了解决某种市场问题而专门组织的一次性调查。其目的在于收集事物在某一特定时间点上的水平、状态等资料。

(二)按调查对象包括的范围分类

按调查对象包括的范围不同,可将市场调研分为全面市场调查和非全面市场调查。

全面市场调查是对调查对象包括的所有单位都进行的调查;非全面市场调查是对调查对象中的部分单位所做的调查。

(三)按调查的功能和深度分类

按调查的功能和深度不同,可将市场调研分为探测性市场调查、描述性市场调查及因果性市场调查。

探测性市场调查是非正式调查,是在调查人员无法把握出现问题的症结,心中无数,无法确定调查内容的情况下,为了界定调查问题的性质以及更好地理解问题而进行的小规模的调查活动。探测性调研的资料来源有:现存资料、请教有关人士、参考以往类似实例。

描述性市场调查就是以获得一般性市场营销信息为主的调查,多数是以问卷调查的形式进行的,是市场调查中最普遍、最常见的。它是要解决"谁""什么""什么时间""什么地点"和"怎样"的问题,如消费者的收入层、年龄层、购买特性的调查等。

因果性市场调查是为了挖掘市场某一问题的原因与结果之间的变化关系而进行的调查,其目的是识别变量之间的因果关系。如在某一时期,影响汽车销量的因素有哪些,其中什么是主要影响因素,什么为次要影响因素。

(四)按采取的调查方法分类

按采取的调查方法不同,可将市场调研分为文案市场调查和实地市场调查。

文案市场调查是指通过收集各种历史和现实的动态统计资料,从中摘取与市场调查课题有关的信息。文案市场调查具有简单、快速、节省调查经费等特点,尤其是用于对历史资料和现状的了解,它既可作为一种独立方法来运用,也可作为实地市场调查的补充。

实地市场调查是指调查者自身收集第一手市场资料的方法。它包括观察法、实验法和访问法。实地市场调查在借助科学研究方法的基础上,能够得到比较真实的资料和信息。

(五)按空间层次分类

根据空间层次不同,市场调查可分为国内市场调查与国际市场调查。

国内市场调查是指以国内市场为对象进行的调查。可以分为全国性、地区性市场调查。还可以划分为城市、农村市场调查。国际市场调查是以世界市场的需求动向为对象进行的调查。

四、网络市场调研的内容

(一)市场需求调查

市场需求调查包括市场需求总量及结构调查、市场需求影响因素调查、市场占有率以及市场未满足需求调查。

(二)消费者调查

消费者调查具体包括消费者构成调查、消费者购买动机调查、购买行为特征调查、消费者喜欢在何时何地购买、消费者使用产品后的评价调查。

(三)市场竞争调查

市场竞争调查包括企业竞争者调查、竞争者的市场地位调查、竞争者的营销目标调查、竞争者的竞争反应模式调查。

(四)营销因素调查

营销因素调查具体包括产品的调查、价格的调查、分销渠道的调查、广告策略的调查、促销策略的调查。

(五)市场环境调查

市场环境调查包括政治法律环境调查、科技环境调查、人口环境调查、自然环境调查。

以中国婴幼儿奶粉市场调查为例,其市场调查内容如图3.1所示。

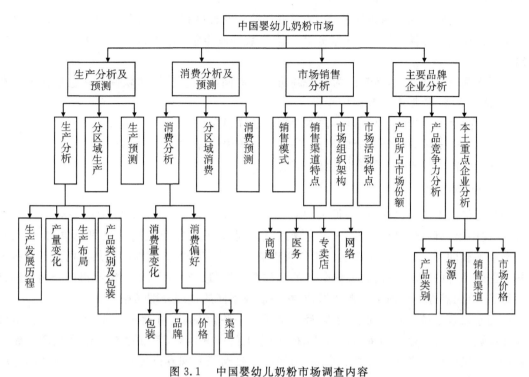

图 3.1 中国婴幼儿奶粉市场调查内容

五、网络市场调研的一般步骤

网络市场调研与传统的市场调研一样,应按照一定的方法与步骤进行,以保证调研过程的质量。网络市场调研一般包括以下几个步骤。

(一)明确问题与确定调研目标

明确问题和确定调研目标对使用网络搜索的手段来说尤为重要,这样可以少走弯路,节约时间、经费和精力,也有利于达到预期的目的。因特网是一个永无休止的信息流。开始搜索时,你可能无法精确地找到所需要的重要数据,但一定要有一个清晰的目标并留心去寻找。以下是一些可以设定的目标:

(1)谁有可能想在网络使用你的产品或服务?
(2)谁是最有可能要买你提供的产品或服务的客户?
(3)在你这个行业,谁已经上网?他们在干什么?
(4)你的客户对你竞争者的印象如何?

(二)制定调查方案

网络市场调研的第二个步骤是制定出最为有效的信息搜索方案。具体来说,要确定资料来源、调查方法、调查手段、抽样方案和联系方法。下面就相关的问题来说明:

(1)资料来源:确定收集的是二手资料还是一手资料(原始资料)。
(2)调查方法:网络市场调查可以根据实际调查的目的和需要来选择使用的方法。
(3)调查手段:

①在线问卷,其特点是制作简单、分发迅速、回收方便。但要注意问卷的设计水平。

②交互式电脑辅助电话访谈系统,是利用一种软件程序在电脑辅助电话访谈系统上设计问卷结构并在网络传输。Internet 服务器直接与数据库连接,对收集到的被访者答案直接进行储存。

③网络调研软件系统,是专门为网络调研设计的问卷链接及传输软件。它包括整体问卷设计、网络服务器、数据库和数据传输程序。

(4)抽样方案:要确定抽样单位、样本规模和抽样程序。

(5)联系方法:采取网络交流的形式,如 E-mail 传输问卷、参加网络论坛等。

目前专业的文件制作网站有问道网、问卷星等。

(三)收集信息

网络通信技术的突飞猛进,使得资料收集方法迅速发展。Internet 没有时空和地域的限制,因此网络市场调研可以在全国甚至全球进行。同时,收集信息的方法也很简单,直接在网络递交或下载即可。这与传统市场调研的收集资料方式有很大的区别。如某公司要了解各国对某一国际品牌的看法,只需在一些著名的全球性广告站点发布广告,把链接指向公司的调查表就行了,而无需像传统的市场调研那样,在各国找不同的代理分别实施。

在问卷回答中访问者经常会有意无意地漏掉一些信息,这可通过在页面中嵌入脚本或 CGI 程序进行实时监控。如果访问者遗漏了问卷上的一些内容,其程序会拒绝递交调查表或者验证后重发给访问者要求补填。最终,访问者会收到证实问卷已完成的公告。在线问卷的缺点是无法保证问卷上所填信息的真实性。

(四)信息的整理和分析

收集信息后要做的是分析信息,这一步非常关键。调查人员如何从数据中提炼出与调查目标相关的信息,直接影响到最终的结果。这就要使用到一些数据分析技术,如交叉列表分析技术、概括技术、综合指标分析和动态分析等。目前国际上较为通用的分析软件有 SPSS、SAS 等。网络信息的一大特征是即时呈现,而且很多竞争者还可能从一些知名的商业网站上看到同样的信息,因此分析信息能力相当重要,它能使分析者在动态的变化中捕捉到商机。

(五)提交报告

调研报告的撰写是整个调研活动的最后一个阶段。报告不是数据和资料的简单堆砌,而是把与市场营销关键决策有关的主要调查结果报告出来,并以调查报告所应具备的正规格式写作。

市场调查操作流程如图 3.2 所示。

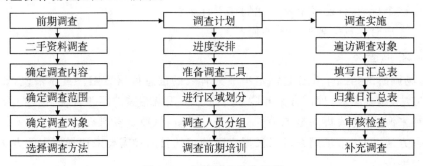

图 3.2　市场调查操作流程

第二节 网络信息的收集

网络商务信息的收集是制定网络营销策略,有效开展电子商务活动的基础。在进行网络信息收集时必须采用科学方法,这样才能少走弯路,以较少的投入收到较好的效果,确保调查资料准确、及时、系统。

网络商务信息是指存储于网络并在网络上传播的与商务活动有关的各种信息的集合,是各种网络商务活动之间相互联系、相互作用的描述和反映,是对用户有用的网络信息。网络是其依附载体,在商务活动中,信息通常指的是商业消息、情报、数据、密码、知识等。

一、网络商务信息的分级及特点

(一)网络商务信息的分级

不同的网络商务信息对不同用户的使用价值(效用)不同,从网络商务信息本身所具有的总体价格水平来看,可以将它粗略地分为四个等级。

1. 第一级:免费商务信息

这类信息主要是社会公益性的信息。对社会和人们具有普遍服务意义的信息,大约只占信息库数据量的5%左右。这类信息主要是一些信息服务商为了扩大本身的影响,从产生的社会效益上得到回报,推出的一些方便用户的信息,如在线免费软件、实时股市信息等。

2. 第二级:收取较低费用的信息

这类信息是属于一般性的普通类信息。由于这类信息的采集、加工、整理、更新比较容易,花费也较少,是较为大众化的信息。这类信息约占信息库数据量的10%~20%,只收取基本的服务费用,不追求利润,如一般性文章的全文检索信息。信息服务商推出这类信息一方面是体现社会普遍服务意义,另一方面是为了提高市场的竞争力和占有率。

3. 第三级:收取标准信息费的信息

这类信息是属于知识、经济类信息,收费采用成本加利润的资费标准。这类信息的采集、加工、整理、更新等比较复杂,要花费一定的费用。同时信息的使用价值较高,提供的服务层次较深。这类信息约占信息库数据量的60%左右,是信息服务商的主要服务范围。网络商务信息大部分属于这一范畴。

4. 第四级:优质优价的信息

这类信息是有极高使用价值的专用信息,如重要的市场走向分析、网络畅销商品的情况调查、新产品新技术信息、专利技术以及其他独特的专门性的信息等,是信息库中成本费用最高的一类信息,可为用户提供更深层次的服务。一条高价值的信息一旦被用户采用,将会给企业带来较高的利润,给用户带来较大的收益。

（二）网络商务信息的特点

网络商务信息的特点如图 3.3 所示。

1.时效性强	信息传递速度快
2.准确性高	减少了传递的中间环节
3.便于存储	计算机管理信息
4.检索难度大	海量信息

图 3.3　网络商务信息的特点

二、网络商务信息检索的基本要求

网络商务信息检索的基本要求如图 3.4 所示。

及时 （及时反映市场动态）	准确 （真实反映客观现实）
适度 （检索范围和数量要适度）	经济 （以最低费用获得所需信息）

图 3.4　网络商务信息检索的基本要求

三、网络市场调研方法

网络市场调研的方法大体上可以分为网络直接调研法和网络间接调研法。

（一）网络直接调研

网络直接调研是指调查主体为特定的目的在互联网络收集一手资料或原始信息的过程。包括网络观察法、专题讨论法、在线问卷法、网络实验法、电子邮件调查法等方法，调研过程中具体应采用哪一种方法，要根据实际调查的目的和需要而定。

1. 网络观察法

网络观察法是指研究者根据一定的研究目的、研究提纲或观察表，用自己的感官和辅助工具利用互联网直接观察被研究对象，从而获得资料的一种方法。

网络观察的实施主要是利用相关软件和人员记录登录网络浏览者的活动。相关软件能够记录登录网络浏览者浏览企业网页时所点击的内容和浏览的时间；在网络喜欢看什么商品网页；看商品时，先点击的是商品的价格、服务、外型还是其他人对商品的评价；是否有就相关商品和企业进行沟通的愿望等。

2.专题讨论法

专题讨论法是指专门邀请一部分人员,在一个有经验的主持人的引导下,用约定的时间讨论一种产品、一项服务、一个组织或其他市场营销话题的一种调研方法。可通过新闻组、电子公告牌、邮件列表、或讨论组进行,近年流行的论坛、博客、微信等也是常用的方法,其基本步骤为:第一步,确定要调查的目标市场;第二步,识别目标市场中要加以调查的讨论组;第三步,确定可以讨论或准备讨论的具体话题;第四步,登录相应的讨论组,通过过滤系统发现有用的信息,或创建新的话题让大家讨论,从而获得有用的信息。

3.在线问卷法

在线问卷法,即请求浏览其网站的每个人参与调查的方法。其基本步骤如下:

第一步,设计问卷;

第二步,发布问卷并把链接指向放在自己网站上的问卷。

第三步,查看调查结果;

第四步,创建自定义报表;

第五步,下载调查数据;

第六步,根据调查情况,写出调查报告。

4.网络实验法

网络实验法是选择多个可比的主体组,分别赋予不同的实验方案,控制外部变量,并检查所观察到的差异是否具有统计上的显著性。这种方法与传统的市场调查所采用方法的原理是一致的,只是手段和内容有差别。如对网络中所投放的广告内容与形式进行实验。设计几种不同的广告内容和形式在网页或者新闻组上发布,也可以利用 E-mail 传递广告。广告的效果可以通过服务器端的访问统计软件随时监测,也可以利用查看客户的反馈信息量的大小来判断,还可借助专门的广告评估机构来评定。

5.电子邮件调查法

电子邮件调查法是通过给被调查者发送电子邮件的形式,将调查问卷发给一些特定的网络用户,或者在电子邮件正文中给出一个网址链接到在线调查表页面,由用户填写后,再反馈给调查者的调查方法。电子邮件调查法属于主动调查法,如果调查对象选择适当且调查表设计合理,往往可以获得相对较高的问卷回收率。但采用电子邮件调查方式的前提条件是已经获得被调查者的电子邮件地址,并且预计他们对调查的内容感兴趣。

(二)网络间接调研

网络间接调研是指利用互联网的媒体功能,从互联网收集二手资料的调研方法。企业用得最多的还是网络间接调查方法,因为它的信息来源广泛,能满足企业管理决策需要,网络间接调研的方法有:搜索引擎检索、网站跟踪访问、数据库查找、直接查找法、漫游法等,此外还有电子邮件,电子公告版 BBS,新闻组.利用信息搜集软件(很多是收费的),利用通讯软件如 QQ,微信、微博等方法开展调研活动。

1.利用搜索引擎检索

利用搜索引擎检索,是互联网络使用最普遍的网络信息检索技术,主要包括主题分类检索和关键词检索。主题分类检索即通过各搜索引擎的主题分类目录查找信息;用户通过输入关键词来查找所需信息的方法,称为关键词检索法。

利用网络搜索可以收集到市场调研所需要的大部分第二手资料,如大型调查咨询公司的公开性调查报告,大型企业、商业组织、学术团体、著名报刊等发布的调查资料,政府机构发布的调查统计信息等。

国内常用的综合类搜索引擎有:搜狗、新浪、雅虎、百度、360、搜搜等搜索引擎。

国内专题类搜索引擎有:商贸类搜索引擎、新闻搜索引擎、一淘商品搜索等。

国外常用的搜索引擎有:Alta Vista、Excite、HotBot、Northern Light、Dejanews 等。

网络商业资源站点主要有:环球资源网、阿里巴巴、中国网络用户在线网站、中国调查网、零点调查网、中国经济信息网、中国外企人才网、聪慧商务网、麦肯锡全球商务咨询网以及其他相关的工商企业网等。

利用搜索引擎进行检索的优点是:省时省力,简单方便,检索速度快、范围广,能及时获取新增信息。其缺点是:由于采用计算机软件自动进行信息的加工、处理,当检索软件的智能性不是很高时,就会造成检索的准确性不是很理想,与人们的检索需求及对检索效率的期望有一定差距。

2. 网站跟踪访问

网络每天都在出现大量的市场信息,即使功能最强大的搜索引擎,也不可能将所有信息都检索出来,而且很多有价值的信息并不是随便可以检索得到的,有些网站的信息只对会员才开放,有些搜索引擎的数据库更新比较缓慢,也减弱了信息的时效性,作为市场调研的日常资料收集工作,这就需要对一些提供信息的网站进行定期跟踪,对有价值的信息及时收集记录。对于一个特定的市场调研项目,至少要在一定的时期内对某些领域的信息进行跟踪。

3. 数据库查找

数据库查找是指借助于互联网络公开的一些数据库来查找有关的信息,中文网络数据库有中国知网、万方数据资源系统、重庆维普资讯网、超星图书馆、人大复印资料等。

4. 直接查找法

直接查找法是已经知道要查找的信息可能存在的地址,而直接在浏览器的地址栏中输入其网址进行浏览查找的方法。此方法适合于经常上网漫游的用户。其优点是节省时间、目的性强、节省费用,缺点是信息量少。

5. 漫游法

(1)偶然发现。这是在因特网络发现、检索信息的原始方法,即在日常的网络阅读、漫游过程中,意外发现一些有用信息。这种方式的目的性不是很强,具有不可预见性和偶然性。

(2)顺"链"而行。它是指用户在阅读超文本文档时,利用文档中的链接从一个网页转向另一个相关网页。此方法类似于传统手工检索中的"追溯检索",即根据文献后所附的参考文献追溯查找相关的文献,从而不断扩大检索范围。这种方法可能在较短的时间内检出大量相关信息,也可能偏离检索目标而一无所获。

四、网络调查问卷的设计

问卷设计,就是设计人员在明确某项调查的目标、确定询问调查的方法之后,将需要调查的内容细化为具体的问题,采用与调查内容、调查方式、调查对象相适应的提问方式和问句形式,并按照一定的逻辑顺序将问句系统排列组合,并发布到网站上的一系列工作。问卷设计的技术性较强。

在问卷设计中,最重要的一点就是必须明确调查目的和内容。即:为什么要调查?调查需要了解什么?根据调查的目的要求,研究调查内容、酝酿问卷的整体构思,将所需要的资料一一列出,分析哪些是主要资料,哪些是次要资料,淘汰那些不需要的资料。

(一)设计问题项目所要遵循的原则

设计问题项目所要遵循的原则如图3.5所示。

图 3.5　设计问题项目所要遵循的原则

1. 必要性原则

为避免被调查者在答题时出现疲劳状态,随意作答或不愿合作,问卷篇幅一般尽可能短小精悍,问题不能过多,题目量最好限定在15道左右(控制在10分钟内答完),每个问题都必须和调研目标紧密联系。问卷上所列问题应该都是必要的,可要可不要的问题不要列入。

2. 准确性原则

问卷用词要清楚明了,表达要简洁易懂,一般使用日常用语,避免被调查者有可能不熟悉的俗语、缩写或专业术语。当涉及到被调查者有可能不太了解的专业术语时,需对其作出阐释。问题要提得清楚、明确、具体。语意表达要准确,不能模棱两可,否则容易误解,影响调查结果。

3. 客观性原则

避免用引导性问题或带有暗示性或倾向性的问题。调查问句要保持客观性,提问不能有任何暗示,措词要恰当,避免有引导性的话语。

4. 可行性原则

调查问题中可能会涉及到一些令人尴尬的、隐私性的问题,对于这类问题,被调查者在回答时有可能不愿作出真实的回答。因此设计提问时,要考虑到答卷人的自尊,可将这类敏感性的题目设计成间接问句,或采用第三人称方式提问,或在问题的答案中使用数据区间作为备选答案。

5. 便于处理性原则

便于处理是指要使被调查者的回答便于进行检查、数据处理和分析。设计好的问卷在调查完成后,能够方便地对所采集的信息资料进行检查核对,以判别其正确性和实用性,也便于对调查结果的整理和统计分析。如果不注意这一点,很可能出现调查结束,信息资料获得很多,但是统计处理却无从下手的难堪局面。

（二）问卷的结构设计

一份问卷通常由标题及标题说明、调查内容和结束语三部分组成。

1. 标题及标题说明设计

标题是本项调查主题和内容的直接概括,需要用简洁、鲜明、准确的语言表达出来,如"大学生网购调查问卷""公共场所的消防安全问卷调查"等。

标题说明首先是问候语,接着要向被调查者说明调查目的、意义及填表要求等内容,以引起被调查者的兴趣,同时解除他们回答问题的顾虑,并请求被调查者予以协助。这部分文字须简明易懂富有亲和力,使被调查者感到礼貌、亲切,不繁杂,愿意配合回答问题。例如：

您好,我们是XXX,我们正在进行一项关于大学生网购的调查,想请您用几分钟时间帮忙填答这份问卷。本问卷实行匿名制,所有数据只用于统计分析,请您放心填写。题目选项无对错之分,请您按自己的实际情况填写。谢谢您的帮助。

2. 调查内容设计

调查内容是问卷的主体部分,由各种形式的问句组合而成,是问卷设计的重点。通常包括被调查者的背景资料及核心项目两大类问题。要求问句设计在内容、形式、措词、编排上力求完美,尽量做到紧扣主题,合乎逻辑,易于回答,便于统计,保持中立,篇幅适当。

(1)被调查者背景资料询问设计。

背景资料是为了在分析调查结果时作为分层统计分析的依据。背景资料主要包括：性别、年龄、收入、婚姻状况、文化程度、职业、职称、所在地区等。这些内容可以了解不同年龄阶段、不同性别、不同文化程度的个体对待被调查事物的态度差异,在调查分析时能提供重要的参考作用。

(2)核心项目的设计。

核心项目是调查的主要内容,也是与标题最为密切的部分。按照问题的性质不同,通常将其分为事实性问题、态度性问题、行为性问题和动机性问题四类。如"你所在的年级？"属于事实性问题；"你喜欢的促销方式有哪些？"属于态度性问题；"网购时,你经常使用哪种付款方式？"属于行为性问题；"你选择网购的主要原因是？"属于动机性问题。

(3)问句的类型。

问卷中的问句,从形式上看,可分为开放式、封闭式和量表式问句三大类。封闭式问句是提出问题,并给出若干备选答案,被调查者只需在选中的答案中打"√"即可。开放式问答题只提问题,不给具体答案,要求被调查者根据自己的实际情况自由作答。量表式问句是一种特殊的封闭式问句,常被用来测量消费者对企业及其营销活动的态度、意见和评价等调查项目。例如：

请问您喜欢喝青岛啤酒吗？

很喜欢1　　喜欢2　　无所谓3　　不喜欢4　　很不喜欢5

(4)问题的排列顺序。

在问卷设计中,问题的排列要有一定的逻辑顺序,符合应答者的思维程序,一般是：容易回答的排在前面,难的问题排在后面；封闭式问题在前,开放式问题在后；事实问题在前,态度问题在后。

3.结束语

在调查问卷最后,简短地向被调查者强调本次调查活动的重要性以及再次表达谢意。例如:

为了保证调查结果的准确性,请您如实回答所有问题。您的回答对于我们得出正确的结论很重要,希望能得到您的配合和支持,谢谢!

第三节 网络信息的整理分析

网络调查获得的资料必须经过分类整理,才便于进一步分析,信息的整理是将获取和储存的信息条理化和有序化的工作过程,其目的在于提高信息的价值和提取效率,防止信息库中的信息滞留,发现所储存信息的内部联系,为信息加工做好准备。只有经过整理分析的资料,才能为决策提供依据。

一、网络信息整理的步骤

(一)明确信息来源

下载时常常由于各种原因,没能将确切的网址下载下来。此时,首先应查看前后下载的文件是否有同时下载、域名接近的文件。如果没有域名接近的文件,应尽量回忆下载站点,以便以后有机会还可以再次查询。对于重要信息一定要有准确的信息来源,没有下载信息来源的,一定要重新检索补上。

(二)浏览信息,添加文件名

从网络下载的文件,由于时间限制,一般都是沿用原有网站所提供的文件名。这些文件名基本上都是由数字或字母构成的,以后使用起来很不方便。因此,需要将下载文件重新浏览一遍,添加文件名。

(三)信息分类

从因特网络收集的信息非常凌乱,必须通过分类才能够使用。分类的方法可以采用专题分类,也可以建立检索系统。

(四)初步筛选

在浏览和分类过程中,对大量的信息有一个初步筛选的任务。完全没有用的信息应当及时将其删去。但应当注意,有些信息单独看起来是没有用的,但积累起来就有了价值。比如市场销售趋势必定是在数据的长期积累和一定程度的整理后才能表现出来。

二、网络信息的加工处理

信息的加工处理是将各种有关信息进行比较分析,并以企业的目标为参照点,发挥人的聪明才智,进行综合设计,形成新的信息产品。如市场调查报告、营销规划、销售决策等。信息加工的目的是要进一步改变或改进企业的现实运行状况,使其向着目标状态运行。所以信息加工是一个信息再创造的过程,而不是停留在原有信息的水平上。

信息加工处理的方式主要有定性分析和定量分析两种。

定性分析以人工处理为主,主要依靠分析人员的丰富实践经验以及主观的判断和分析能力,推断出事物的性质和发展趋势的分析方法。定性分析主要是解决研究对象"有没有""是不是"的问题。定性分析常在定量分析之前进行,它为设计或选择定量方法提供有用的信息;但并非所有的定量分析都必须事先进行定性分析。

定量分析是对社会现象的数量特征、数量关系与数量变化进行分析的方法。定量分析以机器处理为主。计算机有强大的计算能力,网络商务数据成千上万,用手工处理几乎不可能做到,利用合适的分析软件,可以准确快速地得出分析结果。

三、大数据分析

(一)大数据的概念

大数据又称为巨量资料,是一种基于新的处理模式而产生的具有强大的决策力、洞察力和流程优化能力的海量、高增长率和多样化的信息资产。"大数据"的概念最早由维克托·迈尔·舍恩伯格和肯尼斯·库克耶在《大数据时代》中提出,指不用随机分析法(抽样调查)这样的捷径,而是采用对所有数据进行分析处理的方法。大数据有 4 个特点,总称为 4V,即 Volume(大量)、Velocity(高速)、Variety(多样)、Value(价值)。

(二)大数据处理流程

大数据处理流程可以概括为四步,分别是数据采集、导入和预处理、统计和分析、挖掘数据。

1. 数据采集

数据采集,即利用多个数据库来接收发自客户端的数据,并且用户可以通过这些数据库来进行简单的查询和处理工作。

使用的工具:MySQL,Oracle,HBase,Redis 和 MongoDB 等,并且这些产品的特点各不相同。

2. 导入和预处理

将海量的来自前端的数据快速导入到一个集中的大型分布式数据库或者分布式存储集群,并且可以在导入基础上做一些简单的清洗和预处理工作。

使用的工具:InfoBright,Hadoop。

3. 统计分析

统计分析主要利用分布式技术,或者分布式计算集群来对存储于其内的集中的海量数据进行普通的查询分析和分类汇总等,以此满足大多数常见的分析需求。

使用的工具:实时分析可以使用 EMC 的 GreenPlum、Oracle 的 Exadata,以及基于 MySQL 的列式存储 Infobright,YunTable,SAP Hana 等,进行离线分析为主的工具有 Hadoop。

4. 挖掘数据

挖掘数据,即基于前面的查询数据进行数据挖掘,以满足高级别的数据分析需求。数据挖掘一般没有什么预先设定好的主题,主要是在现有数据上面进行基于各种算法的计算,起到预测的效果,从而实现一些高级别数据分析的需求。比较典型的算法有用于聚类的 K-Means、用于统计学的 SVM 和用于分类的 Naive Bayes,主要使用的工具有 Hadoop 的 Mahout 等。

数据挖掘的实施步骤如下:

(1)理解业务:在开始挖掘数据之前最基础的就是从商业的角度理解项目目标和需求,将其转换成一种数据挖掘的问题定义,设计出达到目标的一个初步计划。

(2)理解数据:收集初步的数据,进行各种熟悉数据的活动,包括数据描述、数据探索和数据质量验证等。

(3)准备数据:将最初的原始数据构造成最终适合建模工具处理的数据集,包括数据的选择(选择相关和合适的数据)、探索(了解数据分布情况和异常数据等)、修正(包括缺失数据的插值等)、变换(离散值数据与连续值数据的相互转换,数据的分组分类,数据项的计算组合等)和数据清理等。

(4)建立模型:选取数据挖掘工具提供的算法并应用于准备好的数据,选取相应参数,生成模型。

(5)评价和解释:对数据挖掘的结果进行评价,选择最优模型,运用于实际问题,在对结果进行解释时要结合专业知识,并用一种用户可以理解使用的方式来表达。

(三)常用的数据分析方法

常用的数据分析方法见表 3.1。

表 3.1　常用的数据分析方法

基础数据分析方法	高级数据分析方法
比较分析法	回归分析
平均分析法	相关分析
分组分析法	聚类分析
结构分析法	假设检验
动态分析法	因子分析

在数据统计分析中使用最多的是相关与回归分析法。常用的数据分析工具有 Excel、SAS、spss 等软件。

(四)相关与回归分析法简介

相关分析和回归分析是数据挖掘中最常用的方法。这两种方法历史悠久,是基础数据分析中最重要的方法。大数据时代的到来带来了层出不穷的新型数据挖掘,在这些算法的背后隐藏着相关分析和回归分析的影子。比如流行于推荐系统中的协同过滤算法、神经网络中的径向基函数、各种各样的聚类算法等,这些算法都借鉴了相关系数的计算方式及回归方程的表达式。

相关系数是用以反映变量之间相关关系密切程度的统计指标。回归分析就是对具有相关关系的两个或两个以上变量之间数量变化的一般关系进行测定,确立一个相应的数学表达式,以便从已知量来推测未知量,为估算预测提供基础的一种重要方法。

四、网络交易行为分析

网络交易是指在网络进行交易。这种交易不是简单地开辟一条新的网络销售渠道,而是采用先进的信息技术手段改善企业的销售模式,提高营销效率,增加企业销售收入。

网络交易行为分析主要包括交易主体的购买动机、支付能力、购买习惯;购买者的社会地位、教育水平、生活方式、价值观念、宗教信仰、风俗习惯、心理因素等内容。这些分析有助于企业网络营销战略和方法的制定。以下主要对网络消费者及其购买行为、企业交易行为、政府采购行为进行分析。

(一)网络消费者及其购买行为分析

消费者行为分析是根据不同层次的消费者而言的。随着经济的发展,消费者更注重自我。目前网络用户多以年轻人为主。他们有自己独特的喜好、想法和见解,对自己的判断能力也比较自信。所以他们对产品的要求也越来越个性化、多样化。由于工作、生活压力大,他们都比较缺乏耐心,当他们搜索信息时,更注重的是搜索所花费的时间,如果连接传输的速度比较慢,他们一般会马上离开这个网站。

企业要想吸引顾客,保持持续的竞争力,就必须对本地区、本国以及全世界的网络用户的情况进行分析,了解他们的特点,从而制定相应的对策。

1. 网络消费者购买动机

网络消费者的购买动机是指在网络购买活动中,驱使网络消费者产生购买行为的某些内在的驱动力。

人们在生存和生活的过程中产生了各种各样的需求。需求是人类从事一切活动的基本动力,是消费者产生购买想法,从事购买行为的直接原因。一个人的购买行为,总是自觉或不自觉地为了满足某种需求,由需求产生购买动机,再由购买动机导致购买行为。因此,分析人们的网络购买行为,要从分析人们的网络购买需求入手。

虚拟社会人们联系的基础实质上是人们希望虚拟环境能满足以下三种基本的需要:兴趣、聚集和交流。

要想做好电子商务,除了需要考虑传统市场中顾客的各种需求外,还必须要照顾到网民对兴趣、聚集和交流的新需求。所设计的网站要从调动顾客兴趣入手,利用和谐的气氛和丰富的信息资源聚集顾客群体,通过完善的检索手段和通信方式充分交流信息,最后达到扩大销售量的目的。

2. 网络消费需求的特点

(1)网络消费具有层次性。这些层次性可以分为由低级到高级的不同层次。

(2)网络消费者的需求具有明显的差异性。这是因为网络消费者来自世界各地,国别不同,民族不同,信仰不同,生活习惯也不同,所以有明显的需求差异性。这种差异性远远大于实体商务活动的差异。

(3)网络消费者的需求具有交叉性。在网络消费中,各个层次的消费不是相互排斥的,而是紧密联系的,需求之间广泛存在交叉。

(4)网络消费需求的超前性和可诱导性。电子商务构造了一个世界性的虚拟大市场,在这个市场中,最先进的产品和最时髦的商品会以最快的速度与消费者见面。具有创新意识的网络消费者必然很快接受这些新的商品,从而带动周围消费层新的消费热潮。

3. 影响消费者网络购物的外在因素

(1)商品价格。

从消费者的角度来说,价格不是决定消费者购买的唯一因素,但却是消费者购买商品时肯定要考虑的重要因素。网络商品的价格相对较低,对消费者产生了越来越大的吸引力。

(2)购物时间。

网络商店一天24小时营业,随时准备接待客人,没有任何时间的限制,为人们购物提供了极大的方便。

(3)商品挑选范围。

"货比三家"是人们在购物时常常使用的方法。在网络购物中,商品挑选的余地大大扩展。在这样大的选择余地下,精明的消费者自然倾向于在网络选购价廉物美的商品了。

(4)商品的新颖性。

追求商品的时尚和新颖是许多消费者,特别是青年消费者重要的购买动机。电子商务由于自己载体的特点,总是跟踪最新的消费潮流,适时地提供给消费者最直接的购买渠道,加上最新产品全方位的文字、图片和声音介绍,对这类消费者的吸引力越来越大。

影响消费者购买行为的主要因素,除消费者自身因素、社会因素之外,还有企业的促销工作和产品因素,如产品的质量、包装、商标和品牌等。

4. 网络消费者的购买过程

网络消费者的购买过程可以粗略地分为五个阶段:唤起需求、收集信息、比较选择、购买决策和购后评价。

(1)唤起需求。

网络购买过程的起点是唤起需求。消费者的需求是在内外因素的刺激下产生的。

对于网络营销来说,文字的表述、图片的设计、声音的配置是网络营销诱发消费者购买的直接动因。这就要求从事网络营销的企业或中介商注意了解与自己产品有关的实际需求和潜在需求,了解这些需求在不同时间的不同需求程度,了解这些需求是由哪些刺激因素诱发的,进而巧妙地设计促销手段去吸引更多的消费者浏览网页,诱导他们的需求。

(2)收集信息。

在需求唤起之后,每一个消费者都希望需求得到满足。于是,收集信息、了解行情成为消费者购买过程的第二个环节。这个环节的作用就是汇集商品的有关资料,为下一步的比较选择奠定基础。

(3)比较选择。

为了使消费需求与自己的购买能力相匹配,比较选择是购买过程中必不可少的环节。消费者对从各条渠道汇集而来的资料进行比较、分析、研究,了解各种商品的特点和性能,从中选择最为满意的一种。

(4)购买决策。

网络消费者在完成了对商品的比较选择之后,便进入到购买决策阶段。决策包括产品种类、型号、购买地点等。在购买的过程中,消费者一般要与销售人员进行信息互动,销售人员的服务水平、态度等都将给消费者的购买带来影响。

(5) 购后评价。

消费者购买商品后,往往通过使用,对自己的购买选择进行检验和反省,重新考虑这种购买是否正确,效用是否理想,以及服务是否周到等问题。这种购后评价往往决定了消费者今后的购买动向。

为了提高企业的竞争力,最大限度地占领市场,企业必须虚心倾听顾客反馈的意见和建议。因特网为网络营销者收集消费者购后评价提供了得天独厚的优势。购后评价是消费者对商品满意程度的体现,同时也为厂商改进工作收集了第一手资料。

(二) 企业的网络交易行为分析

1. 企业的业务购买类型

由于企业对产品的需求都是生产或工作的需要,他们购买大量产品时的行为受兴趣类因素的影响非常低,因此,其在虚拟市场中的购买行为与在实体市场中的购买行为没有大的区别。业务购买者在进行一项采购时面临一整套决策,这些决策的数量取决于购买的类型。购买大致可分为3类:直接再采购、修正再采购和新任务。

2. 企业购买行为的人员因素

(1) 企业业务购买过程的参与者。

企业的业务购买过程有哪些参与者,是谁在从事企业生产所需要的原材料和服务的采购工作呢?直接再采购时,采购代理人起的作用较大,而在新任务采购时,则可能其他组织人员所起的作用较大。在作产品选择决策时,通常工程技术人员的影响较大,而采购代理人则控制着选择供应商的决策权。这说明在新任务采购时,营销者必须把产品信息传递给工程技术人员;而在直接再采购和新任务采购的选择供应商阶段,则必须把信息传递给采购代理人。

(2) 影响业务采购人员的因素。

影响业务采购人员的因素通常有环境因素、组织因素、人际因素、个人因素、网络因素等。在电子商务时代,网络丰富的内容以及在B2B网站上商家和产品信息,已经成为影响业务采购者越来越重要的因素。

原材料采购是整个企业供销活动中的一个重要环节。企业用在原材料上的费用,将直接影响到企业的效益和利润情况。能否极大地降低原材料成本,是企业能否获得高效益的重要因素。对于价格行情有较大差异的产品,大量购买的产品,或者企业首次购买、并不了解行情的产品或设备,通过了解B2B网站供应方发布的信息,买方可以方便地了解多家供货商的基本状况,通过多方比较,可以发现既满足需要、价格又比较适合的产品。

通过电子商务活动,企业可以加强与主要供应商之间的协作,将原材料采购和产品制造过程有机结合起来,形成一体化的信息传递和处理系统。

许多大公司通过实施电子商务增值战略方案,采用一体化的电子采购系统,从而降低了劳动力、打印和邮寄成本。采购人员也有更多的时间致力于合同条款的谈判,并注重和供应商创立稳固的供销关系。

(三) 政府网络采购行为

1. 政府和机构组织网络采购的特点

在大多数国家,政府是商品和劳务的主要购买者。政府网络采购主要通过电子采购、电子邮购、网络招标等形式进行。政府网络采购的一个典型特点是要求供应商投标,并将合同给出价最合适的人。在某些情况下,政府单位要准确制订投标供应商的资质和信誉要求。在另外一些情况下,政府需要通过协议合同进行采购,这种采购类型主要用于与复杂项目有关的交易中,经常涉及巨大的研究开发费用及风险,或发生在缺乏有效竞争的场合。

政府的购买力巨大。一般情况下,政府采购金额占一个国家国内生产总值(GDP)的10%以上,政府通过调节采购的总规模,来控制国民经济的运行状况。作为电子商务的主要推动者,政府以身作则,带头将采购活动推上网络,不仅可以大大提高政府的工作效率和服务质量,也可以通过政府推动网络采购的应用,建立企业和消费者个人对电子商务的信心。

事业单位和团体组织包括学校、医院、新闻出版部门、文化艺术单位、行业组织和民间团体。它们的购买一般是以低价预算和质量控制为特征的。例如,医院的采购代理必须决定为病人购买的食品的质量标准,这些食品是医院总体服务的一部分。

企业在制定营销战略时,应当考虑政府与机构组织的购买业务。政府机构的购买行为和企业的购买行为有很多相似之处,但也有很多自身的特点。

2. 政府网络采购过程

政府采购有多种形式,如公开招标、邀请招标、竞争性谈判、单一来源采购、询价、其他采购方式等。公开招标是政府采购的主要方式。在网络环境下,政府采购的公开招标主要包括4个步骤。

(1)准备招标。招标人需按照所审核的行政事业单位采购计划,核实采购要求、技术标准及各项条件,按照《中华人民共和国政府采购法》《财政部政府采购管理暂行办法》及其他相关法规和国际惯例制作标书。

(2)在网络发布竞标公告。招标人筛选招标网站,在招标网站上注册,并将本单位的资信材料(营业执照复印件、税务登记证复印件)提交招标网站。审查合格后,招标人可以在这些网站上发布招标公告。我国已经建立了以国家政府采购网为核心,以各省、市、自治区政府采购网为分支机构的政府采购网络。同时,还有大量的电子商务网站提供公开招标服务。

(3)投标。投标人浏览招标网站,根据招标条件,在规定的投标截止时间以前上传标书(也可通过传真和邮寄方式传递标书),并按照要求递交有关证明文件(营业执照副本复印件、产品代理协议等相关证件),缴纳投标保证金。

(4)开标与评标。政府网络采购通常使用两种方法进行开标与评标。一是通过网络竞价即时开标。投标人可以全程监控网络招标竞价过程,并通过E-mail方式将投标人应价信息即时通知招标人。二是通过谈判评标。招标人利用网络商务洽谈系统与投标人进行视频洽谈,根据投标人履约的综合贸易条件,如企业信誉度、供货能力、运输条件等作出全面的评估后确定中标人。

五、客户行为分析工具

在大数据时代,网络销售时要想知道用户最关注什么,必须使用互联网行为分析工具,对用户进行精准定位。目前这些工具主要有:Userfly(是网页方可动作记录器),它可以跟踪访客的浏览习惯和鼠标操作行为;klick Tale是一项免费的网站统计服务,可对网站访客浏览行为进行分析。利用klick Tale对访客行为进行记录,可以帮助网站管理者更好地布局自己的网页,以提高网站的访问量;Msoueflow又称超级页面鼠标跟踪器,是一款在线分析工具;mixpanelshi 是一家数据跟踪和分析公司,专注于研发邮件的统计分析工具,能够跟踪邮件中链接的点击率、查看率。

六、调查报告撰写

调查报告是对某一问题或某一事件调查研究后,将所得的材料和结论加以整理而写成的书面报告。调查研究是调查报告的写作基础,调查报告则是调查结果的书面形式。调查报告是认识客观事物的手段,又是解决实际问题的起点,还是制定方针政策的依据。

撰写调查报告是整个调查活动的最后一个阶段,也是十分重要的一个阶段。调查数据经过统计分析之后,只是为得出有关结论提供了基本依据,只有将调查研究成果用文字形式表达出来,才能使调查服务社会,因此调查报告是调查结果的集中表现。能否撰写出一份高质量的调查报告,是决定调查本身成败与否的重要环节。调查报告的内容和质量非常关键,它是通过文字、图表等形式将调查结果表现出来,使人们对所调查的现象或问题有一个全面系统的了解和认识。

本章小结

网络市场调研是电子商务的重要环节,受到了社会各界的广泛重视,因为没有调研的决策是盲目的,盲目的决策就会造成巨大的损失。市场调研是以科学的方法,系统地、有目的地收集、整理和分析所有与市场有关的信息,通过调查和分析能为企业作决策提供科学依据。

网络市场调研与传统市场调研相比有许多优势,因而被广泛采用,在进行网络市场调研时首先要明确调研目的,然后围绕调研目的制定切实可行的调研方案,依据方案选择采用直接调研或间接调研或将二者相结合的方法,收集资料,进而对资料进行分类汇总,并在此基础上作出分析,形成调查报告。随着云计算的出现,大数据分析被社会各界广泛运用,收到了很好的效果。消费者购买行为、企业购买行为、政府采购行为等重要商务信息收集和分析都可以采用以上方法,这些信息是做好 B2C、B2B、B2G 电子商务决策的重要依据。

思考与练习

一、单选题

1.(　　)不是网络商务信息的特点。
 A. 实效性强　　　B. 准确性高　　　C. 便于存储　　　D. 错误较多

2.(　　)是一种用于限定提问关键词在数据库记录中出现的区域,控制检索结果的相关性,提高检索效果的检索方法。
 A. 位置检索　　　B. 逻辑检索　　　C. 字段检索　　　D. 截词检索

3. 网络间接调查方法有(　　)。
 A. 利用搜索引擎、网络跟踪访问和利用相关的网络数据库
 B. 利用搜索引擎、访问相关网站和实验法
 C. 利用搜索引擎、利用网络服务器收集资料和访问相关网站

D.利用搜索引擎、访问相关网站和利用网络服务器收集资料

4."消费者会利用网络得到的信息对商品进行反复比较,以决定是否购买"这体现出网络需求的(　　)特征。

A.方便化　　　　　B.理性化　　　　　D.交叉性　　　　　D.差异性

5.关于在线调查错误的是(　　)。

A.调查内容是主体

B.在线调查表由三个部分组成

C.可以采用"预期结果导向法"设计问卷

D.应尽可能多地搜集被调查者的个人信息

6.有关网络商务信息的分级说法正确的是(　　)。

A.免费的商务信息只占总体商务信息的一小部分

B.收取标准信息费的信息只是总体商务信息的一小部分

C.高价格的信息往往没有高价值

D.社会公益信息其价值往往不大

7.问卷设计是否合理,调查目的能否实现,关键在于(　　)的设计水平和质量。

A.前言部分　　　　B.主体内容　　　　C.附录部分　　　　D.说明部分

8.只有当现有间接资料不能为认识和解决市场问题提供足够的依据时才进行(　　)。

A.二手资料调查　　　　　　　　B.访谈调查

C.实地调查　　　　　　　　　　D.邮寄调查

9.市场调查首先要解决的问题是(　　)。

A.明确调查目的　　　　　　　　B.选定调查对象

C.确定调查方法　　　　　　　　D.落实调查费用

10.(　　)是为了挖掘市场某一问题的原因与结果变量关系而进行的专题调查。

A.探测性调查　　　　　　　　　B.描述性调查

C.实验性调查　　　　　　　　　D.观察性调查

二、多选题

1.相对于传统商务信息网络,商务信息具有的显著特点是(　　)。

A.时效性强　　　　　　　　　　B.便于存储

C.准确性高但检索难度大　　　　D.集中性好

2.网络市场调研一手资料的调查方法主要有(　　)。

A.网络观察法　　　　　　　　　B.专题讨论法

C.在线问卷法　　　　　　　　　D.网络实验法

E.电子邮件调查法

3.网络调研的对象一般包含(　　)。

A.公司产品的消费者　　　　　　B.公司的竞争者

C.公司的合作者　　　　　　　　D.行业内的中立者

E.公司技术人员

4. 网络市场调研方法的优点是（　　）。
A. 调研信息的及时性和共享性　　B. 调研方式的便捷性和经济性
C. 调研过程的交互性和充分性　　D. 调研无时空和地域的限制性
E. 调研信息的可检验性和可控制性

5. 以下说法正确的是（　　）。
A. 由于网络信息更新及时、传递速度快，只要信息收集者及时发现信息，就可以保证信息的时效性
B. 网络搜索引擎有效地保证了信息的准确性
C. 网络商务信息对于企业的战略管理、市场研究以及新产品都毫无作用
D. 标准收费类信息的采集、加工、整理、更新比较容易，花费也较少，是较为大众化的信息

6. 以下说法正确的是（　　）。
A. 完整是收集网络商务信息的基本要求之一
B. 网络商务信息可以方便地下载到本地计算机上管理，在原有各个网站上也有信息存储系统，可以到原有信息源中再次查找，说明的是网络商务信息的便于存储
C. 网络商务信息的收集必须目标明确，方法恰当，信息收集的范围和数量要适度
D. 标准收费信息是信息服务商的主要服务范围

7. 收集厂商报价的几种方式中可取的是（　　）。
A. 通过厂方站点查询　　B. 利用生产商协会的站点查询
C. 利用讨论组查询　　D. 利用 Trade-Lead 查询

8. 在线调查问卷设计中应注意的问题有（　　）。
A. 问题设计应力求简明扼要　　B. 所提问题不应有偏见或诱导
C. 提问的意思和范围必须明确　　D. 避免引起人们反感或很偏的问题

9. 网络间接调研的方法有（　　）。
A. 利用搜索引擎检索　　B. 网站跟踪访问
C. 数据库查找　　D. 直接查找及漫游法

10. 从网络商务信息本身所具有的总体价格水平可以将它粗略地分为四个等级，属于这四级的信息有（　　）。
A. 收取较低费用的信息　　B. 免费商务信息
C. 收取标准信息费的信息　　D. 优质优价的信息

三、判断题

1. 信息的分析就是将调查所获得的资料进行分类和汇总，提取有用的信息。（　　）
2. 网络调研的成功与否取决于问卷的设计。（　　）
3. 搜集整理客户资料是客户分析及客户价值管理的第一步。（　　）
4. 相关关系是指客观现象之间确实存在的，但数量上不是严格对应的依存关系。（　　）
5. 网络问卷不宜过长，一般控制在 10 分钟内为妥。（　　）
6. 网络直接调查的方法有：网络观察法、专题讨论法、在线问卷法、网络实验法、电子邮件调查法等方法。（　　）

7. 大数据的 4V 特点,即 Volume(大量)、Velocity(高速)、Variety(多样)、Value(价值)。
(　　)

8. 大数据分析时采用的是样本资料。(　　)

9. 网络消费者的购买过程可以粗略地分为五个阶段:唤起需求、收集信息、比较选择、购买决策和购后评价。(　　)

10. 利用搜索引擎检索,是互联网络使用最普遍的网络信息检索技术。(　　)

四、实践题

1. 联系自己所在单位或者熟悉企业实例,自拟一个主题,设计一份网络调查问卷,要求设计规范、合理、可操作,而后设计网络调查问卷的发布途径和方式。

2. 为自己单位或者熟悉企业撰写网站策划书。内容包括企业情况、市场分析、网站整体设计、网站页面内容设计、网站功能及运营分析。调研并作出预算方案。

3. 结合自身工作实际,自拟主题,写一份调研报告。

五、案例分析题

安徽安特酒利用网络开展市场信息检索

利用网络进行市场信息的检索是一个相当复杂且难度很大的工作。安徽安特酒集团利用互联网开拓欧美市场的网络信息检索从而开展有效的市场营销操作。

确定信息收集的方向是利用网络进行信息检索的重要一步。方向明确,才有可能在浩瀚的网络信息海洋中寻找到自己需要的信息。

安徽安特酒集团是我国特级酒精行业的龙头企业,全套设备及技术全部从法国引进。其主要产品是伏特加(Vodka)酒及分析级无水乙醇。其中无水乙醇的销量占全国的 50% 以上。伏特加酒通过边境贸易,向俄罗斯等前苏联国家出口达到 1 万吨,总销售额超过 1 亿元。

伏特加酒作为高附加值的主打产品,是安特集团利润的主要来源。但是,随着俄罗斯等前苏联国家的经济形势的日趋恶化,出口量逐年减少,形势不容乐观。安特集团审时度势,决定开始通过 Internet 进行网络营销,开辟广阔的欧美市场。集团确定了信息收集的三个方向:

(1)价格信息;生产商报价、批发商报价、零售商报价、进口商报价。

(2)关税、贸易政策及国际贸易数据,关税、进口配额、许可证等相关政策,进出口贸易数据,市场容量数据。

(3)贸易对象,即潜在客户的详细信息,包括贸易对象的历史、规模、实力、经营范围和品种、联系方法等。

价格信息的收集是至关重要的,是制定价格策略和营销策略的关键。通过对价格信息的分析,可以确定世界上各种 Vodka 酒的质量与价格之间的比例关系;可以摸清世界各国 Vodka 酒的总体消费水平;可以确定国际 Vodka 的贸易价格,其中最主要的作用还是为安特牌 Vodka 的出口定位。对价格信息的收集可以从生产商的报价、销售商的报价、酒类专卖机构等方面入手。通过厂方站点查找产品价格关键是如何查找到生产商的 Internet 站点,找到了厂商的站点也就找到了报价。有的站点还提供最新的集装箱海运的运价信息,也有很高的参考价值。

许多电子商务交易中心都提供产品的价格。阿里巴巴网站就是一个很好的产品信息集散中心。进入其他 Trade-Lead 网站继续查找有关信息。

关税及相关政策信息在国际营销活动中占有举足轻重的地位。进口关税的高低,影响着最终的消费价格,决定了进口产品的竞争力;有关进口配额和许可证的相关政策关系到向这个国家出口的难易程度;海关提供的进出口贸易数据能够说明这个国家每年的进口量,即进口市场空间的大小;人均消费量及其他相关数据则说明了某个国家总的市场容量。从世界上 160 多个国家中,选择重点的销售地区、确定重点突破的目标,就必须依靠这些信息。这类信息的收集有通过大型数据库检索;向已建立联系的各国进口商询问;查询各国相关政府机构的站点等方法。搜索工具主要是利用 Yahoo 等目录型的搜索工具;利用 Infoseek 等数量型的搜索工具以及通过地域性的搜索引擎等商业工具。还有就是通过专业的管理机构及行业协会搜索。这是一种高效快捷的查询手段,不但命中率相当高,而且信息的利用价值也相当高。作为网络营销检索的重要手段,应该得到高度的重视。安特集团在收集美国的生产商及进口商的信息时,这种方法就收到了奇效。

另外就是通过最大的进口商——各国的酒类专卖机构搜索。在酒类控制严格的国家,往往酒类专卖机构是唯一的进口商。它们也是世界上最大的购买集团。例如瑞典酒类专卖机构,每年都要向全世界招标进口某一种类的酒,其进口量也是很大的,最低为每年 150 个集装箱。所以应该特别注意定期访问其站点,以获得最新的招标信息。有的酒类专卖机构并不直接进口酒,而是通过一批中介公司。它们也是经过酒类管理机构签发许可证的专业公司,其积极性比起专卖机构高得多。一般来说,它们会很高兴地向你介绍该国、该州的有关贸易情报。这也是信息的一个重要来源。

问题:
1. 评价安特集团网络市场信息检索策略,分析可借鉴及改进之处。
2. 以汾酒集团或其他酒类企业为例,探讨如何开展网络信息检索。
3. 若汾酒集团等也想打开国际市场,如何开展网上市场调研。

第四章 网络营销

☞ **本章学习目标**
1. 了解企业网络营销的功能、理论、战略；
2. 掌握营销的主要内容；
3. 掌握网络营销的常用工具和方法；
4. 掌握网络广告促销的主要内容；
5. 理解网络营销的效果评价。

第一节 网络营销概述

随着计算机技术、网络信息技术和通信技术的快速发展，企业已经进入了一个新的电子商务经济时代。网络营销主要是适应社会经济技术和人们消费方式习惯的发展变化，依托企业电子商务网站和其他现代电子技术手段，在网络市场调研的基础上，有针对性地促成企业产品及服务销售实现的一系列活动。它是在市场营销理论基础上发展起来的，是企业传统营销方式的有效补充。网络营销突破了时空界限，使个性化需求满足成为可能，为企业提供了新的商机，也降低了企业的渠道成本，越来越受到企业的重视。

一、网络营销涵义

网络营销没有一个严格的定义和内涵外延，不同的企业由于自身规模、经营性质、企业文化、盈利状况、机构设置等的不同，对网络营销的理解也不一样。

广义的网络营销包括网站建设、前期的网站定位等市场调研、网站运营、网站推广、用户研究管理、数据信息挖掘分析及网络营销策划和策略实施等活动(见图4.1)狭义的网络营销主要指利用常用网络工具开展的促销活动。

图4.1中搜索引擎优化(SEO)就是通过对网站结构、外部链接、内部链接、关键词及图片选择、网站内容规划等进行调整和优化的，使得网站在搜索结果中靠前。

SEM是Search Engine Marketing的缩写，中文意思是搜索引擎营销。SEM是一种新的在线精准营销形式。SEM所做的就是全面而有效地利用搜索引擎来进行在线网络营销和推广；SEM追求最高的性价比，以最小的投入，获得最大最高的投资回报率。目前，SEM处于发展阶段，它将成为今后专业网站乃至电子商务发展的必经之路。PPC是点击付费广告Pay Per Click的缩写，中文意思是点击付费广告。竞价排名也有助于企业销售，这是SEM搜索引擎整合营销的一种手段。

SMO社会化媒体营销(Social Media Optimization)，是指通过社会化媒体、在线组织及社区网站获得公共传播的一整套方法(结构见图4.2)。

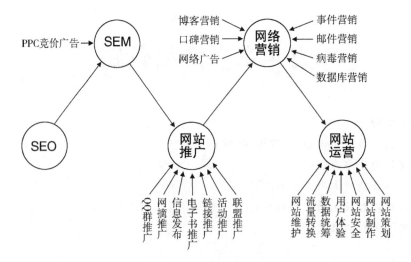

图 4.1　广义网络营销

图 4.2　SEO、SEM、SMO 结构图

二、网络营销的优势及主要作用

网络营销的优势（见图 4.3）是打破了传统营销受时间、空间以及地域限制的情况，突破了商品服务原来的销售范围和消费群体，企业可以绕过传统的经销商直接与客户沟通并交易，规模悬殊的企业之间可以有同等的竞争机会。

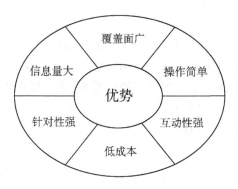

图 4.3　网络营销的优势

网络营销利用其自身优势在争取顾客、创造需求、服务用户、密切沟通、提高产品知名度和品牌美誉度等方面发挥着越来越重要的作用（见图 4.4）。

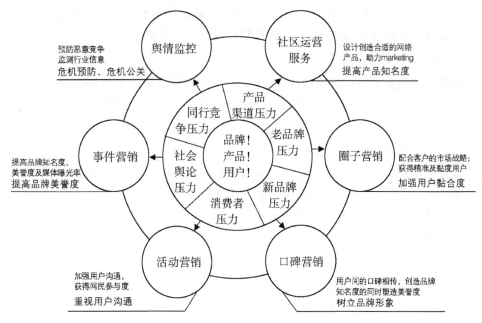

图 4.4　网络营销的主要作用

三、网络营销的基本功能

（一）信息搜索功能

信息的搜索功能是网络营销能力的一种反映。在网络营销中，企业利用多种搜索方法，主动积极地获取有用的信息和商机，进行价格比较，了解对手的竞争态势，通过搜索获取商业情报，进行决策研究。搜索功能已经成为营销主体能动性的一种表现，一种提升网络经营能力的竞争手段。随着信息搜索功能由单一向集群化、智能化的发展，以及向定向邮件搜索技术的延伸，使得网络搜索的商业价值得到进一步的扩大。

（二）信息发布功能

快速发布信息是网络营销的一种基本职能。无论哪种营销方式，都要将一定的信息传递给目标人群。但是网络营销所具有的强大的快速信息发布功能，是古往今来任何一种营销方式所无法比拟的。网络营销既可以实现信息的广覆盖，又可以形成地毯式的信息发布链。既可以创造信息的轰动效应，又可以发布隐含信息。信息的扩散范围、停留时间、表现形式、延伸效果、公关能力、穿透能力，都是最佳的。

（三）商情调查功能

网络营销中的商情调查具有重要的商业价值。对市场和商情的准确把握，是网络营销中一种不可或缺的方法和手段，是现代商战中对市场态势和竞争对手情况的一种电子侦察。在激烈的市场竞争条件下，主动地了解商情，研究趋势，分析顾客心理，窥探竞争对手动态，是确定竞争战略的基础和前提。通过在线调查或者电子询问调查表等方式，不仅可以省去大量的人力、物力，而且可以在线生成网上市场调研分析报告、趋势分析图表和综合调查报告。其效率之高、成本之低、节奏之快、范围之大，都是以往其他任何调查形式所做不到的。这就大大提升了商家对市场的快速反应能力，为企业的科学决策奠定了基础。

（四）销售渠道开拓功能

网络信息技术的发展及在营销中的应用，打破了传统经济时代的经济壁垒、地区封锁、人为屏障、交通阻隔、资金限制、语言障碍、信息封闭等，改变了传统的销售渠道。新技术的展示图文并茂，声像俱显，可形成一种综合的信息冲击力，为快速开拓市场打好基础。

（五）品牌价值扩展和延伸功能

在网络经济时代，许多消费者是看品牌进行网购的。品牌的竞争更加激烈，拥有市场比拥有工厂更重要。拥有市场的唯一办法，就是拥有占市场主导地位的品牌。互联网能够推动和促进品牌的拓展和扩散，对于重塑品牌形象，提升品牌的核心竞争力，打造品牌资产，具有其他媒体不可替代的效果和作用。

（六）有效内外沟通及客户关系管理

企业有了网站，顾客不仅可以获得形式最简单的常见问题解答、邮件列表以及BBS、聊天室等各种即时信息服务，还可以获取在线收听、收视、订购、交款等选择性服务，无节假日的紧急需要服务，和从信息跟踪、信息定制到智能化的信息转移、手机接听服务，以及网上选购、送货到家的上门服务等。这种服务以及服务之后的跟踪延伸，不仅能够极大地提高顾客的满意度，使以顾客为中心的原则得以实现，而且客户成了商家一种重要的战略资源。

在网络营销中，通过客户关系管理，将客户资源管理、销售管理、市场管理、服务管理、决策管理融为一体，将原本疏于管理、各自为战的销售、市场、售前和售后服务与业务统筹协调起来。既可跟踪订单，帮助企业有序地监控订单执行过程，规范销售行为，了解新、老客户的需求，提高客户资源的整体价值，又可以避免销售隔阂，帮助企业调整营销策略，收集、整理、分析客户反馈信息，全面提升企业的核心竞争能力。此外，客户关系管理系统还具有强大的统计分析功能，帮助企业科学决策，为企业带来可观的经济效益。

第二节 网络营销理论及战略

网络营销理论是在市场营销理论与网络营销实践相结合并不断创新充实的基础上发展起来的。目前主要理论有网络直复营销理论、网络关系营销理论、软营销理论、网络整合营销理论、网络定制营销理论、网络数据库营销理论等。网络营销战略也是在企业整体营销战略基础上制定的,以网站为主要工具,以宣传企业和促销产品为主要目的的网络营销战略。

一、网络营销理论

(一)网络直复营销理论

直复营销是企业与消费者之间直接面对、交互式的营销活动。美国直复营销协会对其所下的定义是:"一种为了在任何地方产生可度量的反应和达成交易所使用的一种或多种广告媒体相互作用的市场营销体系。"直复营销理论的关键在于它说明网络营销是可测试的、可度量的、可评价的,这就从根本上解决了传统营销效果评价的困难性,可以提高营销决策的科学性和营销执行的效果。

(二)网络整合营销理论

整合营销理论产生和流行于20世纪90年代,是由美国西北大学市场营销学教授唐·舒尔茨(Don Schultz)提出的。整合营销就是"根据企业的目标设计战略,并支配企业各种资源以达到战略目标"。现在演变为360°网络整合营销传播(见图4.5)。

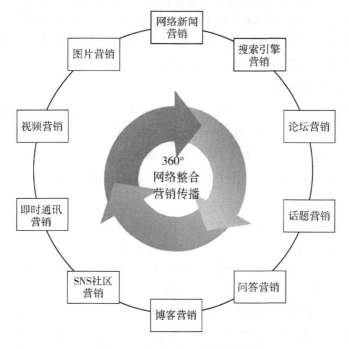

图4.5 360°网络整合营销传播

整合营销是以消费者为核心重组企业行为和市场行为,综合协调地使用各种形式的传播方式,以统一的目标和统一的传播形象,传递一致的产品信息,实现与消费者的双向沟通,迅速树立产品品牌在消费者心目中的地位,建立产品品牌与消费者长期密切的关系,更有效地达到广告传播和产品行销的目的,最大程度地满足顾客需求。

(三) 网络关系营销理论

关系营销是 1990 年以来受到重视的营销理论,企业营销活动是一个与消费者、竞争者、供应商、分销商、政府机构和社会组织发生相互作用的过程。

关系营销的核心是保持顾客,为顾客提供高度满意的产品和服务价值,通过加强与顾客的联系,提供有效的顾客服务,保持与顾客的长期关系,并在与顾客保持长期关系的基础上开展营销活动,实现企业的营销目标。根据研究,争取一个新顾客的营销费用是老顾客费用的 5 倍,因此加强与顾客关系并建立顾客的忠诚度,是可以为企业带来长远利益的,它提倡的是企业与顾客双赢策略。互联网作为一种有效的双向沟通渠道,企业与顾客之间可以实现低费用成本的沟通和交流,企业可以更好地为顾客提供服务和与顾客保持联系。

(四) 网络软营销理论

软营销理论是针对工业经济时代以大规模生产为主要特征的"强式营销"提出的新理论,该理论认为顾客在购买产品时,不仅满足基本的生理需要,还满足高层的精神和心理需求。因此,软营销的一个主要特征是对网络礼仪的遵循,通过对网络礼仪的巧妙运用,获得希望的营销效果。它强调企业进行市场营销活动的同时必须尊重消费者的感受,让消费者能够舒服地主动接收企业的营销活动。传统营销活动中最能体现强势营销特征的是两种促销手段:传统广告和人员推销。在传统广告中,消费者常常是被迫、被动地接收广告信息的"轰炸",它的目标是通过不断的信息灌输方式在消费者心中留下深刻的印象,至于消费者是否愿意接受以及需不需要则不予考虑;在人员推销中,推销人员根本不考虑被推销对象是否愿意和是否需要,只是根据推销人员自己的判断强行展开推销活动。

(五) 网络数据库营销理论

网络数据库营销理论就是利用企业经营过程中收集形成的各种顾客资料的数据库,经过分析整理后作为制定营销策略的依据,并作为保持现有顾客资源的重要手段。基于对该数据库的分析,能帮助企业确认目标消费者,从而迅速、准确地抓住消费者需求,然后用更有效的方式把产品和服务信息传达给消费者,服务的过程本身就是营销过程。

(六) 体验营销理论

哥伦比亚大学教授伯恩德·H.施密特是第一个提出"体验营销"概念的学者。他首次提出体验式营销是从顾客的感官、情感、思考、行动和关联五个方面重新定义、设计营销的思考方式。此种思考方式突破传统上"理性消费者"的假设,认为顾客消费是理性与感性兼具的,他们在消费前、消费时和消费后的体验,才是研究消费行为与企业品牌经营的关键。

体验营销就是通过消费者的感官、情感、思考、行为、关联五个原则,与消费者建立有价值的客户关系。体验营销通过各种体验媒介,包括沟通、识别、产品、品牌、环境、网站等来刺激消费者的感官和情感,引起消费者的思考和联想。体验营销强调满足人们精神的、社会的、个性的需求。现代网络通信技术和生产的自动化、信息化,为体验营销提供了良好的平台,可以大大提高消费者体验的参与度。

二、网络营销战略

网络营销战略是指企业在现代网络营销观念下,为实现其经营目标,对一定时期内网络营销发展的总体设想和规划。它是指导企业网络营销活动、合理分配企业网络营销资源的纲领,是关系企业长远发展和全局利益的重大决策。网络营销战略选择的正确与否,将会直接影响到网络营销的成败。战略目标、战略模式的选择,是网络营销战略规划的主要内容。

网络营销战略的规划过程主要包含以下内容。

(一)确定战略目标

企业的战略目标有很多,但网络营销战略目标主要考虑产品促销和企业品牌宣传两个方面。产品促销营销目标是企业为提高销售增长率或市场占有率,借助互联网的交互性、实时性和全球性,在网上设立销售站点。品牌宣传推广网络营销目标,主要在网上建立企业的品牌形象,加强与顾客的直接联系和沟通,提高顾客的品牌忠诚度,配合企业现行营销目标的实现,并为企业后续发展打下基础。目前大部分企业站点属于此目标。企业可根据自己的特点及目标顾客的需求特性,根据企业营销总战略选择合理的网络营销战略。

(二)分析网络营销机会

网络营销机会分析包括对企业外部环境和企业内部环境的分析。企业外部环境包括市场态势、国家政策、社会文化、科技发展、竞争状况等因素,企业内部环境包括企业的可控资源、自身生产状况、技术水平、营销能力等因素。通过对企业内外部优势和劣势的分析,一是为企业制定市场营销战略提供依据,二是通过大量信息的收集和分析,从中找出对企业有利的市场机会,为企业的成功发展提供契机和基础。

(三)明确网络营销任务

企业在网络营销机会分析的基础上,根据自身历史状况、目前的生产经营条件、企业核心竞争力、企业可控资源等各方面的情况,确定网络营销活动的任务。网络营销活动任务目标应符合企业总体发展方向。

(四)选择网络营销模式

企业在明确了网络营销任务后,就要结合网络营销任务选择适当的网络营销模式来确保任务的实现。

(五)制定网络营销计划

企业在网络营销任务和模式确定后,还要将这些任务具体化为网络营销各个部门和网络营销各个环节的目标,最终形成一套完整的目标和执行体系,这就需要制定网络营销计划。网络营销计划制订的内容主要包括:确定网络营销的目标,制定网络营销预算,选择网络服务商,培养网络业务人才,设立网络营销资源管理部门,策划各种网上营销活动、效果评价等。

第三节 网络营销常用工具和方法

随着网络技术的发展,网络营销行为越来越广泛,所用的工具和方法也在日新月异地发展变化。搜索引擎营销、网络广告营销、许可电子邮件营销、社会化媒体营销(如博客、微博、微信、QQ等)都是常用的营销工具和方法。

一、搜索引擎营销(SEM)

搜索引擎营销的基本思想是让用户发现信息,并通过(搜索引擎)搜索点击进入网站/网页进一步了解所需要的信息。搜索引擎营销利用人们对搜索引擎的依赖和使用习惯,在人们检索信息的时候尽可能将营销信息传递给目标客户。搜索引擎营销追求最高的性价比,以最小的投入,获得搜索引擎的最大访问量,并产生商业价值(SEM结构分析及目标路径见图4.6)。搜索引擎用户在进行信息搜索时是一种主动表达自己真实需要的方式,因此搜索与某类产品或某类品牌相关关键词的用户,就是该产品或品牌的潜在客户。搜索引擎营销的主要模式有以下几种:

(1)竞价排名,就是网站付费后才能出现在搜索结果页面,付费越高者排名越靠前;竞价排名服务,是由客户为自己的网页购买关键字排名,按点击计费的一种服务。客户可以通过调整每次点击付费价格,控制自己在特定关键字搜索结果中的排名;并可以通过设定不同的关键词捕捉到不同类型的目标访问者。在国内最流行的点击付费搜索引擎有百度、360等。

(2)购买关键词广告,这是付费搜索引擎营销的一种形式,即在搜索结果页面显示广告内容,也就是说只有在特定关键词的搜索时,关键词广告才会出现在搜索结果页面的显著位置,针对性很强。用户可以根据需要更换关键词,相当于在不同页面轮换投放广告。

(3)搜索引擎优化(SEO),就是通过对网站的优化设计,使得网站在搜索结果中排名靠前,获得更多的满意流量。搜索引擎优化(SEO)包括网站内容及结构优化、关键词优化、外部链接优化、内部链接优化、代码优化、图片优化等,从而使网站更适合搜索引擎检索原则的行为。

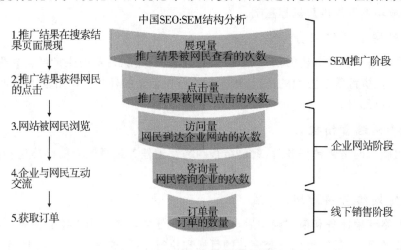

图4.6 SEM结构分析及目标路径

二、网络广告

(一)网络广告的定义

传统广告通常定义为"由厂商支付费用为某种产品或企业本身进行的无人员参与的、单向的大众宣传"。相对于传统广告,网络广告的作用没有发生大的变化,但其表现形式却发生了很大的变化。

从技术层面考察,网络广告是指以数字代码为载体,采用先进的电子多媒体技术设计制作,通过因特网广泛传播,具有良好的交互功能的广告形式。

从法律角度看,"广告是指商品经营者或者服务提供者承担费用,通过一定媒介形式直接或者间接地介绍自己所推销的商品或者所提供的服务的商业广告。"

(二)网络广告的类型

1. 网幅广告

网幅广告(包含 Banner、Button、通栏、竖边、巨幅等)也称旗帜广告。网幅广告是以 GIF、JPG、Flash 等格式建立的图像文件,定位在网页中大多用来表现广告内容,同时还可使用 Java 等语言使其产生交互性,用 Shockwave 等插件工具增强其表现力。网幅广告是最早的网络广告形式。网幅广告分为三类:静态、动态和交互式。静态的网幅广告就是在网页上显示一幅固定的图片。动态网幅广告拥有会运动的元素,或移动或闪烁。交互式广告的形式多种多样,比如游戏、插播式、回答问题、下拉菜单、填写表格等。

2. 文本链接广告

文本链接广告是以一排文字作为一个广告,点击链接可以进入相应的广告页面。这是一种对浏览者干扰最少,却较为有效果的网络广告形式。

3. 电子邮件广告

电子邮件广告具有针对性强、费用低廉的特点,且广告内容不受限制。它可以针对具体某一个人发送特定的广告,这一优点是其他网上广告方式所不能及的。

4. 按钮式广告

按钮式广告是指放置在网页中,尺寸较小、表现手法简单的广告信息,文件格式为 JPG、GIF、SWF。

5. 浮动广告

浮动广告是指漂浮在网站首页或各版块、帖子等页面的漂移形式的广告。浮动广告在页面中随机或按照特定路径移动,它可以是图片,也可以是 Flash。它可以自动适应屏幕分辨率,不被任何网页元素遮挡,同时可以支持多个图片漂浮。

6. 弹出式广告(插播式广告)

弹出式窗口广告是指当打开或关闭一个网页时,自动弹出的一个窗口(页面)。弹出式广告可以是图片,也可以是图文介绍。

7. 富媒体广告

富媒体广告一般指综合运用了 Flash、视频和 Javascript 等脚本语言技术制作,具有复杂视觉效果和交互功能的网络广告。一般来说,富媒体广告能表现更多、更精彩的广告内容。

8. 其他形式的广告及发展

其他形式的广告还有路演广告、巨幅连播广告、翻页广告、祝贺广告、论坛版块广告等。随着网络广告从 PC 到移动,从硬广到软广,从单向到互动,从传统媒体到自媒体的发展,除了上面列出的网络广告主要形式外,还有许多新的广告形式正被越来越多地使用,如网络短剧、网络软文等。

三、许可电子邮件营销

许可电子邮件营销(E-mail Marketing)是在用户事先许可的前提下,通过电子邮件的方式向目标用户传递有价值信息的一种网络营销手段(其用途见图4.7)。

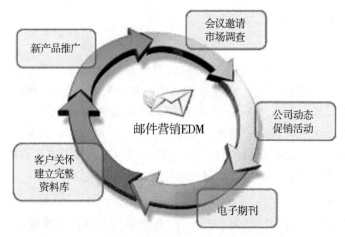

图4.7　邮件营销软件EDM的主要用途

(一)许可E-mail营销三要素

许可E-mail营销有三个基本要素:用户许可、电子邮件传递信息、信息对用户有价值,这三者缺一不可。

1.基于用户许可

基于用户许可的表现方式有很多,包含线上与线下两大类。线上收集E-mail地址一般有网站在线注册、订阅等。线下收集E-mail地址一般有展会、名片交换、线下活动收集、超市Check-out收集等多种。利用邮件列表获取邮件地址,这种地址比较真实,因为只有对网站感兴趣的客户才会加入邮件列表中,这样的客户才是网站真正的潜在客户。

用户在进行线上注册的时候,发送确认邮件进行激活确认,可保证E-mail地址的准确性,同时增强用户对邮件的意识,提高许可性。

2.通过E-mail传递信息

通过E-mail传递信息是邮件营销的技术基础。首先要保证E-mail的送达,才能谈得上邮件营销。要保证群发邮件的正确送达,一是要选择电子邮件的寄发方式。电子邮件的发送一般有两种方法:第一种是利用软件进行邮件群发,这种效果可能不太好;第二种是对个人单独寄发邮件,尤其对邮件列表用户,效果会较好。二是要选择邮件发送网站。对于一般的企业来说,都可以利用自己的网站邮箱发送电子邮件。此外,也可以利用一些公共网站发送邮件。

3.信息对用户有价值

向用户传递有价值的信息是许可式邮件营销的核心环节。基于用户许可的邮件群发,不一定是邮件营销。只有良好的相关性与数据分类,保证传递给用户有价值的信息,才称得上是真正的邮件营销。利用相应的分析工具和专业的客户关系管理系统,获取更加详细的用户信息与追踪行为,然后进行有针对性的邮件发送,只向顾客发送其兴趣范围内的信息,这种营销方式在一定程度上减小了对顾客生活的烦扰,并且增加了企业对目标顾客的定位准确度。

(二)实施许可电子邮件营销须注意的问题

(1)电子邮件内容设计时要做到:明确邮件内容的主题,要有新颖、富有创意的销售推广文案,电子邮件要符合人们的规范和习惯,切忌邮件格式混乱。

(2)不得故意隐匿或者伪造互联网电子邮件信封信息。

(3)未经互联网电子邮件接收者明确同意,不得向其发送包含商业广告内容的互联网电子邮件。

(4)发送包含商业广告内容的互联网电子邮件时,应在互联网电子邮件标题信息前注明"广告"或者"AD"字样。

(5)互联网电子邮件接收者明确同意接收包含商业广告内容的互联网电子邮件后,拒绝继续接收的,互联网电子邮件发送者应当停止发送。双方另有约定的除外。

(6)不得利用在线自动收集、字母或者数字任意结合等手段获得他人互联网电子邮件地址,发送互联网电子邮件。

四、社会化媒体营销

社会化媒体包括微博、博客、微信、网络论坛、即时通信等。其突出特征是用户之间具有一定的社会关系,相互关联,企业营销推广很容易借助此类媒体形成广泛传播。

(一)网络博客营销

1. 博客(Blog)营销含义

Blog 是继 E-mail、BBS 之后出现的一种网络交流方式。Blog 的全名是 Weblog,又称博客、网志。博客网站是网民们通过互联网发表各种思想的场所,其内容是公开的,人们可以发表自己的网络日记,也可以阅读别人的网络日记。

博客实质上是一种可以通过日记、评论等形式实现作者与浏览者交流的网站内容管理系统(CMS)。博客营销是通过博客网站或博客论坛接触博客作者和浏览者,利用博客作者个人的知识、兴趣和生活体验等传播商品信息的营销活动。

博客这种网络日记的内容通常是公开的,自己可以发表自己的网络日记,也可以阅读别人的网络日记,它是一种个人思想、观点、知识等在互联网上的共享。由此可见,博客具有知识性、自主性、共享性等基本特征。博客营销是一种基于个人知识资源(包括思想、体验等表现形式)的网络信息传递形式。真正的博客营销是靠原创的、专业化的内容吸引读者,培养一批忠实的读者,在读者群中树立信任度、权威度,形成个人品牌,进而影响读者的思维和购买决定。博客营销重在培养自己的粉丝体系(见图 4.8)。

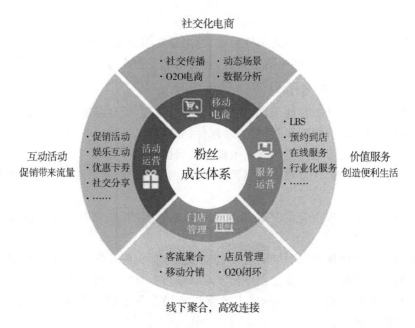

图 4.8 博客粉丝成长体系营销图

2. 博客营销优势

(1) 细分程度高,广告定向准确。

每个博客都有其不同的受众群体,其读者也往往是一群特定的人,细分的程度远远超过了其他形式的媒体。而细分程度越高,广告的定向性就越准。

(2) 互动传播性强,信任程度高,口碑效应好。

博客在广告营销环节中既是广播式的传播渠道,又是受众群体,能够很好地把媒体传播和人际传播结合起来,通过博客与博客之间的网状联系扩散开去,放大传播效应。

每个博客都拥有一个相同兴趣爱好的博客圈子,而且在这个圈子内部的博客之间的相互影响力很大,可信程度相对较高,朋友之间互动传播性也非常强,因此可创造的口碑效应和品牌价值非常大。

(3) 影响力大,引导网络舆论潮流。

博客作为高端人群所形成的评论意见影响面和影响力度越来越大,博客渐渐成为网民们的"意见领袖",引导着网民舆论潮流,他们所发表的评价和意见会在极短时间内在互联网上迅速传播开来,对企业品牌造成巨大影响。

(4) 大大降低传播成本。

博客的成本由于主要集中在教育和刺激小部分传播样本人群上,即教育、开发口碑意见领袖,因此成本比面对大众人群的其他广告形式要低得多,且结果也往往能事半功倍。

如果企业在营销产品的过程中巧妙地利用口碑的作用,必定会达到很多常规广告所不能达到的效果。广告客户通过博客口碑营销不仅可以获得显著的广告效果,而且还会因大胆利用互联网新媒体进行营销创新而吸引更大范围的社会人群、营销业界的高度关注,引发各大媒体的热点报道,这种广告效果必将远远大于单纯的广告投入。

(5)有利于长远利益和培育忠实用户。

运用口碑营销策略,激励早期采用者向他人推荐产品,劝服他人购买产品。最后,随着满意顾客的增多会出现更多的"信息播种机""意见领袖",企业赢得良好的口碑,长远利益也就得到了保证。

(6)博客的网络营销价值体现。

大量增加了企业网站或产品说明的链接数量,新增了搜索引擎信息收录量,直接带来潜在用户的可能性迅速增大,且方便以更低的成本对用户进行行为研究,让营销人员从被动的媒体依赖转向自主发布信息,使传播在相当长的时间里得以继续不间断地延展,而不仅仅局限于当期的传播主题活动。

(二)微信营销

1. 微信营销的概念及特点

微信是腾讯公司于2011年推出的一款通过网络快速发送语音、视频、图片和文字,支持多人群聊的手机聊天软件。微信营销是网络经济时代企业营销模式的一种创新,是伴随着微信火热而兴起的一种网络营销方式(流程图见图4.9)。微信营销具有低廉的营销成本、大量的潜在客户、精准的营销定位、信息交流的互动性、信息传播的有效性、多元化的营销模式等特点。

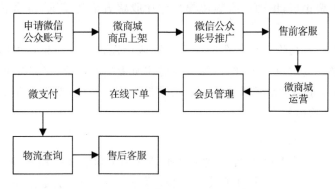

图4.9 微信营销基本流程图

2. 微信营销的模式

(1)公众号推广。

企业可以在微信平台上申请自己的微信公众号,通过日常维护吸引粉丝关注。然后向关注公众号的粉丝推送企业的产品信息、最新活动等消息,还可以与特定用户进行文字、语音、图片等全方位的交流、互动,提供售前咨询、售后服务等。

(2)二维码推广。

企业申请了微信公众号之后,可以把公众号的二维码印在各类载体上。用户使用手机扫描二维码之后就可以关注企业公众号,成为公众号的粉丝,获取企业的各类信息,享受企业提供的各种折扣和服务。

(3)漂流瓶推广。

企业可以将产品资料或者最新产品活动等信息放入微信漂流瓶并投入大海,用户捞到漂流瓶之后就能看到企业的推广信息,甚至参与企业组织的活动。通过这种方式,企业可以培养大量的潜在客户,也可以增加企业的知名度。

(4)互动式推送微信。

通过一对一的推送,可以与"粉丝"开展个性化的互动活动,提供更加直接的互动体验。

(5)签名位置推广。

用户点击"查看附近的人"后,可以根据自己的地理位置查找到周围的微信用户。在这些附近的微信用户中,除了显示用户姓名等基本信息外,还会显示用户签名档的内容。所以用户可以利用这个免费的广告位为自己的产品打广告、做宣传。

(6)社交分享——第三方应用推广。

微信平台应用开发者可通过微信开放接口接入第三方应用。还可以将应用的 LOGO 放入微信附件栏中,让微信用户方便地在会话中调用第三方应用进行内容选择与分享。

(三)论坛营销

论坛营销就是"企业利用论坛平台,通过文字、图片、视频等方式发布企业产品和服务信息,从而让目标客户更加深刻地了解企业的产品和服务,最终达到宣传企业品牌、加深市场认知度的网络营销目的"。

网络论坛就内容而言可分为垂直性论坛和综合性论坛。垂直性论坛里面所有版块都是讲一个行业的,如某股票论坛,里面所有版块都是讲述股票方面的情况;综合论坛里面涉及的行业版块较多。

从地区分布来看,网络论坛分为全国性论坛和区域性论坛。在论坛发帖时需要先找到论坛平台,寻找时遵循专业对口原则,即找到客户群体所集中的论坛,比如要推广旅游,要到旅游论坛推广;推广装修,可以到篱笆网的装修论坛进行推广。总之,要针对不同的论坛找到不同的版块发布有针对性的内容。

(四)即时通信营销

即时通信营销(简称 IM 营销)是一种使人们能在网上识别在线用户并与他们实时交换信息推广产品的一种手段。根据使用场景的差异,可分为个人即时通信(用于聊天、交友等如QQ、MSN、微信)、商务即时通信(以买卖关系为主,如阿里旺旺)、企业即时通信(以企业内部办公为主)等。

以 QQ 为例,电商企业进行即时通信时需要充分利用 QQ 的各种功能,展示企业的产品和品牌。QQ 群推广会涉及如何组建足够多的群、如何划分 QQ 群以及如何管理 QQ 群。这些问题的解决均与企业拟推广的产品、目标受众以及 QQ 群沟通特征有关。

第四节 网络营销策略及效果评价

产品策略、价格策略、渠道策略、促销策略就是市场营销组合,又称 4P 组合策略。4P 组合策略是企业针对选定的目标市场,综合运用各种可能的市场营销策略和手段,组合成一个系统化的整体策略,以达到企业经营目标和最佳经济效益。网络营销策略是市场营销策略根据网站网络的特点在市场营销策略基础上的运用、发展和提升。

一、网络营销策略

(一)产品策略

所谓产品策略,就是要明确企业能提供什么样的产品和服务去满足消费者的要求,它是市场营销组合策略的基础,从一定意义上讲,企业成功与发展的关键在于产品满足消费者需求的程度以及产品策略正确与否。网络产品策略也是企业为了在激烈的市场竞争中获得优势,利用网站网络在生产、销售产品时所运用的一系列措施和手段,包括产品定位、商标品牌策略、产品组合策略、产品差异化策略、新产品开发策略以及产品生命周期运用策略等。

现代企业产品外延的不断拓展,缘于消费者需求的复杂化和竞争的白热化。在产品核心功能趋同的情况下,谁能更快、更多、更好地满足消费者复杂利益整合的需要,谁就能拥有消费者,占有市场,取得竞争优势。不断地拓展产品的外延部分,已成为现代企业产品竞争的焦点,消费者对产品的期望价值越来越多地包含了其所能提供的服务、企业人员的素质及企业整体形象的综合价值。目前发达国家企业的产品竞争多集中在附加产品层次,而发展中国家企业的产品竞争则主要集中在期望产品层次。若产品在核心利益上相同,但附加产品所提供的服务不同,则可能被消费者看成是两种不同的产品,因此也会造成两种截然不同的销售状况。企业应重视新产品的网络营销(见图 4.10)。

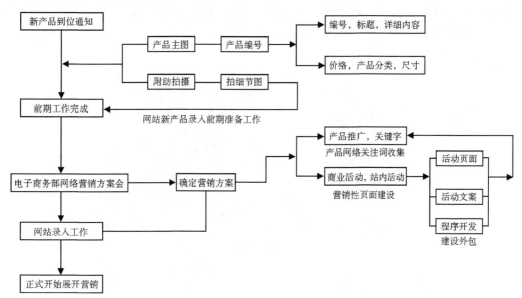

图 4.10　新产品网络营销流程图

(二)价格策略

价格是每个消费者最关注的。以最低价格购买到最好质量的产品或服务,是每个消费者的最大愿望。网络营销价格策略是成本和价格的直接对话,由于互联网上信息公开化,消费者很容易摸清所要购买产品的价格,一个企业要想在价格上取胜,就要注重强调自己的产品性能价格比以及与同行业竞争者产品的特点,价格策略应适时调整,根据营销目的的不同,可分阶段制定价格,如在自身品牌推广阶段可以以低价吸引消费者,在考虑成本基础上通过减少利润来占有市场；品牌优势发挥出来并形成一定销售规模时，可以通过规模生产降低成本来提高企业利润。在网络环境下，企业制定与网络经济环境相适应的价格策略，需要一定的灵活性和艺术性。

网络价格策略是指企业通过对顾客需求的估量和成本分析，以消费者可以接受的水平为基准，根据市场变化情况，灵活反应，选择一种能吸引顾客、实现购买的策略。在网络营销中采用的价格策略有以下几种形式。

1. 低价定价策略

（1）直接低价定价策略。

直接低价定价策略就是由于定价时大多采用成本加一定利润，有的甚至是零利润，因此这种定价在公开价格时就比同类产品要低。它一般是制造业企业在网上进行直销时采用的定价方式。

（2）折扣定价策略。

折扣定价策略是以在原价基础上进行折扣来定价的。这种定价方式可以让顾客直接了解产品的降价幅度以便促进顾客的购买。这类价格策略主要运用在一些网上商店，他们通过对购买来的产品按照市面上流行的价格进行折扣定价。

（3）促销定价策略。

促销定价策略是指为了达到促销目的，对产品暂定低价，或暂以不同的方式向顾客让利的策略。促销定价除了前面提到的折扣定价策略外，比较常用的还有有奖销售和附带赠品销售。

网络直销低价策略图如图4.11所示。

图 4.11 网络直销低价策略图

2. 定制生产定价策略

定制定价策略的核心是价格会变动，根据消费者的需求进行针对性的定价，是在企业能实行定制生产的基础上，利用网络技术和辅助设计软件，帮助消费者选择匹配或者自行设计能满足自己需求的个性化产品，同时承担自己愿意付出的价格成本。要实行定制定价策略，需要进行资料的搜集,建立数据库,将每一个客户都当成是一个独立的个体。定制定价策略常适用于服务类,如品牌传播服务、网站优化推广、网站关键字推广等,需要根据客户的需求进行详细的分析,确定其难度,从而制定出一个合理的价格。

3. 使用定价策略

所谓使用定价,就是顾客通过互联网注册后可以直接使用某公司的产品,顾客只需要根据使用次数进行付费,而不需要将产品完全购买。这一方面减少了企业为完全出售产品而进行的不必要的、大量的生产和包装浪费,同时还可以吸引过去那些有顾虑的顾客使用产品,扩大市场份额。顾客每次只是根据使用次数付款,节省了购买产品、安装产品、处置产品的麻烦,还可以节省不必要的开销。

采用按使用次数定价,一般要考虑产品是否适合通过互联网传输,是否可以实现远程调用。比较适合的产品有软件、音乐、电影等产品。对于软件,如我国的用友软件公司推出网络财务软件,用户在网上注册后在网上直接处理账务,而无需购买软件和担心软件的升级、维护等非常麻烦的事情;对于音乐产品,也可以通过网上下载或使用专用软件点播;对于电影产品,则可以通过视频点播系统 VOD 来实现远程点播,无须购买影带。另外,采用按次数定价对互联网的带宽提出了很高的要求,因为许多信息都要通过互联网进行传输,如互联网带宽不够将影响数据传输,势必会影响顾客租赁使用和观看。

4. 拍卖竞价策略

拍卖竞价策略是一种较为新颖的定价策略,经济学认为市场要想形成最合理价格,拍卖竞价是最合理的方式,在规定时间内价高者赢得。物品起始的价格非常低,甚至为零,但是经过一番消费者的争夺后,其价格便会无限制地上涨。甚至其竞拍的价格会高于货品一般的价格。如一些数量稀少难以确定价格的货品,都可设置拍卖定价策略。拍卖定价策略的前提是稀少、市场需求大。网上拍卖竞价方式主要有竞价拍卖、竞价拍买、集体议价三种。

(1)竞价拍卖:最大量的是 C2C 的交易,包括二手货、收藏品,也可以是普通商品以拍卖方式进行出售。企业的一些库存积压产品、新产品也比较适合网上竞价拍卖。

(2)竞价拍买:是竞价拍卖的反向过程,消费者提出一个价格范围,求购某一商品,由商家出价,出价可以是公开的或隐蔽的,消费者将与出价最低或最接近的商家成交。

(3)集体议价:在互联网出现以前,这一种方式在国外主要是多个零售商结合起来,向批发商(或生产商)以数量换价格的方式。互联网出现后,使得普通的消费者能使用这种方式购买商品。集体竞价模式,是一种由消费者集体议价的交易方式。这在国内的网络竞价市场中,还是一种全新的交易方式。提出这一模式的是美国著名的 Priceline 公司。在国内,雅宝已经率先将这一全新的模式引入了自己的网站。

5. 免费价格策略

免费价格策略就是将企业的产品和服务以零价格形式提供给顾客使用,满足顾客需求。它主要用于促销和推广产品,这种策略一般是短期的和临时性的。但在网络营销中,免费价格不仅仅是一种促销策略,它还是一种非常有效的产品和服务定价策略。免费价格形式有四类:一类是产品和服务完全免费,即产品(服务)从购买、使用和售后服务所有环节都实行免费服务;另一类对产品和服务实行限制免费,即产品(服务)可以被有限次使用,超过一定期限或者次数后,取消这种免费服务;第三类是对产品和服务实行部分免费,如一些著名研究公司的网站公布部分研究成果,如果要获取全部成果必须付款作为公司客户;第四类是对产品和服务实行捆绑式免费,即购买某产品或者服务时赠送其他产品和服务。

6.版本定价

因特网非常适合销售计算机软件、音乐与游戏、电子报纸、学术期刊等信息产品,这些产品能以数字形式储存并以相当低的成本在网上传递。信息产品的成本特征是生产非常昂贵,但复制相当便宜。

其中,定制生产定价策略、使用定价策略、拍卖竞价策略、免费定价策略是企业在利用网络营销拓展市场时的几种比较有效的策略,并不是所有的产品和服务都可以采用上述定价方法的,企业应根据产品的特性和网上市场发展的状况来决定定价策略的选择。不管采用何种策略,企业的定价策略应与其他策略配合,以保证企业总体营销策略的实施。另外需要注意的是,互联网作为信息传递工具,在发展初期是采用共享和免费策略发展而来的,网上用户比较认同网上产品低廉特性;另一方面,由于通过互联网络进行销售的成本低于其他渠道的产品,在网上销售产品一般采用低价位定价。

(三)渠道策略

网络营销渠道是借助于互联网将商品和服务从生产者转移到消费者的中间环节。与传统营销渠道一样,一个完善的网上销售渠道也具备订货、结算和配送三大功能。

(1)订货系统。它为消费者提供产品信息,同时方便厂家获取消费者的需求信息,以求达到供求平衡。一个完善的订货系统,可以最大限度地降低库存,减少销售费用。

(2)结算系统。消费者在购买产品后,可以有多种方式方便地进行付款,因此厂家(商家)应有多种结算方式。目前常用的结算方式有货到付款、微信支付、支付宝支付、银行卡支付等,结算方式非常方便灵活。

(3)配送系统。一般来说,产品分为有形产品和无形产品,对于无形产品如服务、软件、音乐等产品可以直接通过网上进行配送,对于有形产品的配送,要涉及到运输和仓储问题,近年来物流配送发展很快,企业可以建立自己的物流配送系统,也可以利用第三方物流公司,实现有形产品的配送。良好的专业配送服务体系是开展电子商务的有力支撑。

网络营销渠道可以分为两大类:一类是通过互联网实现的从生产者到消费(使用)者的网络直接营销渠道(简称网上直销),网上直销渠道也具有营销渠道订货、结算和配送功能。直销渠道成了提供服务的中介机构,如提供货物运输配送服务的专业配送公司,提供货款网上结算服务的网上银行,以及提供产品信息发布和网站建设的电子商务服务商。网上直销渠道的建立,使得生产者和最终消费者直接连接和沟通。另一类,是通过融入互联网技术后的中间商机构提供网络间接营销渠道。传统中间商由于融合了互联网技术,大大提高了中间商的交易效率、专门化程度和规模经济效益。同时,新兴的中间商也对传统中间商产生了冲击,基于互联网的新型网络间接营销渠道与传统间接分销渠道有着很大的不同,传统间接分销渠道可能有多个中间环节如一级批发商、二级批发商、零售商,而网络间接营销渠道只需要一个中间环节。

由于网上销售对象不同,因此网上销售渠道是有很大区别的。一般来说网上销售主要有两种方式,一种是B2B,即企业对企业的模式,这种模式每次交易量很大、交易次数较少,并且购买方比较集中,因此网上销售渠道的建设关键是建设好订货系统,方便购买企业进行选择;由于企业一般信用较好,通过网上结算实现付款比较简单;另一方面,由于量大次数少,因此配送时可以进行专门运送,既可以保证速度,也可以保证质量,减少中间环节造成的损伤。第二种方式是 B2C,即企业对消费者模式,这种模式的每次交易量小、交易次数多,而且购买者非常分散,因此网上渠道的关键是结算系统和配送系统,特别是面对大众购物时解决好这两个环节至关重要。订货、结算、配送系统的安全、快捷、方便,是支撑电子商务发展的关键。

(四)促销策略

促销策略,是指各种促进销售的形式和手段的融合。网络促销是利用互联网来进行的促销活动,也就是利用现代化的网络技术向虚拟市场传递有关商品和服务的信息,以引发需求,引起消费者购买欲望和购买行为的各种活动,从而达到扩大销售的目的。

网络促销形式多种多样,概括起来主要有四种,分别是网络广告、站点推广、销售促进和关系营销。

1. 网络广告

网络广告主要是借助网上知名站点(ISP 或 ICP)、免费电子邮件和一些免费公开的交互站点(如新闻组、公告栏)发布企业的产品信息,对企业和产品进行宣传推广。网络广告构思的基本思路是引起注意、主旨明确、内容新颖。网络广告的目的是为了营销,因此网络广告还应该照顾绝大多数人的情况,采用适当的技术手段,突出文案内容,以保证有尽量大的传播面。在网络广告文案内容的安排及文字风格处理上,也应遵循照顾大多数的原则。

网络广告策略要注意网络广告宣传主题定位,这是确定诉求的重点,或者说是确定商品的卖点、企业的自我推销点。如果说网络广告创意与表现解决的是"怎么说"的问题,那么网络广告定位解决的则是"说什么"的问题;要注意网络广告发布的时机、时序、时限等策略。时机策略就是抓住有利的时机,发起网络广告攻势的策略。有时候抓住一个有利的时机,能使网络广告产品一夜成名。一些重大文体活动,比如奥运会、亚运会、世博会,都是举世瞩目的网络广告良机。订货会、展览会、重要纪念日、重要人物的光临等,都可能成为网络广告宣传的良机。此外,还要注意网络导向。

在网络广告发布方面还要注意谨慎选择网络广告服务提供商,避免只考虑购买网站的首页,不要单独追求网络广告的投放量,要减少强迫式广告的使用。

拥有自己网站的企业还可以通过相互交换广告或者加入广告交换网的方式来实现广告的双向乃至多向相互登载。现在出现了很多网络广告联盟,指集合中小网络媒体资源(又称联盟会员,如中小网站、个人网站、WAP 站点等)组成联盟,通过联盟平台帮助广告主实现广告投放,并进行广告投放数据监测统计,广告主则按照以网络广告实际效果向联盟会员支付广告费用。

相较网络广告代理而言,通过广告联盟投放广告的广告主,多为中小型企业或者是互联网网站,品牌广告主投放的广告费用还相对较少,通过广告联盟投放广告,能够节约营销开支,提高营销质量,同时节约大量的网络广告销售费用。门户类网站及一些行业类网站的网络广告计费方式不同,导致了收费情况也有差异。网络广告计费方式有按展示时间收费、按点击量收费以及按效果收费等收费方式,按效果付费也被越来越多地采用。企业应该根据自己的网络广告目标来选择确定。

2. 站点推广

站点推广是利用网络营销策略扩大站点的知名度,吸引上网者访问网站,起到宣传和推广企业以及企业产品的效果。

3. 销售促进

销售促进就是企业利用可以直接销售的网络营销站点，采用一些销售促进方法如价格折扣、有奖销售、拍卖销售等方式宣传和推广产品。

4. 关系营销

关系营销是借助互联网的交互功能吸引用户与企业保持密切关系，提高企业收益率。

二、网络营销策略效果评价

网络营销策略运用没有统一的标准，需要在实践中不断创新总结提炼（见图 4.12）。能够与用户有效沟通，提高企业品牌美誉度，不断提高产品和服务销售量的，就是成功的。

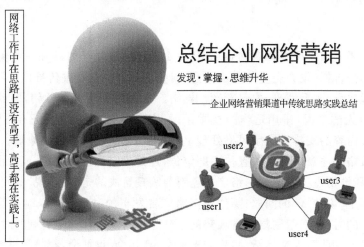

图 4.12　网络营销策略都在实践中创新总结提炼

网络营销效果的评价测定，主要是靠五个量和四个率（见图 4.13）。

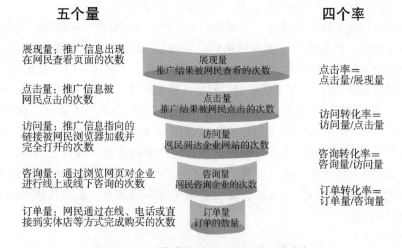

图 4.13　网络营销策略主要评价测定指标

本章小结

　　网络营销是以现代营销理论及互联网为基础,利用数字化的信息和网络媒体的交互性,来辅助营销目标实现的一种新型的市场营销方式。网络营销与传统市场营销相比有很多优势,对传统营销造成了很大冲击,但它不能取代传统营销,二者将长期共存,互补发展。

　　网络营销是电子商务的组成部分,开展网络营销是实现电子商务的前提。网络营销活动的开展,离不开网络营销理论的的指导,同时理论又在实践中不断得到发展和完善。网络营销战略的制定可以使营销目标明确,行动计划性更强,效率更高。综合运用产品、价格、渠道、促销策略,选择使用合适的促销工具和方法,并在实践中不断创新,可以促使企业效益和消费者利益最大化,有利于网络营销目标的实现。

思考与练习

一、单选题

1.下列关于网络营销说法不正确的是(　　)。
  A.以互联网为主要手段　　　　　　　B.以开拓市场实现盈利为目标
  C.不仅仅是网上销售　　　　　　　　D.可以完全取代传统市场营销
2.以下满足不同顾客个性化需求的营销方式的选项是(　　)。
  A.差异化营销　　　　　　　　　　　B.无差异化营销
  C.定制化营销　　　　　　　　　　　D.部分差异化营销
3.网络广告计费方式中,CPC的中文含义为(　　)。
  A.按千次发布计费　　　　　　　　　B.按点击次数计费
  C.按反应行动计费　　　　　　　　　D.按销售情况计费
4.博客营销是(　　)的一种具体表现形式。
  A.服务营销　　　　　　　　　　　　B.邮件列表营销
  C.病毒营销　　　　　　　　　　　　D.知识营销
5.网络广告价值的体现描述不正确的是(　　)。
  A.品牌推广　　　　　　　　　　　　B.产品促销
  C.网站推广　　　　　　　　　　　　D.以上都不是网络广告的价值
6.不属于即时通信工具的是(　　)。
  A.QQ　　　　　B.飞信　　　　　C.MSN　　　　　D.E-mail
7.用于短期或临时促销和推广产品的常用定价策略是(　　)。
  A.信用定价策略　　　　　　　　　　B.心理定价策略
  C.地理定价策略　　　　　　　　　　D.免费价格策略
8.开展网络营销活动要达到的预期效果是(　　)。
  A.网络营销目标　　　　　　　　　　B.网络营销内容
  C.网络营销计划　　　　　　　　　　D.网络营销体系

9. 可以获得各种信息服务、发布信息、进行讨论、聊天的网络营销工具是（　　）。
A. 论坛　　　　　　　　　　　　　B. FTP服务
C. 搜索引擎　　　　　　　　　　　D. 邮件列表

10. 互联网一旦运用于企业发展,其突出的特点之一是它可以"使大企业变小,小企业变大",这是指（　　）。
A. 企业不再受经济规模大小的制约
B. 企业的规模随着互联网的发展而变化
C. 互联网促进小企业发展,阻碍大企业发展
D. 以上都对

二、多选题

1. 网络营销的低成本优势主要表现在（　　）。
A. 没有店面租金成本　　　　　　　B. 没有商品库存压力
C. 很低的行销成本　　　　　　　　D. 极低的结算成本
E. 更多的中间渠道

2. 如要吸引用户访问自己的网站则应注意做到（　　）。
A. 激起用户的好奇心　　　　　　　B. 不断更新内容
C. 个性化设计　　　　　　　　　　D. 提供方便查找的工具和全面的资源
E. 尽量采用静态页面

3. 下列关于网络市场的说法中正确的有（　　）。
A. 是全天候的市场　　　　　　　　B. 是虚拟性的市场
C. 是全球性的市场　　　　　　　　D. 是互动性的市场
E. 是区域性的市场

4. E-mail营销的基本因素是（　　）。
A. 基于用户许可　　　　　　　　　B. 通过电子邮件传递
C. 信息对用户是有价值的　　　　　D. 互联网

5. 一般网络营销目标有（　　）几种类型。
A. 销售型网络营销目标　　　　　　B. 品牌型网络营销目标
C. 提升型网络营销目标　　　　　　D. 混合型网络营销目标
E. 服务型网络营销目标

6. 网络消费者购买过程包括的主要阶段有（　　）。
A. 唤起需求　　　　　　　　　　　B. 收集信息
C. 比较选择　　　　　　　　　　　D. 购买决策
E. 购后评价

7. 网络广告设计中对网络广告效果产生一定影响的问题有（　　）。
A. 网络广告设计主题不明确　　　　B. 网络广告设计缺乏吸引力
C. 网络广告字节数过大　　　　　　D. 网络广告片面追求点击率指标

8. 市场营销4P组合策略包括（　　）。
A. 产品策略　　　　　　　　　　　B. 价格策略

C. 渠道策略 D. 广告策略
E. 促销策略
9. 网络营销包括的主要内容有（　　）。
A. 网上市场调查 B. 网络消费者行为分析
C. 网络渠道选择与直销 D. 网络营销管理与控制
10. 在互联网上的网络直复营销具体表现在（　　）。
A. 直复营销的互动性 B. 直复营销的跨时空特征
C. 直复营销的一对一服务 D. 直复营销的效果可测定

三、判断题

1. 对顾客的跟踪服务，传统商店比网上商店更有其优势。（　　）
2. 网络营销广告与传统广告最大的不同就在于网络营销广告是双向的沟通。（　　）
3. 从旗帜广告是否有超级链接的角度，旗帜广告可以分为静态的旗帜广告和动态的旗帜广告。（　　）
4. 只有企业自己建立网站平台进行商务活动，才能拥有自己的网络商店。（　　）
5. 软营销的主动方是消费者，强势营销的主动方是企业。（　　）
6. 直复营销是企业与消费者之间直接面对、交互式的营销活动。（　　）
7. 网络促销形式多种多样，概括起来主要有四种，分别是网络广告、站点推广、销售促进和关系营销。（　　）
8. 网络直销使生产者与消费者之间的直接交互沟通成为可能，因而在电子商务环境下中间商将面临消亡。（　　）
9. 网络营销是以互联网络为媒体，以新的方式、方法和理念实施营销活动，更有效促成个人和组织交易活动的实现。（　　）
10. 营销组合最基本的手段来自四个方面：产品、价格、分销和促销，简称4P组合。这种组合适用于所有的营销方式。（　　）

四、实践题

1. 为自己所在企业或者熟悉本地企业设计一个网站推广方案。
2. 为自己所在企业或者熟悉本地企业设计和制作几款网络广告，并写出网络广告的创意、形式和发布情况等。
3. 以你所在企业或者熟悉本地企业网站为例，分析该网站的网络营销策略组合实施的情况，并作出简要的评价，提出意见和建议。

五、案例分析题

海尔集团的网络站点营销

海尔集团是世界家电制造巨头，其网站建设，以达到提高企业信息处理能力，全方位沟通与国内外市场的联系，降低运营成本，提高商场占有率的目的。海尔集团通过建立自己的网站，一方面宣传海尔企业的形象；另一方面利用现代化的信息网络，加大自己产品市场推销的力度。

海尔集团的领导层认为,当今世界正处于信息时代,信息已经成为现代社会的主要战略资源。信息资源的开发和利用已关系到企业在信息时代的生存和进一步的发展,刻不容缓,必须给予高度的重视。

海尔集团针对因特网技术的应用日趋成熟的现实,经过深入的调查研究和精心的策划,于1996年底在国内企业中率先申请域名,建立海尔网站开始利用因特网对外宣传企业。本着"要么不干,要么干好"的宗旨,网站建设从一开始就有了一个较高的起点。网站上设立了中英文两个版本,以利于国内外访问者的阅读。网站开辟了十几个栏目,如"关于海尔""海尔新闻""产品信息""用户反馈""组织结构"等。为国内外客商了解产品信息、洽谈贸易、产品订购、国内客户咨询、售后服务以及全国各地信息联网提供了极大的便利。

海尔网站包括6个主要栏目:

(1)海尔网上商场(海尔产品展示专卖、在线定购、最新产品推介);

(2)海尔新闻中心(海尔最新消息、网上《海尔人》、年度经营报告、海尔股市行情、股东大会公告);

(3)海尔办公大楼(总裁致辞、关于海尔公司、海尔组织机构、海尔分支机构、商机发布交流、海尔虚拟访问、海尔工作机会);

(4)销售服务网络(网上售后服务中心、国内客户服务中心、海尔家庭活动);

(5)海尔科技馆(海尔发展史、海尔大事记、海尔经营理念、海尔科技发展、海尔企业文化、海尔国际化、真诚回报社会、海尔荣誉、海尔知识库);

(6)海尔网上乐园(海尔贺卡、海尔贺卡、E-mail提醒服务、海尔屏幕保护、海尔游戏天堂、热门站点链接)。

从上述栏目设置上,可看出海尔强烈的品牌建树意识——几乎每层每页都围绕"海尔"展开,意在向世人全方位介绍其企业与产品。作为一个年轻、迅速发展并致力于全球化的企业,这一主题无疑是正确的。同时作为一个企业站点,有6个主要栏目和32个分栏,内容丰富,涉猎面相当广。

需要注意的是,作为企业宣传型网站,在宣传自身的同时,必须着重注意为顾客提供实际的服务。原版的海尔集团网页有一个"实话实说"栏目,设计了专门的征求意见表,使消费者的意见和建议可以迅速反映给海尔集团,方便了访问者与海尔集团的交流。可惜的是,在新版的海尔网页中,这个有特色的栏目没有了,取而代之的是"国内顾客服务中心",但栏目的位置和语言都没有原版的设计完美。

随着发展需要,海尔网站又一次全面改版,并正式开通了网上商城。海尔网上商城采用智能化集成电子商务平台,使多面体技术、对象数据库技术和Web技术相结合,构成了一个含有大量文字、图片、录像信息,并可与三维虚拟场景交互的面向Internet的多媒体数据库应用系统,实现了基于Web的产品定制与导购功能。海尔网上商城全面展示海尔的在销产品;提供灵活多样的查询手段,通过对产品的详尽介绍,科学地引导顾客购物,迅速定位顾客所需要的产品;方便的支付方式和完善的物流配送,使客户真正体会到网络消费的便捷和实惠。用户可以方便地在网上按照个人需要实现各种产品的自行组配,从而使海尔缩短了与用户的距离,最大限度地满足了用户的个性化需求。

问题:

1. 评价海尔的站点规划及营销策略,提出改进建议。
2. 比较小米手机与海尔家电的网络营销策略有何不同,为什么?

习题参考答案

第五章　电子商务支付

☞ **本章学习目标**
1. 了解电子支付系统的分类并理解电子支付的基本流程；
2. 掌握常用的电子支付工具；
3. 理解移动支付原理；
4. 了解网上银行的功能和分类；
5. 能够运用典型的第三方支付平台进行操作。

当今互联网应用的发展日新月异，电子商务应用涉及的领域也在不断拓宽，B2C、C2C、O2O 模式发展尤为迅速。其中电子支付是电子商务业务完整性的重要保障。电子支付将买家、卖家、银行以及电子支付服务提供商等电商主体连接起来，构成一个完整的交易链。

第一节　电子商务支付概述

任何交易，都会包含一个最基本的环节，就是资金的转移即支付。所谓支付，是指将资金从发款人转移到收款人的一个过程。根据支付方式的不同，支付可以分为传统支付和电子支付两大类。电子商务交易支付既包括传统现金及银行票据汇兑支付，也包括现代电子支付。现代传统交易中，现代电子支付尤其是移动电子支付发展也非常迅猛，几乎渗透到我们日常生活的每个方面。

电子商务电子支付指从事电子商务交易的当事人，包括消费者、厂商和金融机构，通过信息网络，使用安全的信息传输手段，采用数字化方式进行的货币支付或资金流转。

电子支付有广义和狭义之分。广义的电子支付指支付系统中包括的所有以电子方式或者称为无纸化方式进行的资金的划拨与结算，包括卡类支付、网上支付和移动支付。狭义的电子支付也称为网上支付，是指通过第三方提供的与银行支付接口进行的即时支付方式。这种方式的好处在于可以直接把资金从用户的银行卡中转账到网站账户中，汇款马上到账，不需要人工确认。

电子支付与传统支付的主要区别见表 5.1。

表 5.1　电子支付与传统支付的主要区别

对比项	传统支付	电子支付
支付方式	通过现金的流转、票据的转让及银行的汇兑等物理实体的流转来完成款项的支付	采用先进的技术，通过数字流转来完成信息传输，其各种支付方式都是采用数字化的方式进行款项支付的
工作环境	在较为封闭的系统中	基于一个开放的系统平台（即互联网）

续表

对比项	传统支付	电子支付
通信手段	传统的通信媒介	最先进的通信手段,如互联网、外联网(Extranet)
支付费用	高	低
支付效率	低	高

一、电子支付系统的构成

电子商务支付系统(见图 5.1)由客户、商家、客户的开户行(又称为发卡行)、商家开户行(又称为收单行)、支付网关、金融专用网、认证机构等七部分组成。除此之外,还包括支付中使用的支付工具以及遵循的支付协议。电子支付系统是参与各方与支付工具、支付协议的结合。

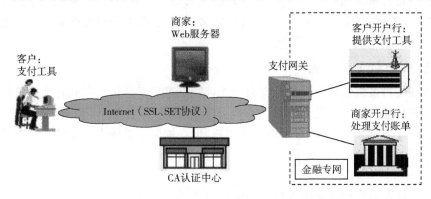

图 5.1 电子支付系统示意图

客户用自己拥有的支付工具(如信用卡、电子钱包等)来发起支付,是支付体系运作的原因和起点。

商家则是拥有债权的商品交易的另一方,他可以根据客户发起的支付指令向金融系统请求获取货币给付。

客户开户行是指客户在其中开设账户的银行,客户开户行在提供支付工具的时候也同时提供了一种银行信用,即保证支付工具的兑付。在以银行卡为基础的支付体系中,客户开户行又被称为发卡行。

商家开户行是商家在其中开设账户的银行,其账户是整个支付过程中资金流向的地方。商家的开户行又称为收单行。

支付网关是公用网和金融专用网之间的接口,支付信息必须通过支付网关才能进入银行支付系统,进而完成支付的授权和获取。

金融专用网则是银行内部及银行间进行通信的网络,具有较高的安全性,如中国国家现代化支付系统、人民银行电子联行系统、银行卡授权系统等。

认证机构则负责为参与电子商务活动的各方发放数字证书,以确认各方的身份。

二、电子支付系统的分类

电子支付系统可以分为大额支付系统、脱机小额支付系统、联机小额支付系统三类。

(一)大额支付系统

大额支付系统主要处理银行之间的大额资金转账,通常支付的发起方和接收方都是商业银行或在中央银行开户的金融机构。大额支付系统是一个国家支付体系的核心应用系统。现在的趋势是:大额支付系统通常由中央银行运行,采取大额支付系统模式,处理贷记转账;当然也有由私营部门运行的大额支付系统,这类系统对支付交易可做实时处理,但要在日终进行净额资金清算。大额支付系统处理的支付业务量很少(1%~10%),但资金额超过90%,因此大额支付系统中的风险管理特别重要。

(二)脱机小额支付系统

脱机小额支付系统也称批量电子支付系统,主要指自动清算所,主要处理预先授权的定期贷记卡(如发放工资)或定期借记卡(如公共设施缴费)。支付数据以磁介质或数据通信方式提交清算所。

(三)联机小额支付系统

联机小额支付系统指销售点电子资金转账,简称POSEFT和ATM(自动柜员机)系统,其支付工具为银行卡(信用卡、借记卡或ATM卡等)。POSEFT和ATM系统都是小额支付系统,其金额小,业务量大,交易资金采用净额结算,但在这两个系统中需要对支付实时授信。

三、电子支付方式

电子支付的业务类型按电子支付指令发起方式分为网上支付、电话支付、移动支付、销售点终端交易、自动柜员机交易和其他电子支付。

(一)网上支付

网上支付是电子支付的一种形式。从广义上讲,网上支付是以互联网为基础,利用银行所支持的某种数字金融工具,发生在购买者和销售者之间的金融交换,而实现从买家到金融机构、商家之间的在线货币支付、现金流转、资金清算、查询统计等过程,由此为电子商务服务和其他服务提供金融支持。

电子商务的主流分类方式就是按照开展电子商务的实体性质分类的,即分为B2B、B2C、C2C、B2G、G2G等类型的电子商务。目前,客户在进行电子商务交易时通常会按照开展的电子商务类型不同,选择使用不同的网上支付与结算方式。

1.按开展电子商务的实体性质分类

目前较为主流的网上支付结算分类方式,是按照开展电子商务的实体性质,把当前的网上支付方式分为B2C型网上支付方式和B2B型网上支付方式两类。

(1)B2C型网上支付方式。这是企业与个人、政府部门与个人、个人与个人进行网络交易时采用的网上支付方式,比如信用卡网上支付、IC卡网上支付、电子现金支付、电子钱包支付及个人网络银行支付等。这些方式的特点就是适用于不是很大金额的网络交易支付结算,应用起来较为方便灵活,实施起来也较为简便,风险也不大。

(2)B2B型网上支付方式。这是企业与企业、企业与政府部门进行网络交易时采用的网上支付方式,比如电子支票网上支付、电子汇兑系统、国际电子支付系统SWIFT与CHIPS、中国国家现代化支付系统CNAPS、金融EDI以及企业网络银行服务等。

上述B2C型网上支付方式和B2B型网上支付方式之间的界限也是模糊的,并不绝对。比如,信用卡虽多用于个人网络支付,但用于企业间的小额支付结算也可以,西方国家电子支票也可用于个人之间、个人与企业间的支付结算。

2. 按支付数据流的内容性质分类

根据电子商务流程中用于网上支付结算的支付数据流内容性质不同,即传递的是指令还是具有一般等价物性质的电子货币本身,可将网上支付方式分为如下两类。

(1)指令传递型网上支付方式。

支付指令是指启动支付与结算的口头或书面命令,网上支付的支付指令是指启动支付与结算的电子化命令,即一串指令数据流。支付指令的用户从不真正地拥有货币,而是由他指示银行等金融中介机构替他转拨货币,完成转账业务。

(2)电子现金传递型网上支付方式。

电子现金传递型网上支付是指客户进行网上支付时在网络平台上传递的是具有等价物性质的电子货币本身,即电子现金的支付结算机制。其主要原理是:用户可从银行账户中提取一定数量的电子现金,且把电子资金保存在一张卡(比如智能卡)或者用户计算机中的某部分(如一台PC或个人数字助理PDA的电子钱包)。

3. 按网上支付金额的规模分类

(1)微支付。

微支付是指那些款额特别小的电子商务交易。按美国标准发生的支付金额一般在10美元以下,中国相应为10元人民币左右,如浏览一个收费网页、在线收听一首歌曲、上网发送一条手机短信息等。英国一些网络企业正在应用的电子零钱支付方式就属于这种微支付。

(2)消费者级网上支付。

消费者级网上支付指满足个体消费者和商业(包括企业)或政府部门在经济交往中的一般性支付需要的网上支付服务系统,亦称小额零售支付系统。

(3)商业级网上支付。

商业级网上支付指满足一般商业(包括企业、政府)部门之间的电子商务业务支付需要的网上支付服务系统,亦称中大额资金转账系统。

(二)电话支付

电话支付是电子支付的一种线下实现形式,是指消费者使用电话(固定电话、手机、小灵通)或其他类似电话的终端设备,通过银行系统就能从个人银行账户里直接完成付款的方式。

电话支付业务具有交易安全、成本较低、操作简便、业务扩展性强等特点。首先,交易安全,终端与电话支付平台通过PSTN网络连接,满足银行卡交易对网络安全的需要;电话支付对磁道信息、密码等数据由PSAM卡进行加密操作;进行报文的MAC校验,保证报文的完整与不被篡改;电话支付具有完备的密钥管理系统,每次交易使用不同的过程密钥,密钥不可读取。其次,操作简单,以菜单和操作提示信息提示用户完成业务交互,操作简单,用户界面友好。而且与同类产品相比,终端具有较大的成本优势,运营维护成本较低,业务加载无需对终端、平台进行改造,承载业务内容丰富,具有较好的灵活性、可扩展性。

(三)移动支付

移动支付是指消费者通过移动终端(通常是手机、PAD等)对所消费的商品或服务进行账务支付的一种支付方式。客户通过移动设备、互联网或者近距离传感直接或间接向银行金融企业发送支付指令产生货币支付和资金转移,实现资金的移动支付,实现了终端设备、互联网、应用提供商以及金融机构的融合,完成货币支付、缴费等金融业务。移动支付所使用的移动终端可以是手机(支付流程见图5.2)、PDA、移动PC等。

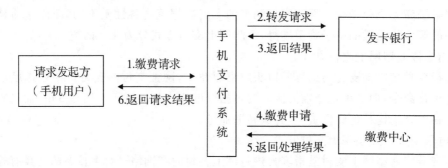

图 5.2　手机支付系统的基本流程

1. 移动支付的特点

移动支付具有以下三个方面的特点:

(1)移动性。由于移动终端具有其特定服务实现的随身性和极好的移动性,可以使消费者从长途奔波到指定地点办理业务的束缚中解脱出来,摆脱支付实现的营业厅特定地域限制。

(2)实时性。移动通信终端和互联网平台的交互取代了传统的人工操作,使移动支付不再仅仅受限于相关金融企业、商家的营业时间限制,实现了每周7天、每天24小时的便捷服务。移动支付的实现使消费者可以足不出户,也避免了毫无价值的排队等候。

(3)快捷性。移动支付同时还具有缴费准确、无需兑付零钱、快捷、多功能、全天候服务、网点无人职守的快捷性。

2. 移动支付的类型

移动支付可以分为两大类:

(1)微支付。根据移动支付论坛的定义,微支付是指交易额少于10美元,通常是指购买移动内容业务,例如游戏、视频下载等。

(2)宏支付。宏支付是指交易金额较大的支付行为,例如在线购物或者近距离支付(微支付方式同样也包括近距离支付,例如交停车费等)。

两者之间最大的区别在于对安全要求级别的不同。例如对于宏支付方式来说,通过可靠的金融机构进行交易鉴权是非常必要的;而对于微支付来说,使用移动网络本身的SIM卡鉴权机制就足够了。另外根据传输方式不同,还可以分为空中交易和WAN(广域网)交易两种。空中交易是指支付需要通过终端浏览器或者基于SMS/MMS等移动网络系统;WAN交易则主要是指移动终端在近距离内交换信息,而不通过移动网络,例如使用手机上的红外线装置在自动贩卖机上购买可乐。

四、网上支付的发展分析

随着 20 世纪 90 年代 Internet 的广泛应用与电子商务的快速发展,在国内或国外,以电子支付与电子货币建设为基础,服务于电子商务与金融电子化的网上支付结算方式发展迅猛。网上支付结算方式有着传统支付不可比拟的优势,至今,国内外许多网上支付结算方式已经投入实际应用,很多新的、更好的网上支付结算方式正在研发中。当然,电子商务是个新生事物。电子商务下的网上支付结算虽然有基于专用金融网的电子支付发展基础,但仍然是个新生事物。一方面,很多网上支付结算的方式在全世界还处于探索应用阶段,其支付机制、技术、应用安全体系、全球标准等还有待成熟和完善,连最普及的信用卡网上支付也在完善中。另一方面,由于国内地区及城乡间经济发展的差别,消费者年龄及受教育程度的不同等因素,人们对网上支付的安全可靠性的认同接受度也不同。在广大的农村地区以及一些年龄较大受教育程度较低的人群中,传统纸币在日常生活及交易中所占比例还很大。这些都有待技术的进一步提升完善和涉及网络支付相关各方的宣传普及。但蓬勃发展肯定是大势所趋。

五、电子支付法律问题

中国到目前为止,其计算机网络技术的发展已经相当成熟了,但是相关的法律工作却没能跟上步伐,这涉及计算机网络领域的立法工作,而有关对电子支付的网络安全进行规范化的金融法律法规明显滞后,尚存在一些立法与规范问题,这些问题主要包括:由谁来发行电子货币,如何控制电子货币的发行量,如何确定设立网络银行的资格,怎样监管电子支付提供的虚拟金融服务,如何评价电子支付的服务质量以及对利用电子支付进行金融犯罪的行为如何进行惩罚和制裁等。这既要从我国的现实情况出发,又要充分借鉴国外先进的立法经验,与国际主流立法趋势接轨,制定出既具有本国特色又符合国际潮流的,包括电子支付业务在内的电子商务法的指导思想。

像目前网上支付采用的规则都是协议,它是在与客户言明权利义务关系的基础上再签订合同,出现问题时需要通过仲裁解决,这种情况下,因缺乏相关的法律依据,所以问题涉及的责任认定、承担,仲裁结果的执行等复杂的法律关系便难以界定。另外,目前的新合同法中虽然承认了电子合同的法律效应,却并没有完全解决可操作性问题。这些无形中都增加了银行与客户在网上进行金融交易的麻烦和风险。

第二节 电子支付工具

随着计算机技术的发展,电子支付的工具越来越多。这些支付工具可以分为三大类:电子货币类,如电子现金、电子钱包等;电子信用卡类,包括智能卡、银行卡、电话卡等;电子支票类,如电子支票、电子汇款(EFT)、电子划款等。这些方式各有自己的特点和运作模式,适用于不同的交易过程。

一、电子货币支付

网络支付与结算是电子商务的核心流程,因为网络支付与结算的过程其实就是电子货币在计算机网络上特别是 Internet 的流动与处理的过程,因此电子货币应用的深度和广度将直接影响网络支付与结算的效果,进而影响电子商务的发展。

所谓电子货币,简单来说就是在通信网络或金融网络中流通的"金钱",有可能是"金钱"的电子形式的代币,也有可能是控制"金钱"流向的指令。相对于现实世界中看得见、摸得着的实物金钱,如大家十分喜欢的金子、银子或纸币等,电子货币是一种无形的价值等量信息。它是计算机介入货币流通领域后产生的,是现代商品经济高度发展,要求资金快速流通且基于成熟的计算机与通信技术应用的产物。多年来,电子货币利用银行的电子存款系统和各种电子清算系统进行金融资金转移服务,它使得纸币和金属货币在整个货币供应量所占的比例越来越小。电子货币本质上就是一种使用电子数据信息表达、通过计算机及通信网络进行金融交易的货币,这种货币在形式上已经与纸币等实物形式无关,而体现为一串串的特殊电子数据,即以 Internet 为基础,以计算机技术和通信技术为手段,以电子数据形式存储在计算机中,并且通过计算机网络系统传递,实现其流通和支付功能。

(一)电子货币的特征

1. 形式方面的特征

传统货币以贵金属、纸币等实物形式存在,而且形式比较单一。电子货币则不同,它是一种电子符号或电子指令,其存在形式随处理的媒体而不断变化,如在磁盘上存储时是磁介质,在网络中传播时是电磁波或光波。电子货币的每个单位都有一个不同的独特的编号,这与纸币是相同的。比如,Internet 上有一种很流行的电子货币叫比特币,是一种点对点形式的数字货币,与传统货币不同,比特币不依靠特定货币机构发行,它依据特定算法,通过大量的计算产生。比特币可以用来兑现,可以兑换成大多数国家的货币。使用者可以用比特币购买一些虚拟物品,比如网络游戏当中的衣服、帽子和装备等。

2. 技术方面的特征

电子货币使用电子化方法并且采用了安全对策。电子货币的发行、流通、回收的过程是用电子化的方法进行的。为了防止对电子货币的伪造、复制、非正当使用等,电子货币不是依靠普通的防伪技术,而是通过用户密码、软硬件加/解密系统(如数字水印)以及路由器等安全保护技术,构成高度的安全保密对策。传统货币完全依靠防伪技术,隐形面额数字、雕刻凹版印刷等。依赖尖端科技的电子货币的防伪技术比传统的纸币防伪要强得多,应用起来相对安全一些。

3. 结算方式的特征

电子货币按支付结算中资金的应用状况表现为预付型、即付型、后付型三种方式。预付型结算示例:当 A 银行向 X 商户发行电子货币时,X 要先向 A 提供资金作为交换——从 X 的立场看,用电子货币对 Y 商户支付之前,预先向 A 支付了资金,所以是预付型(储值型)的结算。即付型结算是指购买商品时从银行账户即时自动转账支付,例如,目前使用 ATM 或银行 POS 进行商务结算时的现金卡。后付型结算则是目前国际通行的真正的信用卡(Credit Card,贷记卡,也是狭义信用卡)的结算方式,由发行者提供消费信用,其特点是"先消费,后付款",例如,中国工商银行发行的牡丹信用卡在网上或 POS 上的透支消费。

4. 流通规律的特征

电子货币中有的只允许一次换手,即只能使用一次支付就得返回发行者处的流通形式,如电子支票;也有的可多次换手即多次辗转流通的形式,并不一定要求马上返回发行者处,如电子现金。无论居于第几次换手的电子货币持有者,均有权向发行者如银行提出对资金的兑换请求。

5.电子化方法的特征

按电子货币电子化方法的不同,电子货币应用形式上表现出不同的特征,可以分为"支付手段的电子化"和"支付方法的电子化"。"支付手段的电子化"是对货币价值本身进行电子化,电子货币即电磁记录本身是保有"价值"的,可以理解为"电子等价物"。"支付方法的电子化"是指支付结算中,并不是真正的"等价物"本身在网上传递,而是使用电子化的方法将"等价物"转移的电子指令传递给支付结算服务提供者(如银行)以完成支付结算,如 ATM 转账结算、银行 POS 的信用卡结算,以及通过 Internet 的银行转账与结算(即后面的网络银行支付结算方式)、电子支票等均属这类支付结算。"支付方法的电子化"是目前应用较广、比较成熟的电子货币电子化方法,本质上它也是支付结算的指令,而非"等价物"本身。

(二)常用的电子货币

1.电子现金

电子现金是(E-Cash)一种以数据形式流通的货币。它把现金数值转换成为一系列的加密序列数,通过这些序列数来表示现实中各种金额的市值,用户在开展电子现金业务的银行开设账户并在账户内存钱后,就可以在接受电子现金的商店购物了(流程见图 5.3)。

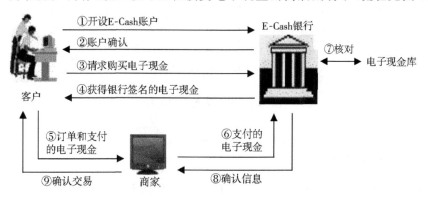

图5.3 电子现金支付流程图

电子现金在经济领域起着与普通现金同样的作用,对正常的经济运行至关重要。电子现金一般具备以下性质:

(1)独立性:电子现金的安全性不能只靠物理上的安全来保证,必须通过电子现金自身使用的各项密码技术来保证电子现金的安全;

(2)不可重复花费:电子现金只能使用一次,重复花费能被容易地检查出来;

(3)匿名性:银行和商家相互勾结也不能跟踪电子现金的使用,就是无法将电子现金用户的购买行为联系到一起,从而隐蔽电子现金用户的购买历史;

(4)不可伪造性:用户不能造假币,包括两种情况:一是用户不能凭空制造有效的电子现金;二是用户从银行提取 N 个有效的电子现金后,也不能根据提取和支付这 N 个电子现金的信息制造出有效的电子现金;

(5)可传递性:用户能将电子现金像普通现金一样,在用户之间任意转让,且不能被跟踪;

(6)可分性:电子现金不仅能作为整体使用,还应能被分为更小的部分多次使用,只要各部分的面额之和与原电子现金面额相等,就可以进行任意金额的支付。

2.电子钱包

电子钱包是电子商务活动中网上购物顾客常用的一种支付工具,是在小额购物或购买小商品时常用的新式钱包。

电子钱包一直是全世界各国开展电子商务活动中的热门话题,也是实现全球电子化交易和因特网交易的一种重要工具,全球已有很多国家正在建立电子钱包系统以便取代现金交易的模式。目前,我国也正在开发和研制电子钱包服务系统。使用电子钱包购物,通常需要在电子钱包服务系统中进行。电子商务活动中的电子钱包的软件通常都是免费提供的,可以直接使用与自己银行账号相连接的电子商务系统服务器上的电子钱包软件,也可以从因特网上直接调出来使用,采用各种保密方式利用因特网上的电子钱包软件(支付流程见图5.4)。

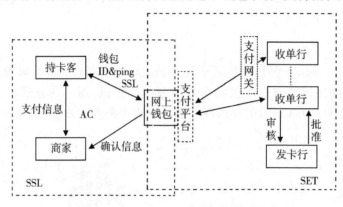

图 5.4　网上钱包支付流程

二、电子信用卡支付

电子信用卡是电子商务活动中使用的信用卡。电子信用卡通过网络直接支付。电子信用卡具有快捷、方便的特点,买方可以及时通过发卡机构了解持卡人的信用度,避免欺诈行为的发生。电子信用卡包括智能卡、银行卡、电话卡等,具有制造成本低,信息保存可靠性高,开发方便,应用灵活和小型化等特点,电子信用卡与电子信用卡机——小型专用微机相配套,可广泛应用于各种有价证券、无价证券、信用证明等场合,亦可用于一些分散系统的数据信息、采集。

由于使用电子信用卡需要通过公共 Internet 的网络进行信用卡传输,因此在技术上需要保证传输的安全性和可靠性。利用 SET 安全电子交易协议,保证电子信用卡卡号和密码的安全传输,在信用卡进行支付的过程中,也需要认证客户、商家以及信用卡发放机构的身份,防止抵赖行为的发生。

(一)智能卡

智能卡又称为 IC 卡(Integrated Circuit Card),最早是 20 世纪 70 年代中期在法国问世的,经过 20 多年的发展,真正意义上的智能卡,即在塑料卡上安装嵌入式微型控制器芯片的

IC 卡,已于 1997 年研制成功。在中国已经广泛应用于公交、商场等日常生活领域,其前景和优势十分明显。智能卡根据装载芯片类型的不同、通信方式的不同,又可以分为存储式卡片和微处理器卡片以及接触式卡片、非接触式卡片和双界面卡片。

此处以单位内部卡为例进行说明。

功能:发行、充值后的 IC 卡,成为单位内部的信用卡代替传统现金、票据、记账纸卡流通方式,使单位内部消费结算电子化,可用于购物、就餐、借阅图书、打长途电话、娱乐、健身、医疗等所有内部消费。

记录信息:当持卡人在收费机上读卡消费后,收费机中的存储器将记录个人信息、时间、消费金额、累积使用情况等流水账信息。

挂失信息:遗失 IC 卡后,持卡人可到中心主机去挂失,对于网络型的系统挂失的信息实时下传各消费终端,挂失解挂操作即时生效。冒用已挂失卡,收费机将提示相应警告信息。

数据结算:对采集回来的数据进行归类,形成每天的消费明细库,然后进行汇总,按日形成各消费站点及各收费机的总收入。归类、汇总后系统将数据进行各种稽核,生成各类统计报表,便于财务对各消费点收入情况核算或监督。

(二) 银行卡

1. 银行卡支付的概念

银行卡是支付工具的一种。银行卡按信用性质可以分为信用卡和储蓄卡。信用卡可以在发卡行规定的信用额度内先消费后还款,属于"延迟付款"类。储蓄卡支付方式不允许透支,属于先存款后消费的"预先付款"类。

银行卡支付分为线上支付和线下支付两种方式。银行卡线下支付即货到付款的支付。银行卡线上支付即在零售网站上购买货品后,通过银行支付系统把货款支付给卖方的一种行为。

2. 银行卡支付的流程

消费者在网上选择所需要的商品,确认付账时,选择所使用的银行卡进行网络银行交易。交易过程中,相关银行需对消费者的资质进行认证,认证成功后,银行转账给商户,网上支付成功。

银行常用的认证手段有 5 种:文件数字证书、动态口令卡、动态手机口令、动态口令牌和移动数字证书。本节以中国银行 U 盾为例,其操作流程见图 5.5。

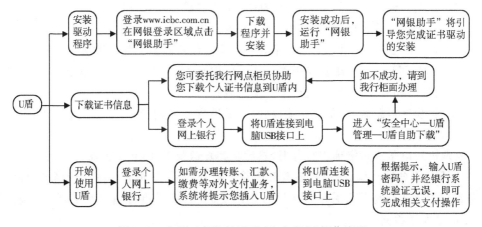

图 5.5 中国工商银行 U 盾(个人客户)操作流程

3. 无卡支付

无卡支付是指无需开通网银,利用支付验证要素,结合银联安全认证,让持卡人完成互联网支付的支付方式。无卡支付主要有认证支付和快捷支付两种方式。

(1)认证支付:客户办理"银联无卡支付"业务后,在银联在线支付的支付页面输入银行卡信息,验证通过后完成支付交易的支付方式。办理流程如下:

①客户在网上购物、缴费、还款时,到支付环节选择"银联在线"付款,进入银联在线支付页面。

②在银联在线支付网页选择"认证支付",选择银行卡类型为借记卡,输入已加办"银联无卡支付"业务的绿卡借记卡卡号和密码后,将收到中国银联发送的短信验证码。

③客户在"认证支付"网页上输入短信验证码后,点击"确认支付"即可完成支付。

(2)快捷支付:客户在银行加办"银联无卡支付"业务,在银联在线支付的网站完成用户注册,并将注册用户号关联绑定银行卡后,通过注册用户信息替代银行卡信息进行支付。快捷支付办理流程如下:

①客户在网上购物、缴费、还款时,到支付环节选择"银联在线"付款,进入银联在线支付页面;

②在银联在线支付页面选择"快捷支付",并登录。

③"快捷支付"网页将显示客户在银行加办"银联无卡支付"时预留的银行卡号和手机号,客户确认无误后,点击"获取短信验证码",客户的手机将收到中国银联发送的验证短信。

④客户在"快捷支付"网页上输入短信验证码和校验码后,点击"确认支付"即可完成支付。

三、电子支票支付

电子支票是一种借鉴纸张支票转移支付的优点,利用数字传递将钱款从一个账户转移到另一个账户的电子付款形式。这种电子支票的支付是在与商户及银行相连的网络上以密码方式传递的,多数使用公用关键字加密签名或个人身份证号码(PIN)代替手写签名。

(一)电子支票的支付流程

电子支票的支付流程不是单一的,它和所要应用的电子支票系统密切相关。现以美国卡内基·梅隆大学开发出的"Netbill"电子支票为例,介绍其网上支付流程。

(1)客户向商户请求正式的报价单,启动 Netbill 交易;

(2)在收到报价单请求后,商户定出价格,并返回报价单;

(3)如果客户接受所报价格,则应指示其支票簿向商户收款机发送购买请求;

(4)当收到购买请求后,收款机从商户应用中取出产品,并采用一个密钥来加密该产品。在计算出密码校验和后,将结果传送至客户支票簿;

(5)在收到加密信息后,支票簿验证校验和,随后支票簿向商户收款机送回一份签名的电子支付定单。

(6)收款机对电子支付定单进行背书,然后将其发送至 Netbill 服务器。

(7)Netbill 服务器在验证价格、核验和等符合规定之后,借记客户账户恰当的数额。Netbill 服务器记录该笔交易并且保存一次性密钥的复制件,然后再将包含有同意或拒绝信息的数字签名信息发送给商户。

(8)商户对 Netbill 服务器作出回答,如果同意,即同时将解密密钥发送给客户支票簿。

（二）电子支票的优势

(1)电子支票可为新型的在线服务提供便利。它支持新的结算流,可以自动证实交易各方的数字签名,增强每个交易环节上的安全性,与基于EDI的电子订货集成来实现结算业务的自动化。

(2)电子支票的运作方式与传统支票相同,简化了顾客的学习过程。电子支票既保留了纸制支票的基本特征和灵活性,又加强了纸制支票的功能,因而易于理解,能得到迅速应用。

(3)电子支票非常适合小额结算;电子支票的加密技术使其比基于非对称的系统更容易处理。收款人和收款人银行、付款人银行能够用公钥证书证明支票的真实性。

(4)电子支票可为企业市场提供服务。企业运用电子支票在网上进行结算,可比现在采用的其他方法降低成本;由于支票内容可附在贸易伙伴的汇款信息上,电子支票还可以方便地与EDI应用集成起来。

(5)电子支票要求建立准备金,而准备金是商务活动的一项重要要求。第三方账户服务器可以向买方或卖方收取交易费来赚钱,它也能够起到银行作用,提供存款账户并从中赚钱。

(6)电子支票要求把公共网络同金融结算网络连接起来,这就充分发挥了现有金融结算基础设施和公共网络作用。

第三节　网上银行

一、网上银行概念及特点

网上银行,英文为Internet Bank或Network Bank,有的还称为Web Bank,中文也叫作网络银行或在线银行。它是指一种依托信息技术和Internet的发展,主要基于Internet平台开展和提供各种金融服务的新型银行机构与服务形式。也可以说,网上银行金融服务是直接送到客户办公室、家中和手中的金融服务系统。网上银行可向客户提供开户、销户、对账、行内转账、跨行转账、信贷、网上证券、投资理财、账务查询、网络支付、代发工资、集团公司资金头寸管理、银行信息通知、金融信息查询等传统金融服务项目。因此可以说,网上银行既是一种新型银行机构,也是崭新的网上金融服务系统。它借助Internet遍布全球及其不间断运行、信息传递快捷且多媒体化的优势,突破实物媒介等传统银行的空间与时间局限性,拉近客户与银行的距离,为用户提供全方位、全天候、便捷、实时的快捷金融服务。网上银行的应用目标,是在任何时候(Anytime)、任何地方(Anywhere),以任何方式(Anyhow)为客户提供金融服务,所以网上银行也称AAA银行或3A银行。随着网络全球化的到来,网上银行在成本、效率、服务质量等方面正表现出越来越大的优势。

网上银行与传统的物理银行一样能够面向客户提供各类金融服务,而在金融信息服务、便利性方面优势更为明显。作为信息时代的产物,网上银行具有以下六个明显特征。

（一）以客户为中心,以技术为基础,体现品牌独特性

网上银行服务并不需要直接面对面地与客户接触,交易和沟通通过Internet进行。这就要求网上银行的营销理念从过去的注重金融产品的开发和管理,即产品注重型,转移到以客户为核心上来,即根据每个客户不同的金融和财务需求"量身定做"相应的金融产品并提供银行

业务服务。网上银行应将客户作为一个有个性的个体来对待,在为客户解决金融疑问和困难的时候,使客户感到解决方案是按自己的想法和愿望而形成的,并且最适合自己的需求;同时也要使客户感到自己能够自由和灵活地控制自己的资金。这就是"创建独特品牌"的内在含义之一,同时也是成熟市场客户的要求。

（二）业务信息系统的管理控制能力要求高,集成性强

网上银行的全部业务,如贷款申请、网络支付、发行信用卡、开设存款账户等均通过Internet进行并由信息系统软件处理。业务信息系统是网上银行顺利运作的核心,因此它的维护和管理就显得十分重要。如果计算机系统发生故障,一切无从谈起。所以,强有力的信息系统管理与维护能力是保障网上银行安全运作的关键。

（三）需要良好的社会基础设施与客户的网络应用意识的支持

网上银行的平稳运作要有高度发达的跨区域通信设施支持,要有技术及开发能力强、了解银行业务的软件公司、Internet服务提供商（ISP）及数据处理和储存公司的通力合作。

（四）网上银行服务无需物理的银行分支机构

网上银行服务具有人员少、运作费用低、无纸化操作的特点,可实现有效成本控制,产品价格竞争力强,并体现绿色银行的理念客户中心和数据收集、处理及储存库。因此,其成本比一般的传统商业银行要低1/4,而其交易成本（根据英国保诚集团旗下网上银行Egg的总裁Mike Harris的统计）是电话银行的1/4,是普通银行的1/10。

（五）强调信息共享与团队精神

网上银行的业务操作和处理可以形象地比喻为一条生产流水线,银行内部各岗位、各部门之间需要通力密切配合和协助,以一个界面、同一Web页面窗口来为客户提供一致的服务。任何个人和部门因为个人或小集体的利益而出现"扯皮"现象都将影响网上银行的渠道和机制。同时,各部门要大量收集客户及有关方面的信息,经过相关业务信息系统进行加工和处理后,通过内部网络进行信息共享（包括社会信息的共享）,以达到提高效率、提高服务水平及客户满意程度的目的。

（六）跨区域的24小时服务

由于网上银行所拥有的信息技术优势,使其承诺并且保证为客户提供每天24小时、每周7天、全年365天的全天候跨区域服务,这也是实现个性化服务的重要保障。

二、网上银行的分类

网上银行的理论、应用体系、形式其实都在发展中,因此世界上出现一些网上银行的不同称呼,涉及网上银行的分类问题。目前,网上银行主要有两种分类方式。

（一）按网上银行的主要服务对象分类

网上银行按照服务对象分类,可以分成企业网上银行和个人网上银行两种。

1. 企业网上银行

企业网上银行主要适用于企业与政府部门等企事业组织客户。企事业组织可以通过企业网上银行服务实时了解企业财务运作情况,及时在组织内部调配资金,轻松处理大批量的网络支付和工资发放业务,并可处理信用证相关业务。对电子商务的支付来讲,一般涉及的是金额

较大的支付结算业务,因此对安全性的要求很高。例如,中国工商银行企业网上银行是中国工商银行为企业客户提供的网上自助金融服务,受到企业界瞩目。

2. 个人网上银行

个人网上银行主要适用于个人与家庭的日常消费支付与转账。个人客户可以通过个人网上银行服务,完成实时查询、转账、网络支付和汇款功能。个人网上银行服务的出现,标志着银行的业务触角直接伸展到个人客户的家庭 PC 桌面上,方便实用,真正体现了家庭银行的风采。

中国工商银行个人网上银行是中国工商银行为个人客户提供的网上自助金融服务,近年来在广大的个人客户群体中影响日益加大,越来越多的个人成为工商银行个人网络银行的注册客户。

(二)按照网上银行的组成架构分类

网上银行按照组成架构分类,可以分成纯网上银行和以传统银行拓展网络业务为基础的网上银行两种形式。

1. 纯网上银行

纯网上银行是一种完全依赖于 Internet 发展起来的全新网上银行,也叫虚拟银行。这类银行开展网上银行服务的机构除后台处理中心外,没有其他任何物理上的营业机构,雇员很少,银行的所有业务几乎都在 Internet 上进行。纯网上银行又分成两种情况,一是直接建立的独立的网上银行;二是以原银行为依托,成立新的独立的银行来经营网上银行业务。如美国安全第一网上银行 SFNB(Security First Network Bank)、Telcbank,我国的网商银行、微众银行等就属于纯网上银行,它们可以通过 Internet 提供全球性的金融服务,提供全新的服务手段,客户足不出户就可进行存款、取款、转账、付款等业务。纯网上银行最大的优点就是节省费用,运作成本低。

2. 以传统银行拓展网络业务为基础的网上银行

以传统银行拓展网络业务为基础的网上银行是指在传统银行基础上运用公共的 Internet 服务,设立新的网络服务窗口,开展传统的银行业务交易处理服务,并且通过发展个人网上银行、企业网上银行服务,把传统银行业务延伸到网上,在原有银行基础上再发展网上银行业务,是实体与虚拟结合的银行。这种形式与前一种形式的不同之处在于,它是利用 Internet 辅助银行开展业务,而不是完全电子化与网络化。在传统银行服务的基础上,提供网上服务已经成为银行国际化和先进性的一项重要标志。

三、网上银行的功能

随着 Internet 应用的普及与技术进步,新兴的网上银行较之传统银行具有很多无可比拟的功能。

(一)网上银行实现了无纸化运作,大幅提高了服务的准确性和时效性

网上银行要求一切交易、银行的各种业务和办公基本或完全实现无纸化、电子化和自动化。网上银行使所有以前传统银行使用的票据和单据全面电子化,如电子支票、电子汇票和电子收据等;网上银行不再使用纸币,并全面改变纸币为电子货币,如使用电子钱包、电子信用卡、电子现金和安全零钱等;网上银行的一切银行业务文件和办公文件完全改为电子化文件、

电子化凭据,签名也用更加安全的数字签名技术;网上银行不再以邮寄的方式进行银行与客户相互之间纸面票据和各种书面文件的传送,而是利用计算机和数据通信网传送进行往来结算。

(二)网上银行通过 Internet 提供内容更加丰富的高质量金融服务

由于计算机网络具有资源共享、实时通信的特点,因此网上银行不但可以对外提供快速便捷的信息,还能向客户提供更直接、更多样化的各种服务。网上银行在 Internet 上所提供的金融服务大致分为两大类。一类是信息咨询服务。这是目前国内外网上银行普遍提供的服务,包括对银行历史、业务状况、营业网站、利率、汇率等公共信息及针对客户个人的账户余额、交易明细额、应缴本息等私人信息进行查询,通过 E-mail 对客户存款到期、放款缴息信息进行通知等。另一类是进行实际资金交易,即通过网络进行账务处理。例如,提供网络支付结算、网络存放款、网络转账服务等。

(三)网上银行实现银行机构虚拟化,优化传统金融机构的运行模式

传统银行机构的扩展是通过增设实体的分支机构和营业网点来实现的,而网上银行则只需通过扩展支行和营业的 Internet 网站来实现。银行机构的虚拟化对于促进网络银行的迅速扩展起着极其重要的作用,而网上银行又可以很方便地设立或增加虚拟银行,这是因为创办一个虚拟银行比较方便,通常只要 20 平方米的场地和两名员工就可以了。因此,网上银行能使银行的房地产投资和人员投资大幅度减少,并使金融机构不再有规模上的大小之分,也为客户带来了方便。无论顾客有多少,无论业务量有多大,无论什么时间,无论什么地方,只要能够上网都可以立即根据需要在网上银行进行各种所需的金融服务。

(四)网上银行可以拓宽银行的金融服务领域

网上银行能够融合银行、证券、保险等行业经营的金融市场,减少各类金融企业针对同样客户的重复劳动,拓宽金融企业的创新空间,向客户提供更多量体裁衣式的金融服务。

(五)网上银行能够辅助企业强化金融管理,降低经营风险

银行业务的电子化、网络化运作使客户的信息容易收集,也便于银行与客户间的互动,使双方更加了解。银行对各种信息进行统计、分析、挖掘的结果,有助于强化银行的金融管理,提高管理的深度、广度和科学性。

四、网上银行的现状及发展

20 世纪 90 年代中期,随着 Internet 的普及应用,商业银行开始驶上网络快车道,银行经营方式也呈现了网络化趋势。目前,网上银行业务大有取代传统银行业务的趋势。

网上银行是伴随着银行电子化与信息化的进程而发展的,其过程可以分为计算机辅助银行管理阶段、银行电子化或金融信息化阶段、网上银行阶段。

在互联网时代,中国拥有后发优势,以 1998 年 4 月招商银行率先推出部分具有网上银行功能的网上支付业务,并为企业提供企业对企业的资金结算业务为标志,经过 20 年发展,网上银行业务发展空间仍很巨大(见图 5.6)。

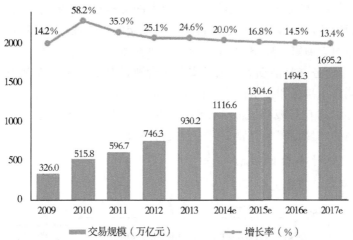

来源：综合企业公开财报及银监会统计信息，根据艾瑞统计预测模型估算

图 5.6　2009—2017 年中国网上银行交易规模及增长率

2014 年 7 月，腾讯公司成为获准进入银行业的互联网公司，这无疑实现了中国互联网行业进军银行业的梦想。未来将会有更多实力雄厚的互联网公司进入银行业。在开放的互联网环境下，竞争没有终点，中国的银行企业还需不断地创新，特别是在商业模式上进行创新。未来几年，中国的网上银行业还要继续加油。

第四节　第三方支付

支付是交易的终点，也是货币流动的起点，是最基础、最广泛的金融活动。支付方式的变革往往意味着交易模式甚至社会经济结构发生深层次的变革。由于电子认证技术的日新月异以及电子签名、电子密码（如指纹、虹膜、声波等生物识别技术）的不断演变，致使交易和支付认证越来越便捷、准确。与此同时，由于传统商业银行的定位及成本等因素，虽然商业银行体系的电子支付、结算在理论上足以支撑电子商务、互联网金融活动中的资金支付，但由于运营成本以及经营定位等因素，商业银行在为电子支付客户提供支付、结算服务时的用户体验并未跟上电子商务及互联网金融快速发展的步伐。

在这一背景下，第三方支付机构应运而生，成为电子商务客户进行网上支付的"入口"，并成为银行结算体系在客户端的"接口"。

一、第三方支付概述

第三方支付是介于客户与商家之间的第三方服务性机构，它独立于金融机构、客户和商家，主要通过计算机技术、网络通信技术，面向开展电子商务的商家提供电子商务基础支撑与应用支撑服务。在互联网环境下，通常是指非银行机构借助通信、计算机和信息安全技术在用户与银行支付结算系统间建立连接的电子支付模式。总体说来，在电子交易形式、电子货币以及电子认证技术演变的共同作用下，电子交易的支付媒介已不再全部由银行担任，而是出现了新的支付中介服务机构。互联网技术与金融互相融合的产物——非银行类第三方支付服务机构由此登上了历史舞台，并开始在信息化时代的金融服务领域扮演重要的角色。

第三方支付平台目的在于一方面约束买卖双方的交易行为,为买卖双方的信用提供担保,从而化解网上交易风险的不确定性,增加网上交易成交的可能性,确保交易中资金流与物流的双向流动;另一方面为商家开展 B2B、B2C 交易提供技术支持与其他增值服务,但其一般不直接从事具体的电子商务交易活动。第三方支付平台通过其支付平台在消费者、商家和银行之间建立连接,起到信用担保和技术保障的作用。第三方支付平台不是由以往的银行联合体建设,而是由第三方机构自行或委托某一 IT 机构建设的。如腾讯公司的"微信支付"、淘宝的"支付宝"、拍拍网的"财付通"等都属于第三方支付平台。

(一)第三方支付平台的流程

第三方支付平台的流程见图 5.7。

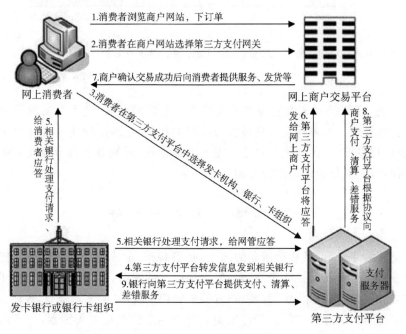

图 5.7 第三方支付平台流程图

(二)第三方支付平台的优缺点

1. 第三方支付平台的优点

第三方支付平台的优点有:

(1)第三方支付平台采用了与众多商业银行合作的方式,可同时提供多种银行卡的网关接口,从而大大地方便了网上交易的进行。对于商家来说,不用安装各个银行的认证软件,在一定程度上简化了费用和操作;对于消费者来讲,网上交易将最低限度地受限于特定的银行卡,并且交易信用度也更加有保障。

(2)第三方支付平台作为中介方可以为商家以及银行节约运营成本。对于商家来说,第三方支付平台可以降低企业运营成本,商家不必自行开发支付系统;对于银行而言,其可以直接利用第三方的服务系统提供服务,从而节省了支付网关的开发成本。

(3)第三方支付平台能够提供增值服务,为交易双方的交易进行详细记录,交易双方可通过第三方服务系统实时查询交易,从而防止交易双方对交易行为可能的抵赖以及为后续交易中可能出现的纠纷问题提供相应的证据,并能通过信用等级评估约束机制,对交易双方的行为进行一定的评价约束,尽可能避免网上欺诈行为的发生。

2.第三方支付平台的缺点

第三方支付平台的主要缺点是:

(1)支付资金会在第三方支付平台作一定时间的支付停留成为在途资金。这种在途资金使第三方支付平台具有类似银行的部分功能,可能引起资金吸存行为,为非法转移资金和套现提供便利,形成潜在的金融风险。

(2)第三方支付平台是建立在开放的网络上的,由于网络的开放性和应用系统设计可能存在的缺陷,一旦被破解,将直接危害系统的安全,商业机密被窃取,用户的账户资料被泄密,甚至资金被非法转移。

二、典型的第三方支付平台付款方式比较

中国国内的第三方支付产品主要有支付宝、微信支付、百度钱包、PayPal、中汇支付、拉卡拉等。根据余额宝公布的最新统计数据显示,到2017年1月初余额宝用户数超3亿。根据腾讯公布的2016年业绩报告,微信和WeChat合并月活跃用户数达8.89亿。

(一)支付宝

支付宝的支付服务于2003年10月在淘宝网推出,2004年12月支付宝(中国)网络科技有限公司成立,支付宝网站正式上线运营。支付宝隶属于互联网巨头阿里巴巴集团,是目前最具知名度且使用最为广泛的第三方在线支付平台,也是国内首批获得"支付业务许可证"的企业之一。

在网络购物发展初期,由于全新的在线交易模式改变了传统的当面交易模式,买家在收到货物前,对于货物的真实状态完全不可知,而此时就对外付款显然存在重大的风险。支付宝出现的初衷就是为了解决网购过程中的不安全性,为双方进行担保。一方面,买家在确认收货前,其货款不会支付给卖家;另一方面,如果卖家所发出的货物与其网络上的描述一致就能确保收到货款。依托于淘宝网,支付宝迅速成长为国内市场份额排名第一的第三方在线支付平台。与此同时,由于其互联网企业的背景,也始终在业务创新和改善用户体验方面走在前列。支付宝自诞生以来,充分利用了其用户规模大、用户黏性高、品牌知名度高、应用创新能力强、市场开拓能力强等优势,始终保持着行业领先的地位。尽管支付宝还面临着账户支付模式存在安全隐患、淘宝平台和支付宝客户(其他网购平台)有竞争关系、信用卡支付的套现瓶颈等对其发展有着不利的因素,但随着国内互联网消费规模的快速扩张和移动互联网支付业务的发展以及对第三方支付需求的快速增长,支付宝的发展前景仍然十分广阔(支付流程见图5.8)。

一次成功交易的流程图如下:

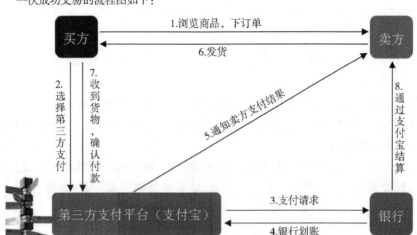

图 5.8　支付宝交易流程图

(二) 微信支付

微信支付是集成在微信客户端的支付功能,用户可以通过手机完成快速的支付流程。微信支付以绑定银行卡的快捷支付为基础,向用户提供安全、快捷、高效的支付服务。2014 年 9 月 26 日,腾讯公司发布的腾讯手机管家 5.1 版本为微信支付打造了"手机管家软件锁",在安全入口上独创了"微信支付加密"功能,为微信提供了立体式的保护,为用户"钱包"安全再上一把"锁"。用户只需在微信中关联一张银行卡,并完成身份认证,即可将装有微信 APP 的智能手机变成一个全能钱包,之后即可购买合作商户的商品及服务,用户在支付时只需在自己的智能手机上输入密码,无需任何刷卡步骤即可完成支付,整个过程简便流畅。目前微信支付已实现刷卡支付、扫码支付、公众号支付、APP 支付,并提供企业红包、代金券、立减优惠等营销新工具,满足用户及商户的不同支付场景。2014 年,"滴滴"和"快的"在出租车服务市场上的一场大战,意味着腾讯正式开始在移动支付领域挑战阿里巴巴。通过这场"大战",各方都看到了移动互联网时代用户习惯培养的重要性。借助于移动定位技术的进步,将出租车从原本的无序行驶状态,通过"点对点"的呼叫,极大地提高了叫车的成功率,从而提高了整个行业的效率。

(三) 银联商务

银联商务有限公司是中国银联控股的从事银行卡收单专业化服务的全国性公司,成立于 2002 年 12 月,总部设在上海。自成立以来,在中国人民银行和中国银联的指导下,银联商务一直致力于中国的银行卡受理市场建设,着力改善银行卡受理环境,着力解决公民的支付便利,着力提高企业资金运转效率。2011 年 5 月 26 日,银联商务有限公司首批获得人民银行颁发的"支付业务许可证",涵盖了银行卡收单、互联网支付、预付卡受理等支付业务类型。支付业务许可证的颁发体现出监管机构对银联商务业务模式与合规措施的充分认可,更为公司拓展服务领域、提升服务水平创造了更为有利的发展条件。截止 2016 年 6 月底,银联商务已在全国除台湾地区以外的所有省级行政区设立机构,市场网络覆盖全国 337 个地级以上城市,覆盖率为 100%,服务特约商户 589.4 万家,维护 POS 终端 736.1 万台,分别占银联联网商户和联网POS终端的26.8%、30.1%,服务ATM3.04万台,服务自助终端31.70万台,便民缴费终端304.61万台。从这些成绩中可以看到,除了个别领域外,银联商务是绝对的行业龙头。

由于银联的强大背景和品牌优势,尽管目前银联系企业在互联网在线支付领域与龙头企业还有很大差距,但银联商务并没有抱残守缺,而是积极仿效行业的"领头羊",开发新产品,提高服务品质。2013年,银联商务正式推出"全民付"产品,这也是银联商务首次涉足账户类的第三方支付业务。全民付有着各类终端形态:在线下,持卡人可以使用加载全民付业务的传统POS、ATM、多媒体自助终端完成缴费;在互联网上,可以通过电脑、PAD登录全民付在线便民支付平台;在家里,可以选择使用电话POS、全民付迷你终端、智能电视。

在目前最热门的移动支付领域,通过全民付的客户端,除了常见的银行卡号支付和全民付账户支付外,还可以结合手机刷卡器,实现刷卡支付。自2014年以来,银联商务针对小微商户的移动收付款需求,推出了"全民付收银台"手机客户端和仅有名片盒大小的全民付易POS刷卡终端,两者可通过蓝牙连接实现银行卡收付款、便民缴费及其他增值服务。2015年12月银联推出云闪付移动支付,2017年推出银联云闪付二维码,并在安全方面建立了完整的业务规则、技术标准、风险控制体系。在应用性上,既满足了持卡人的便捷支付需求,又实现了银行II、III类账户的市场应用。

(四)拉卡拉支付

拉卡拉公司是联想控股成员企业,成立于2005年。拉卡拉积极拓展综合服务,目前拉卡拉的自助终端已经进入300多个城市,合作商铺达200万家,手机刷卡器的出货量已达350万台。从2011年开始,拉卡拉全面进入商户收单市场,推出了针对小微商户及大中型连锁商超的系列POS产品和服务。拉卡拉面向小微商户提供的收款宝、开店宝等产品,是一款基于社区金融及电子商务平台,具备支付、生活、网购、金融等功能的智能多媒体云POS,不仅可为商户提供POS收款服务,更融合了拉卡拉特有的便民支付业务。

与行业的三巨头不同,虽然拉卡拉也算出自名门,但它既没有QQ、微信等即时通信工具带来的强大用户黏性,也没有银联强大的品牌优势,更没有淘宝网之类网购平台的强大支持,但拉卡拉在第三方支付企业始终占据重要的地位,其秘密就在于它的名字之中——拉卡拉支付。拉卡拉成立之初就开发出中国第一个电子账单服务平台,并与中国银联合作推出"银联·拉卡拉"支付方式,开创了"网上购物,刷卡支付"的全新支付模式,这个平台理论上可以接入任何有收款和付款需要的商户及个人。随后,拉卡拉又与银联签署战略合作协议,推出电子账单支付服务及银联标准卡便民服务网点。拉卡拉充分利用其与银联的特殊合作关系,从一开始就将其业务领域专注于银行卡收单支付,极为迅速地占领了几百个城市的数十万家便利店,大张旗鼓地提供跨平台信用卡还款服务和缴费服务,其工具不仅免费使用,还不加收手续费,致使其业务渠道和用户群迅速建立起来。

2012年5月,拉卡拉手机刷卡器问世。自此,拉卡拉全面完成针对银行、商户、个人的第三方支付市场立体战略布局。2013年9月,拉卡拉推出开店宝以及集"支付、生活、网购、金融"为一体的社区金融及电子商务平台,通过线下与线上的无缝融合,推进了社区便民电子商务的发展,拉卡拉正式步入3.0时代。开店宝是一款基于社区金融及电子商务平台,具备支付、生活、网购、金融等功能的多媒体智能终端,具有自助银行、便民缴费、生活服务、电子货架、POS收单五大功能,能为小店周边居民提供终端网上购物、飞机票购买、转账汇款等百种便民增值服务。拉卡拉凭借便民支付在线下数目庞大的支付终端及与各大电子商务网站之间的合作关系,逐渐将支付业务外延到电商领域、对外输出渠道和平台资源。开店宝终端的推出,意味着拉卡拉在电商中扮演的角色将从纯粹的支付工具扩展为"支付+渠道",使自身广泛的线下终端和支付功能成为一个平台优势,从线下与用户最贴近的便利商超着手,起到对电商流量的分发功能,并进一步深化了O2O模式。

本章小结

电子商务的发展日新月异,令人目不暇接,但真正决定其发展的是支付方式。电子商务中的"四个流":商流、信息流、资金流、物流,最核心的是资金流。任何一笔交易最后都要落实到货币的支付结算上来,货币的所有权转移是所有商业交易的一个核心。正是由于支付与结算,实现了商业活动交易双方债权债务的货币清偿,并导致卖方的价值实现和利润形成。没有货币所有权的转移,商业交易就没有真正完成,所以网上支付结算是电子商务最终得以实现的关键。离开了支付与结算,商业就失去了存在的价值和推动其发展的内在激励机制和动力。网上支付结算本身具有的全天候全地域优势,这是化解传统支付结算方式受时空局限性大,以及电子商务所要求的全天候全地域实时支付结算与信息查询矛盾的唯一解决方案。正是网上支付与结算的革命性创新,才成就了电子商务这个新兴产业的产生和飞速发展。

思考与练习

一、单选题

1. 电子支付指的是电子交易的当事人,使用安全电子支付手段通过网络进行的(　　)。
 A. 现金流转　　　　　　　　　B. 数据传输
 C. 货币支付与资金流转　　　　D. 票据传输

2. 用户直接或授权他人通过移动通信终端或设备发出支付指令,实现货币支付与资金转移的支付方式是(　　)。
 A. 现金支付　　　　　　　　　B. 移动支付
 C. 虚拟货币支付　　　　　　　D. 第三方支付

3. 电子支付参与主体不包括(　　)。
 A. 银行、客户、商家　　　　　B. 系统开发商、网络运营服务商
 C. 认证服务提供机构　　　　　D. 工商局

4. 银行常用的认证手段有文件数字证书、动态口令卡、动态手机口令、动态口令牌和(　　)。
 A. 指纹认证　　　　　　　　　B. 移动数字证书
 C. DNA认证　　　　　　　　　D. 手写签名认证

二、多选题

1. 下面关于使用银行卡进行网上支付的说法正确的是(　　)。
 A. 银行卡支付使用有门槛　　　B. 使用银行卡进行支付风险较小

C. 银行卡的覆盖面广　　　　　　　D. 银行卡支付使用没有门槛
E. 银行卡以自身的信用对买卖双方的交易安全提供信用保障
2. 电子现金的特性有(　　　)。
A. 可以重复使用　　　　　　　　　B. 低成本
C. 安全性　　　　　　　　　　　　D. 可分性
E. 使用过程可以追踪
3. 移动支付的优点是(　　　)。
A. 安全性　　　　B. 实时性　　　　C. 技术完善　　　　D. 移动性
E. 快捷性
4. 下面关于第三方支付的说法正确的是(　　　)。
A. 在途资金使第三方支付平台为非法转移资金和套现提供便利,容易形成潜在的金融风险
B. 第三方支付增加了商家以及银行的运营成本
C. 第三方支付能够为买卖双方的信用提供担保,从而化解网上交易风险的不确定性,增加网上交易成交的可能性
D. 第三方支付平台是建立在封闭的网络上的,不存在任何技术风险
E. 第三方支付可提供多种银行卡的网关接口
5. 属于线下支付模式的是(　　　)。
A. 快钱　　　　　B. 当面交易　　　　C. 支付宝　　　　D. 货到付款
E. 邮局汇款
6. 关于电子支票的说法正确的是(　　　)。
A. 电子支票具有可追踪性
B. 电子支票通常需要使用专用网络进行传输
C. 电子支票主要适用于小额支付及微支付
D. 电子支票具有安全可靠的防欺诈手段
E. 电子支票应用中缺乏安全可靠的防欺诈手段

三、判断题

1. 电子支付的工作环境是基于一个封闭的系统平台。　　　　　　　　　(　　)
2. 卡基电子现金便于携带。　　　　　　　　　　　　　　　　　　　　(　　)
3. 电子支付采用数字化的方式进行款项支付。　　　　　　　　　　　　(　　)
4. 电子现金支付的匿名性及不可追踪性使得电子现金的持有者一旦丢失相关资料,将无法追回。　　　　　　　　　　　　　　　　　　　　　　　　　　　　　　(　　)
5. 在网上支付中,先配送后支付,卖方将承担收不回货款的风险。　　　(　　)

四、实践题

1. 登录平安银行(pinganxyk.adsage.com),申请一张具有网上支付功能的信用卡,了解平安银行网上银行开展的业务及其功能。
2. 登录中国银行网站(www.bank-of-china.com),下载并安装中银电子钱包软件,了解电

子钱包的功能与使用。

3.登录网银在线(www.chinabank.com.cn)了解银行卡网上支付的流程。

五、案例分析题

招商银行的网上银行策略

1987年4月8日,顺应中国金融体制方兴未艾的改革潮流,经中国人民银行批准,由招商局出资,中国第一家由企业投资创办的股份制商业银行——招商银行在中国深圳宣告成立,由此开始了我国企业集团兴办商业银行的探索。经过多年的拓展,招商银行已成功地进入了国内主要经济地区和中心城市,初步形成了立足深圳、辐射全国、面向海外的全国性商业银行业务网络和机构体系。

招商银行在发展历程中,始终坚持"科技兴行"的战略。1995年推出的"一卡通"被同业誉为我国银行业在个人理财方面的一个创举。1997年4月,招商银行建立了国内第一个银行网站,并于1998年4月推出"一网通"服务,成为国内首家推出网上银行业务的银行。同年,招商银行又开通了ATM机全国通兑网和POS机全国消费网,形成了现代化的全国个人金融服务网络。在强大而先进的科技手段支持下,招商银行"一卡通"发卡量迅猛增长,成为招商银行的拳头产品。1999年,招商银行率先在国内全面启动网上银行服务,建立了由网上企业银行、网上个人银行、网上证券、网上商城、网上支付组成的较为完善的网络银行服务体系。

招商银行的网上银行(又名"一网通")是指通过因特网或其他公用信息网,将客户的电脑终端连接至银行,实现将银行服务直接送到客户办公室、家中和手中的服务系统。它拉近客户与银行的距离,使客户不再受限于银行的地理环境、上班时间,突破空间距离和物体媒介的限制,足不出户就可以享受到招商银行的服务。"一网通"包括"企业银行""个人银行""网上支付""网上证券"和"网上商城"等具体内容。

网上支付系统向客户提供网上消费支付结算服务,招商银行因特网站已通过国际权威(CA)认证且采用了先进的加密技术,客户在使用"网上支付"时,所有数据均经过加密后才在网上传输,因此是安全可靠的。凡在招商银行办理"一卡通"的客户均可享受此项服务。为进一步发展网上银行业务,招商银行规划和建设了新版"一网通"网页。为客户提供本行信息服务、个人银行、企业银行、网上支付等网上银行业务、利率、汇率、股市行情等金融信息以及网上商城服务。

招商银行开发完成了全行电子汇兑系统,并在各分行内部广泛安装,大大提高了全行资金的划拨速度。通过这一系统,同城资金的划拨可在一分钟内到账,异地资金也能够在数个小时之内完成调拨,从而缩减了资金的在途时间,提高了资金的使用效率。招商银行在国内率先建成了银行数据仓库系统,这在当时是中国唯一建成的数据仓库系统,标志着招商银行的电子化建设达到了一个新的技术高度。

问题:

1.评价招商银行的网络银行建设,分析其能否借此进入全国性大银行前列。

2.以工商银行等大银行为例,阐述如何应对支付方式变化。

第五章 电子商务支付

习题参考答案

第六章 移动电子商务

☞ **本章学习目标**
 1. 了解移动电子商务的特征、分类及发展趋势；
 2. 理解与移动电子商务有关的网络技术和计算机通信技术；
 3. 了解移动商务的价值链，能够阐述移动商务几种典型的商务模式；
 4. 掌握移动商务应用的基本类型和相关步骤；
 5. 了解移动商务面临的主要安全挑战。

  随着网络环境的日益完善和移动互联网技术的发展，各类移动互联网应用的需求逐渐被开发。从基础的娱乐沟通、信息查询，到商务交易、网络金融，再到教育、医疗、交通等公共服务，移动互联网塑造了全新的社会生活形态，潜移默化地改变着移动网民的日常生活。未来，移动互联网应用将更加贴近生活，从而带动三四线城市、农村地区人口的使用，进一步提升我国互联网普及率。

第一节 移动电子商务概述

一、移动电子商务的概念

  移动电子商务（M-Commerce）是指通过可信任的移动终端进行商品买卖和交易的服务过程。狭义上讲，移动电子商务是通过手机、PDA（个人数字助理）等移动通信设备与因特网有机结合所进行的电子商务活动。它将因特网、移动通信技术、短距离通信技术及其他信息处理技术完美地结合起来，使人们可以在任何时间、任何地点进行各种商贸活动，实现随时随地、线上线下的购物与交易、在线电子支付以及各种交易活动、商务活动、金融活动和相关的综合服务活动等。移动电子商务是对传统电子商务的补充，它具有商务活动即时、身份认证便利、信息传递实时、移动支付便捷等特点。

  随着无线通信技术的发展、智能移动终端性能的提升，移动电子商务应用领域不断地拓展与创新，由最基本的移动支付转向商务活动的各个环节。例如，用户可以直接利用移动设备进行网上身份认证、账单查询、网络银行业务以及基于位置的服务、互联网电子交易和无线医疗等。根据中国互联网络信息中心（CNNIC）发布的第三十九次《中国互联网络发展状况统计报告》（以下简称《报告》）显示，截至2016年12月，我国网民规模达7.31亿，全年共计新增网民4299万人。互联网普及率为53.2%，超过亚洲平均水平7.6个百分点。调查结果显示，2016年新网民最主要的上网设备是手机，手机网民规模达6.95亿，占比达95.1%，增长率连续3年超过10%。而台式电脑、笔记本电脑的使用率均出现下降，手机不断挤占其他个人上网设备的使用。《报告》显示，2016年，我国手机网上支付用户规模增长迅速，达到4.69亿，年增长率为31.2%，网民手机网上支付的使用比例由57.7%提升至67.5%。手机支付向线下支付领域的快速渗透,极大地丰富了支付场景,有50.3%的网民在线下实体店购物时使用手机支付结算。

二、移动电子商务的特征

(一)移动接入

移动接入是移动电子商务的一个重要特性,也是基础。移动接入是移动用户使用移动终端设备通过移动网络访问Internet信息和服务的基本手段。移动网络的覆盖面是广域的,用户随时随地可以方便地进行电子商务交易。

(二)移动支付

移动支付是移动电子商务的一个重要目标,用户可以随时随地完成必要的电子支付业务。移动支付的分类方式多种多样:按照支付的数额不同,可以分为微支付、小额支付、宏支付等;按照交易对象所处的位置不同,可以分为远程支付、面对面支付、家庭支付等;按照支付发生的时间不同,可以分为预支付、在线即时支付、离线信用支付等。

(三)信息安全

移动电子商务和Internet电子商务一样,需要具有信息安全的4个基本特征(数据保密性、数据完整性、不可否认性及交易方的认证与授权)。由于无线传输的特殊性,现有有线网络安全技术不能完全满足移动电子商务的需求。移动电子商务的信息安全所涉及的新技术包括:无线传输层安全(WTLS)、基于WTLS的端到端安全、基于SAT的3DES短信息加密安全、基于SignText的脚本数字签名安全、无线公钥基础设施(WPK1)、KJavn安全、BlueTooth/红外传输信息传输安全等,不一而足。

三、移动电子商务的业务模式和分类

(一)移动电子商务的业务模式

移动电子商务不仅提供电子购物环境,而且还提供一种全新的销售和信息发布渠道。按照信息流向的角度不同,移动电子商务的业务模式可分为推(Push)业务模式、拉(Pull)业务模式和交互式(Interactive)业务模式三种模式。推业务模式主要用于公共信息发布,该模式的应用领域包括股票行情、彩票中奖公布、交通路况信息、招聘信息和广告等。拉业务模式主要用于信息的个人定制接收,用户可以定制自己所喜欢的业务,缺点是所定制的业务只能是运营商所提供的有限业务,应用领域包括服务账单、电话号码、旅游信息、航班信息、影院节目安排等。交互式业务模式可用于移动购物、博彩、交互游戏、证券交易、在线竞拍、移动付款、移动OicQ、信息点播等。前两种都属于单边模式,灵活性差,对用户的吸引力有限,但最大优点就是实现简单,费用较小;而交互式业务模式提供了双方互动的业务,可以进一步吸引用户,但也会造成系统复杂度提高。

(二)移动电子商务的业务分类

根据移动电子商务的不同业务特征,移动电子商务业务可以有多种分类方法。

从运营者视角分类,以业务的提供是否涉及商品所有权与使用权的转移为依据,对各种移动电子商务业务进行划分,可分为交易类业务和安全认证类业务。交易类业务通常具备以下特征:通过该类业务,用户可以获得实物产品、数字产品或服务;交易过程涉及买卖双方或多方的交易主体;交易的触发因商务模式的不同而有所区别。

从应用和实现的角度,根据交易商品性质的不同,各种交易类业务可以细分为以下五种类别:实物商品交易类、数字商品交易类、信息服务类、金融服务类、积分类。

从用户视角出发,可以按照交易的主体和交易机制的不同对移动电子商务应用进行分类。按照交易的主体不同,可将移动电子商务应用分为个人类应用、企业类应用和政府类应用。

按照交易机制的不同可将移动电子商务分为社交应用类、情景应用类和交易撮合应用类。社交网络服务是以现实社会关系为基础,模拟或重建现实社会的人际关系网络。情景应用是指通过情景感知来触发、发现与提供对应的业务信息。利用移动通信网络个性化服务的特征,进行精准广告推送,是目前较为流行的一种交易撮合模式。

四、移动电子商务的发展和趋势

(一)移动电子商务的发展历程

随着移动通信技术和计算机的发展,移动电子商务的发展已经经历了三代。

第一代移动商务系统是以短信为基础的访问技术,这种技术存在着许多严重的缺陷,其中最严重的问题是实效性差,查询请求不会立即得到回答。第二代移动商务系统基于 WAP 技术,手机通过浏览器的方式来访问 WAP 网页,以实现信息的查询,部分解决了第一代移动访问技术的问题。但是 WAP 网页访问的交互能力极差。第三代移动商务系统同时融合了 3G/4G 移动技术、智能移动终端、VPN、数据库同步、身份认证及 web service 等多种移动通信、信息处理和计算机网络的前沿技术,以专网和无线通信技术为依托,为电子商务人员提供了一种安全、快速的现代化移动商务办公机制。

(二)移动电子商务发展的新趋势

互联网经济作为实体经济的重要补充,其发展在不断完善,商业模式日益成熟。2016年,网民和移动网民分别达到 7.3 亿人和 7.0 亿人,其中移动网民在网民中的占比已经达到 95.1%。受人群上网技能和文化水平等多方面因素的限制,经历过多年快速增长后,网络普及过程中的人口红利已殆尽,网民和移动网民数量趋于稳定。受"二孩"政策的逐步放开影响,伴随着新一代的成长,未来网民及移动网民数量还将出现新波峰(见图6.1)。

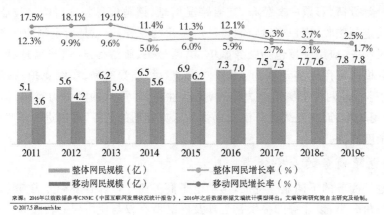

图 6.1　2011－2019 年中国整体网民及移动网民规模

2016年中国网络经济营收规模中,PC网络经济营收规模为6799.5亿元,营收贡献率为46.2%,移动网络经济营收规模为7907.4亿元,营收贡献率也达到53.8%。从整体上看,移动互联网产生的营收已全面超过PC端,未来,伴随着流量向移动端的不断倾斜,移动网络经济将引领网络经济整体发展(见图6.2)。

图6.2　2011—2019年中国PC和移动网络经济营收规模及增长率

第二节　移动商务价值链与商业模式

美国哈佛大学商学院著名战略学家迈克尔·波特指出,企业内外价值增加的活动分为基本活动和支持性活动,基本活动涉及企业生产、销售、进料后勤、发货后勤、售后服务。支持性活动涉及人事、财务、计划、研究与开发、采购等,基本活动和支持性活动构成了企业的价值链。

波特的价值链分析是以制造业为原型,按照物质产品生产过程中所要涉及的流程和职能域划分的。现在将研究重点放在服务和信息产品的特性及其生产过程上。服务在于能了解顾客旨意,确切知道顾客的需求,并在适当的时间和地点,以客户满意的方式满足顾客。信息产品则是基于数据、信息、知识的整理、综合和深层次的挖掘,体现出的最主要特征就是知识化。大数据时代,这一点就显得更为重要,如何从大数据的分析中得出顾客的需求,并将其进一步细分,按照顾客需求进行一对一服务,是移动电子商务时代的新特征。

一、移动商务的价值链

(一)移动商务价值链及其参与者

价值链(Value Chain),又名价值链分析、价值链模型等。移动商务价值链指直接或间接地通过移动平台进行产品或服务的创造、提供、传递和维持,以及从中获得利润的过程中行为价值传递的链式结构。移动商务价值链是一个以信息产品为对象的价值增值链,是一条信息增值链。各个增值主体通过对信息的不断加工,如收集、整理、分类、储存、传输、交换等过程,向用户提供信息,实现信息的价值增值。

移动商务价值链在技术、法律和环境等方面面临着巨大变革,价值链逐渐被拆分和重构,并逐渐演化为价值网。很多研究对移动商务价值链的参与者进行了识别和分析,同时给出了不同的分类方式。综合起来,可以将参与者分为用户、内容和服务相关、技术相关以及其他等;用户又包括个人用户、商业用户等;内容和服务相关的参与者通常指网络运营商、内容提供商、内容综合商、应用提供商、应用开发商和无线门户等;技术相关的参与者,指设备提供商、网络提供商、基础设施提供商和中间件/平台提供商等,还包括其他的参与者如法律机构和政府机构等。

移动商务价值链的增值活动和过程包括内容、基础设施与服务两类。内容增值包括提供原始内容的内容创作,处理成数字产品的内容包装,和向最终消费者提供内容产品的市场等活动。基础设施与服务方面主要包括移动网络传输技术、移动界面和应用等活动。

电子商务的价值链不在于技术本身,而是在于它所依附的商务模式,以及信息技术与传统商务模式的结合。这些最终取决于人们对信息技术的利用程度,包括信息的收集、分析传输、共享。因此移动电子商务应用的知识和信息的生产、共享和传递不受时间和空间的限制,企业的主要活动不再着眼于降低成本、提高效率,而是创造价值和寻找新的价值增长点。移动电子商务价值链通过运动移动技术或通过移动运营服务的扩展和延展创造价值,以满足社会需求的活动或行为,构成创造性的、动态的、完整的或虚拟的价值实现链条。

从价值链上的形态分析,主要有以下几种情况:

①移动电子商务用于全面提升价值链的各个环节,从而提高价值链的整体运作效率,这是目前制造业利用信息技术的普遍情形。随着信息技术应用的程度提高,将逐渐分化价值链,使得现实的价值链向虚拟的价值链发展,价值链的联系由实物形态发展到信息互连。

②移动电子商务和传统业务相结合,增强或者创造新的价值链环,特别是关键价值活动,从而强化其竞争优势。

③借助互联网,对信息进行收集、加工,提供信息咨询的新兴公司。

(二)移动电子商务的盈利模式

根据利润在价值链上的来源环节,可以把移动商务的盈利模式分为以下几类。

1. 生产成本的降低

企业通过开展内部电子商务,提高企业的素质和管理水平,从而压缩库存,降低制造成本,提高生产效率,最终降低总的运营成本而获利。这种电子商务的盈利模式应该成为国家企业和国民经济发展的主要方向。

2. 第三方利润

企业通过电子商务,实现业务伙伴之间的供应链集成管理,绕过中间商,精减中间环节,缩短采购周期,从而降低采购成本和销售费用,降低运营成本,为企业创造新的利润来源,这称为第三方利润。

3. 创造顾客价值

企业在电子商务下,通过整个的价值链整合,建立更快速的市场反应体系,真正实现以客户为中心的"有效客户反应"战略,从而准确获得消费者的需求并满足其需求,提供个性化的产品和服务,获得额外利润。

4.提供信息服务

作为第四大传播媒体的 Internet,上面散布了各个领域和层面的信息,涉及政治、经济、科技、法律、文化及人类社会的各个方面,成为人们获取知识的主要渠道。因此企业可以利用电子商务的平台,开展网上信息服务。

二、移动商务几种典型的商务模式

(一)O2O 模式

O2O 即 Online to Offline,是指将线下的商务机会与互联网结合,让互联网成为线下交易前台,这个概念最早源于美国。O2O 的概念非常广泛,只要产业链中既可涉及到线上,又可涉及到线下,就可通称为 O2O。

O2O 电子商务模式需具备五大要素:独立网上商城、国家级权威行业可信网站认证、在线网络广告营销推广、全面社交媒体与客户在线互动、线上线下一体化的会员营销系统。一种观点是:一家企业能兼备网上商城及线下实体店两者,并且网上商城与线下实体店全品类价格相同,即可称为 O2O;也有观点认为:O2O 是 B2C(Business to Customers)的一种特殊形式。

早期 O2O 线上线下初步对接,主要是利用线上推广的便捷性把相关的用户集中起来,然后把线上的流量导到线下,主要领域集中在以美团为代表的线上团购和促销等领域。在这个过程中,主要存在着单向性、黏性较低等特点。平台和用户的互动较少,基本上以交易的完成为终结点。用户更多是受价格等因素驱动,购买和消费频率也相对较低。发展到 2.0 阶段后,O2O 基本上已经具备了目前大家所理解的要素。这个阶段最主要的特色就是升级为服务性电商模式:包括商品(服务)、下单、支付等流程,把之前简单的电商模块转移到更加高频和生活化场景中来。由于传统的服务行业一直处在一个低效且劳动力消化不足的状态,在新模式的推动和资本的催化下,出现了 O2O 的狂欢热潮,于是上门按摩、上门送餐、上门生鲜、上门化妆、滴滴打车等各种 O2O 模式开始层出不穷。在这个阶段由于移动终端、微信支付、数据算法等环节的成熟,加上资本的催化,用户出现了井喷,使用频率和忠诚度开始上升,O2O 开始和用户的日常生活融合,成为生活中密不可分的一部分。但是,在这之中有很多看起来很繁荣的需求,由于资本的大量补贴等,虚假的泡沫掩盖了真实的状况。有很多并不是刚性需求的商业模式开始浮现,如按摩、洗车等。到了 3.0 阶段,开始了明显的分化:一个是真正的垂直细分领域的一些公司开始凸现出来。例如专注于快递物流的"速递易",专注于高端餐厅排位的"美味不用等",专注于白领快速取餐的"速位";另外一个就是垂直细分领域的平台化模式发展,由原来的细分领域的解决某个痛点的模式开始横向扩张,覆盖到整个行业。例如"饿了么"从早先的外卖到后来开放的"蜂鸟系统",开始正式对接第三方团队和众包物流。以加盟商为主体,以自营配送为模板和运营中心,通过众包合作解决长尾订单的方式运行。配送品类包括生鲜、商超产品,甚至是洗衣等服务,实现平台化的经营。

相对于传统的电子商务而言,O2O 真正实现了随时随地的信息交流和贴身服务,"任何人在任何地点、任何时间可以进行任何形式的"电子商务。在 3G 真正商用化之前,1G、2G 的移动网络并不能承载起同互联网的有效互动,缺乏电子商务活动所需要的种种要求。O2O 这种在线支付购买线下的商品和服务,再到线下享受服务的模式,也被证实可以很快被消费者接受。以手机扫码购物为代表的新型购物模式,已成为一种流行的消费方式,通过"快拍二维码"

扫描商品条形码，即可找到线上商城和线下超市、便利店的所有商品信息，实时手机扫码比价，省时、省心、省钱，备受时尚购物群体的青睐。

O2O 这种倡导将线上的消费者带到现实商店中，让互联网成为线下交易前台的模式正成为一种潮流。对本地商家来说，O2O 模式要求消费者网上支付，支付信息会成为商家了解消费者购物信息的渠道，方便商家对消费者购买数据的搜集，进而达成精准营销的目的，更好地维护并拓展客户。通过线上资源增加的顾客并不会给商家带来太多的成本，反而会来更多的利润。此外，O2O 模式在一定程度上降低了商家对店铺地理位置的依赖，减少了租金方面的支出。对消费者而言，O2O 提供丰富、全面、及时的商家折扣信息，能够快捷筛选并订购适宜的商品或服务，且价格实惠。对服务提供商来说，O2O 模式可带来大规模高粘度的消费者，进而能够争取到更多的商家资源。掌握庞大的消费者数据资源且本地化程度较高的垂直网站，借助 O2O 模式，还能为商家提供其他增值服务。

O2O 相对 B2C 模式来说具有如下优势：

(1) 由于是线下体验服务，所以相对信任度更高，成交率也更高。

(2) 对于连锁加盟型零售企业来说，能顺利解决线上线下渠道的利益冲突问题，而 B2C 模式无法避免线上和传统加盟商的渠道冲突，尤其是价格上的冲突。

(3) 对于生活服务类来说，具有明确的区域性，消费者更精准，线上推广传播更有针对性。

(4) 能将线下的服务优势更好发挥，具有体验营销的特色。例如，某发饰连锁加盟企业的核心优势是购买产品免费终身盘发，但是由于是连锁加盟，门店只对区域内会员服务，这是 B2C 模式无法解决的问题。

(5) 通过网络能迅速掌控消费者的最新反馈，进行更好的个性化服务和获取高黏度重复消费。

(6) 对于连锁加盟型企业来说，对于加盟商的管控会更加方便和直接，能将品牌商、加盟商和消费者三者的关系更加紧密化。

(二) 信息服务模式

移动电子商务中一种比较常见的服务是信息服务，包括各种实时信息服务（如新闻、天气、股票信息等）、各种基于位置的信息服务（如移动用户附近酒店信息、娱乐场所信息等），以及各种紧急信息服务。

在这种商务模式中，主要的参与者是内容和应用服务提供商、无线网络运营商和用户；主要的服务是信息服务；主要的利润来源是用户交纳的服务预订费。内容服务提供商通过无线网络运营商向移动用户提供各种信息服务。用户通过交纳一定的服务费获得这些服务，无线网络运营商通过传输信息而获得通信费。另外，根据与内容服务提供商签订的协议，无线网络运营商还会以佣金的方式获得内容服务提供商的利润分成。

用户交纳服务费的方式可以按时间计费或按流量计费。按时间计费可以是按年、月或星期，一般都是以月为单位；按流量计费可以根据获得服务的次数或获得服务内容的多少。如移动用户希望获得附近的酒店信息，可以根据其获得的短信条数交纳费用，也可以根据获得多少个酒店的信息付费。无线网络运营商收取通信服务费也有两种方式：信息流量费和佣金。无线网络运营商通过与内容服务提供商协调，确定收费模式。可以按照信息流量收取通信费用，如根据短信条数进行收费，也可以根据与内容服务提供商达成的协议，从所有服务费中收取一定比例的佣金。移动通信产业价值链见图 6.3。

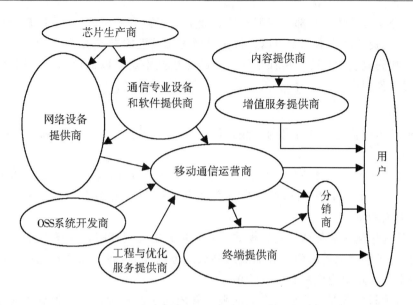

图 6.3 移动通信产业价值链

所以在信息服务模式中,移动用户是服务的享受者,也是利润的来源;无线网络运营商提供了服务实现的途径,获取信息服务费和佣金;内容服务提供商提供各种服务信息,也是利润的主要获得者,占到总利润的 80%～90%,可以说是最大的赢家。

(三)免费模式

所谓免费模式,是指商家利用大众乐于接受"天上掉馅饼"的心理,借助免费手段销售产品或服务建立庞大的消费群体,塑造品牌形象,然后再通过配套的增值服务、广告费等方式取得收益的一种新的商业模式,这种商业模式本身的成本很低,而"免费"的金字招牌对顾客有着无穷的吸引力,能在短时间内使企业迅速占领市场,扩大知名度。

1. 免费模式类型

尽管现有的免费模式花样繁多,从免费到实现利润的路径也大相径庭,究其根本,可以总结为以下两大类型。

(1)平台打造与产品加载。

把本就拥有巨大价值的知识资源积累整合在一起形成模式运行所必需的知识库,这一方法已经被网络产品及媒体广泛应用,如人人网的礼物商城和免费地铁报都是很好的典范。不少企业采用免费模式获取客户信息,不仅打通了与客户之间的需求链和信任关系,而且为未来的产品开发指明了方向。例如许多大企业都设立了专门接待参观的部门,表面上看企业做了赔钱的买卖,但它带来的影响力绝非一般广告能比。

(2)品牌扩展与交叉带动。

①部分免费是企业品牌扩展最常用的方法,这种方法能够自动识别不同的客户,实现多级价格歧视带来的剩余利润,并通过增加与顾客之间的接触宽度而达到盈利目的。例如在淡季时,美国不少航空公司会推出象征性支付购买机票活动,消费者可以用 1 美元购买几百公里航程的机票,但如果需要托运行李和其他相关服务,则要支付高昂的费用。

②相比部分免费模式。全部免费似乎让企业失去了盈利的可能,但是只要产品的质量足够可靠,前期的免费产品成本完全可以通过提高顾客忠诚度的方式收回,以小球带动大球转的方式帮助企业找到盈利的空间。例如早期吉列的做法是赠送或以低价出售刀柄,然后以较高的价格出售刀片盈利。

2. 免费模式的误区

有些企业认为免费是百试百灵的方法,所以不加区别地到处滥用,结果造成一笔笔毫无回报的营销投资。

误区一:认为任何市场都适用免费模式。通过灵巧的设计,免费模式的适用范围可以很广。一般而言,免费模式适用的市场至少具有客户数量众多、市场足够庞大和产品边际成本低、市场影响力大的特点。

误区二:认为任何服务都适用免费模式。免费模式的适用范围具有鲜明特征,即企业必须确保免费平台有足够强大的吸引力和加载产品或服务的能力,即使无法实现产品或服务的加载,企业平台上的信息也应该具有开发价值。

误区三:认为只要顾客接受免费产品的吸引就成功了。免费模式的难点和关键点是由免费向收费的过渡,企业需妥善处理,否则很容易引起顾客的强烈反感而得不偿失;实施全部免费模式的企业则要确保免费模式中能够传递有利于后期产品销售的信息,对顾客心理产生正面影响,并通过高质量的收费产品巩固成果。

3. 如何经营免费模式

(1)分析产品特性,满足免费经营的条件。企业实施免费模式必须确保产品或服务满足三个条件,即用户数量足够多,增值空间足够大,以及能够有效绑定客户。

(2)准确定位目标市场。准确定位市场的重要性体现在两个方面——节约成本和塑造品牌,尤其是免费产品的提供需要大量成本作支撑。此外,企业还可以把免费产品作为一种营销手段,进行"病毒式"传播,有利于在目标受众中塑造品牌形象。

(3)从价值链中深挖顾客需求。实施免费模式的传统企业要敢于打破常规思维,从满足客户需求的角度出发,不断创新增值服务项目。

(4)着眼于价值创造。免费模式的最终目标是为顾客提供系列产品或成套服务解决方案,所以企业需要整合产品和服务,打开后续市场。免费的产品或服务可以通过新价值来弥补,只要新价值足够高,前端产品即使全部免费也能盈利。

(5)坚守"免费"承诺。针对部分免费模式,企业必须对其免费的产品和服务坚守承诺,免费之后的收费服务应该是在不伤害顾客信任的基础上,让顾客心甘情愿地为增值服务支付合理的价钱,只有这样他们才会愿意把品牌信息传播给其他人。

(四)广告模式

1. 移动广告模式的运作模式

在有线网初期,至少在广告被看作是所有利润来源的时候,广告就已经暴露出了它的局限性。然而,至今它仍然是内容提供商赚取高额利润的有效途径。由于移动设备的屏幕小,与有限网相比就需要目的很强的广告。例如用户找饭店的时候,将与其查询内容相关性最好的广告发给他,将其所在地附近饭店的优惠券同时也发给他。当然,很多服务的提供过程是需要收集用户的偏好信息的,例如根据用户的偏好,把与用户所在地或其他相关的属性(时间、所在地的天气等)敏感广告发给用户,那么在多种信息的同时引导下,用户就更容易接受所推销的产品。这种商务模式涉及广告客户、内容提供者、无线网络运营商和客户,其中还涉及一些中间商,如无线广告代理商、内容集成商、移动门户网站和无线网络接入商等。表面看来,广告模式中广告客户支付给内容提供商一定的费用,内容提供商再与无线网络运营商之间进行利润分配,而实际上,移动用户才是利润的来源。移动用户通过购买产品和服务,将利润过渡给广告客户,而广告客户只是将其获得利润的一部分以广告费的形式付给内容服务提供商。内容提供商通过将推销信息添加到发给移动用户的内容和服务中,以获得广告费。无线网络运营商则通过为内容提供商提供无线传输服务获得通信费或利润分成。移动广告模式的运作模式见图 6.4。

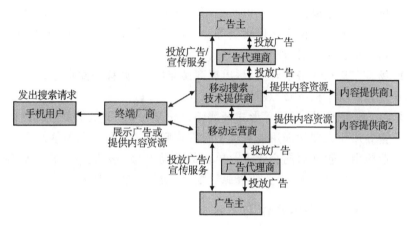

图 6.4　移动广告模式的运作模式

2.移动广告模式中广告费用的支付形式

(1)固定收费。

通过协议等方式,广告提供商在一定时间(一般以年、月为单位)内登载广告客户的广告,而广告客户向广告提供商交纳一定金额作为广告费。这种收费方式最简单,也最容易被采纳。

(2)基于访问次数收费。

跟有线网一样,根据广告客户的信息被显示出来的次数收费。一般以千次或百万次为计费单位。所不同的是,当广告客户的广告被显示的次数相同时,与有线网上做广告相比,广告客户愿意支付的费用要多得多。这是因为移动终端设备显示屏很小,广告信息更容易引起移动客户的注意,广告的成功率也就越高,广告客户由此获得收益也更大。

(3)基于效果收费。

有线网也有类似的收费模式,广告客户通常要求所支付的费用能够反映其实际收益。通常是根据用户做出特定动作的次数计费,如根据用户点击广告的次数计费等。也可能是按照订购某种服务次数计费,或按实际销售额计算佣金等。由于这种方式能够反映广告客户的实际效益,所以广告客户更容易接受。

第三节 移动商务的应用

一、移动商务应用的基本类型

移动电子商务的应用形式多样,除从传统 PC 电子商务中扩展而来的一些服务外,还有许多新的形式将会逐渐被开发出来。目前,主要的移动电子商务应用可分为下面几种类型。

(1)移动信息服务。包括短信和彩信两种形式,如短信通知、短信广告以及手机报等彩信方式,也包括移动信息搜索。

(2)移动支付。目前主要是利用手机实现小额支付,或者移动条件下的支付。实现形式包括手机银行、手机储值卡或预付话费代缴费等。目前已有的应用有:用手机购公交车票、支付停车费、支付音乐下载费用、视频观看费用等。

(3)移动市场。在移动网络中开商店,出售商品与服务,如移动商街等。

(4)移动娱乐。如玩手机游戏、观看视频等。

(5)移动学习。采用微博、短信等形式开展碎片化学习,特别是借助移动终端在大自然观看动植物,以及指导成年人即学即用地解决手头困难问题。如车祸现场急救等。

(6)移动企业应用。包括面向企业事业单位的移动办公、移动物流、移动后勤管理等。特别是移动客户关系管理、移动 ERP 企业资源计划、移动供应链管理等。

二、移动商务应用的基本理论与方法

(一)移动信息服务

1. 移动信息服务是信息服务的组成部分

信息服务是发生在信息用户与服务职员、信息资源、信息服务系统之间的可以满足用户需求的一种或一系列行为。现代移动信息服务是新兴的信息服务,是信息服务的组成部分。

2. 移动信息服务是面向移动环境下的用户的信息服务

从用户角度看,其所处的环境可以分为固定环境和移动环境。移动是相对于固定而言,区别在于人或物在实体空间位置上的变化状态。固定环境是指人或物处在相对稳定的空间环境,固定信息环境是指固定环境中人们主要用于从事信息活动的空间环境,比如教室、会议室、礼堂、办公室、书房、网吧、图书馆、电影院等。移动环境则是指人或物处在不断变化的空间环境,比如户外运动中、交通过程中、旅途中等等,移动信息环境是指移动环境中人们可以兼而(因为移动环境中,除了记者等专业信息工作者之外,大部分人的第一行为不会是信息行为)从事信息活动的空间环境。移动信息服务是面向移动环境下的用户开展的信息服务,与固定信息服务共同组成信息服务。

3. 移动信息服务是基于现代移动信息技术的信息服务

根据移动信息技术的演变,可以将移动信息服务分成如下发展阶段:

(1)传统移动信息服务,比如无线广播电台、流动售报、图书馆流动服务等,都是基于传统无线电、机械技术或人工操作而实现的。

(2)移动通信服务,狭义上指移动终端通过移动通信网络进行通信,广义上指手持移动终

端通过各种无线网络进行通信。

(3)移动通信增值服务,是基于移动通信网络实现的短信息、彩信、互动式语音应答(IVR)、彩铃等移动数据服务。

(4)移动互联网服务。移动通信与互联网的结合产生了移动互联网。相应地,以移动通信网络作为接入网就是狭义上的移动互联网,以各种无线网络作为接入网就是广义上的移动互联网。

综上所述,面向移动环境下的用户,通过移动/无线信息网络与手持移动信息终端向用户提供的信息服务,就是移动信息服务。

(二)移动支付

移动支付是指消费者通过移动终端(通常是手机、PAD等)对所消费的商品或服务进行账务支付的一种支付方式。客户通过移动设备、互联网或者近距离传感直接或间接向银行金融企业发送支付指令产生货币支付和资金转移,实现资金的移动支付,实现了终端设备、互联网、应用提供商以及金融机构的融合,完成货币支付、缴费等金融业务。移动支付的相关内容已在本书第五章电子商务支付中学习,这里不再赘述。

(三)移动学习

移动学习(Mobile Learning,缩写为 M-Learning、MLearning 或 mLearning),是一种跨越地域限制,充分利用可携技术的学习方式。换句话说,移动学习消除了一般可携带装置的机动性之地域限制。移动学习在不同的社会群体中有不同的涵义,虽然它与线上学习和远程教育相关,但其明显不同之处在于全面性的学习及使用手持设备学习。

学习者对个人素养的提升要求越来越高,受诸多因素制约,学习时间得不到保证,很多人经常在晚上或周末学习,更希望在课堂之外的其他地点如办公室、公交车上、地铁中等待时进行随时随地学习。移动学习使学习者随时随地获取学习资料、并利用一切空闲时间进行学习成为可能。由此可见,移动学习有其随时随地、便捷性、学习内容的碎片性等特点。

1. 学习的随时随地性

移动学习以其在学习场所、学习时间和学习内容领域都具有随意性,让学习者突破传统教学中表现出的限制和不足。对于学习场所和学习时间来说,由于移动学习并不是学习者的主要学习方式,因而移动学习主要是在非正式场合下发生的;且学习的时间不确定,也可依据学习者的需要按照学习者的空闲时间在任何地点展开学习。对于学习内容,移动学习除了代替正式的课堂知识的学习之外,还关注拓宽视野和增长知识的内容,如相关考试、时事新闻等,都是按学习者需要选择自己感兴趣的内容进行学习。学习行为的产生有赖于学生的爱好、兴趣和自我控制能力,移动学习为随时随地学习提供可能和便利的条件。

2. 学习的碎片性

移动学习以其独有学习的碎片性的特点为学习者提供了学习知识的便利,而其碎片性主要包括两个方面:一是学习的时间,主要是利用坐车、等待、睡觉前等零散的时间进行阅读、学习,属于零碎时间的充分利用,其行为较传统的课堂、图书馆等整块时间有很大不同;二是阅读行为上,以一点一滴的零散知识内容摄入为特征,区别于深入阅读、专业学习,有的学者又把这种阅读称之为"浅阅读"或"浏览式阅读"。这种浅阅读不仅有利于学习者充分利用琐碎的时间学习,还有利于学习者在较短的时间里,掌握一个相对完整的知识组块,从而实现移动学习的目标。

3. 学习的交互性

当前,学习者使用移动学习设备中最多的是手机,而对于手机来说,交互是手机基础的功能,手机的交互可以实现信息及时的双向流通,可以在学习中进行直接对话和短信交流,可以激发学习者因使用该设备的学习动机,能在较短的时间内保持较高的注意力水平,从而更好地进行信息流通和语言交流。

4. 消除心理负担

从心理学角度看,对于一些性格内向、害羞等性格的学习者来说,移动学习恰恰能够弥补传统课堂和面对面学习中遇到的一些尴尬的场面,驱除交流的胆怯心理,消除因担心出错等一系列问题而发生的心理负担,可以直接、单独地跟教师交流进行实时交互,从而轻松地学习和交流,这样相当于"面对面"或者"一对一"教学,从而实现个别化(或个性化)教学的目的。

这种利用无线移动通信网络技术以及无线移动通信设备(如移动电话、个人数字助理PDA等)获取教育信息、教育资源和教育服务的一种新型学习形式的目标,就是希望学习者能在任何时间、任何地点、以任何方式学习任何内容。但是,移动学习在学习的应用过程中,依然存在很多诸如移动学习资源缺乏,应用软件不兼容,标准不统一等问题,制约着移动学习的发展。移动学习有其独到之处,能在教育教学上发挥作用,但是移动学习也不是万能的,也存在一定的局限与不足。

三、移动商务的行业应用

(一)企业移动商务创建的影响因素

构成移动电子商务环境的要素主要包括:用户、使用环境、移动设备、浏览器、互联网接入、网站结构和内容等。用户是指参与移动电子商务过程的人;使用环境是指用户使用移动设备进行电子商务时所处的物理环境、社会环境、时间环境等,其中,物理环境包括地理位置、天气情况等;社会环境包括经济状况、文化、宗教信仰以及其他人对用户的影响力等,时间环境指用户执行某个任务的时间点及时间限制;移动设备即通常所指的具备联网能力的手机、PDA、掌上电脑等,浏览器指安装在移动设备上的网站浏览软件;互联网接入是指移动设备与无线网络和有线网络的联接;网站结构与内容是指企业为用户提供产品和服务的平台,是移动电子商务网站商业目的、信息和技术的综合体现。

在建设移动电子商务网站过程中,需要考虑用户、使用环境、移动设备与浏览器、互联网接入、网站结构与内容等因素对网站产生的影响。只有这样才有可能制定出有效、可行的策略,使企业的移动电子商务取得成功,使用户在移动设备上使用传统的电脑(台式PC、笔记本电脑)平台进行在线交易。

1. 用户及使用环境的影响

移动电子商务的最大特点是移动性,即用户可能在任何地方、任何情况下访问网站。这就意味着,移动电子商务网站必须满足用户在特定使用环境下的特定需求。因此,需要对用户和使用环境两个因素进行综合考虑,即不但要考虑用户的需求、以往经验、期望、精神状态等对移动电子商务网站产生直接影响,还应该考虑用户所处的环境,关注用户的需求、期望、精神状态等如何随着使用环境的改变而改变。只有这样,才能充分了解用户在不同环境下希望通过网站实现什么目标;从用户角度看网站应该提供什么信息或服务;信息或服务是否与预期一致。

2. 移动设备的影响

移动设备与浏览器在设备屏幕大小、运算能力、输入方式、联网速度等方面的条件限制很大程度上决定了网站设计所采用的技术,主要体现在以下几方面:

(1)移动设备性能较弱。移动设备不但在运算能力、屏幕色彩表现、稳定的高速联网能力等方面与传统电脑存在较大差距,而且不同移动设备所具备的能力也有差异。这些差异使得移动电子商务网站在无法采用复杂的多媒体技术和人机交互技术的同时,还必须尽最大可能兼容最广泛的移动设备。

(2)移动设备屏幕限制。移动设备屏幕普遍较小,无法在移动设备上展示大段文字信息或者大尺寸图片,从而影响用户获得信息的质量。因此,移动电子商务网站必须考虑如何在不同尺寸屏幕上展示出尽可能一致的效果,这对网站页面设计提出了很高的要求。

(3)信息输入不便利。移动设备一般通过有限的按键来实现信息输入,用户无法快速、高效地输入大量信息。移动电子商务网站必须考虑如何在尽可能减少输入的前提下,帮助用户顺利完成信息查找和交易等操作。

(4)浏览器导航操作不方便。在移动设备上访问网站不能像传统电脑那样通过鼠标方便快捷地浏览网页,仅能通过具备向上或向下功能的按键来实现页面翻滚或者切换。

3. 互联网接入的影响

互联网接入对移动电子商务网站的影响主要体现在接入的可获得性、安全性、可靠性、联网速度、费用等方面。目前,我国通过移动网络联网的速度不快,而且资费偏高,这在一定程度上使得网站无法大量使用音频、视频、Flash 多媒体手段展示信息。因此,为了减少用户等待时间,网站需要考虑将篇幅较长的信息拆分成若干页面,让用户通过使用移动设备的浏览功能按键以翻页的形式依次浏览。

4. 网站结构和内容的影响

移动设备访问网站缺少窗口技术(Windows)支持,无法像传统电脑那样同时打开多个网页并且在多个网页之间来回切换,一次只能打开一个网页。因此,与传统电子商务网站尽可能提供给用户丰富、全面的信息不同,移动电子商务网站应该向用户提供最有价值的信息,同时提供强大的搜索功能,以尽可能少的信息输入和点击次数来帮助用户方便、快捷地获得最希望得到的信息。

由此可见,网站信息结构的合理性、信息的可用性与表现力、页面浏览的便捷性都能对用户产生重大影响。精确的信息、良好的信息结构有助于提升移动电子商务网站的商业价值。它能向用户提供更准确的信息,满足其最迫切的需要。同时,能帮助网站突破移动设备和技术的限制,实现方便阅读、快速浏览。

(二)企业移动商务创建的相关步骤和内容

用户与环境、硬件与软件技术、互联网接入、网站结构与内容条件等因素决定了移动电子商务网站需要采取与传统电子商务网站不同的策略,才能使用户得到很好的体验并取得成功。这些策略包括:综合考虑商业目标和各种因素确定总体目标、确定目标客户、以用户为中心的设计方法、合理的信息结构、良好的页面设计等。相关步骤见图 6.5。

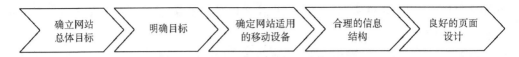

图 6.5　企业移动商务创建的相关步骤

1. 确立网站总体目标

构建移动电子商务网站首要工作就是确立网站总体目标。只有明确网站总体目标才能为寻找网站目标用户,确定合适的移动设备与技术提供依据。为了便于确定网站的总体目标,可以从以下问题入手:企业的总体目标是什么;移动电子商务网站将会如何帮助企业实现总体目标;使用电子移动商务网站能否提高企业的盈利能力;能否创造新的商机;在现有商业模式下,是面向移动用户提供完整的产品与服务,还是简单地创建一个网站供用户获取信息;采用什么样的信息结构能体现企业的商业价值。

2. 明确目标

用户移动电子商务网站总体目标决定了网站会提供什么样的产品和服务,从而决定了哪些用户是目标用户。在我国,移动电子商务网站的用户大多数是年轻人和商务人士,需要在资费、网站的色彩与表现效果、可用性、易用性等方面作充分的市场调研,以便在明确和了解目标用户的同时,验证总体目标的可行性。

为了更好地了解移动电子商务网站的目标用户,可以关注以下几个问题:哪些用户会访问移动电子商务网站并完成哪些工作;用户会在什么情况下使用网站的功能;用户最常用、最关注的功能有哪些;用户在不同环境下需求会发生怎样的变化;网站需要对哪些变化予以支持等。

3. 确定网站适用的移动设备

移动设备的千差万别对移动电子商务网站所能采用的技术产生重大影响。例如,移动设备的屏幕至关重要,不但要考虑屏幕大小的差异,还需要考虑如何较好地在较小的屏幕上展示网站。在明确目标用户过程中,有必要对目标用户所使用的移动设备进行调查,以使用最广泛的某种或几种类型设备作为网站的主要适用设备。这样就能从一定程度上降低设备差异对移动电子商务网站的不利影响,在实现尽可能适应最多移动设备的同时,降低构建网站的成本。

在技术角度需要考虑以下几个问题:哪些技术可以帮助网站实现良好的人机交互界面;如何实现美观生动的页面以吸引用户的注意力;采用何种技术能将信息有效地组织在一起;如何能帮助用户快速查找和浏览信息;所采用技术在移动设备上的适用程度如何。

4. 合理的信息结构

移动电子商务网站只有提供快速地查找产品与服务、方便地浏览产品与服务信息、简化的交易等功能,才有可能使用户在移动设备上使用传统的电脑(台式 PC、笔记本电脑)平台进行在线交易。因此,必须在信息结构上进行优化。

(1) 精简信息。移动用户具有很明确的目的性,移动电子商务网站要在合适的地方提供给用户最需要的信息,而且越简单越好。这样也避免了用户因浏览大数据量页面而等待较长时间。

(2) 整合栏目。在精简信息的基础上,以帮助用户完成特定目标为出发点,将关联度较高的栏目按照"任务"的形式进行整合。

(3)采用向下钻取的方式组织复杂内容。使用页面链接的方式对信息进行扩展,方便用户进一步深入了解其感兴趣的内容。

(4)提供有限的选择。遵循"二八原则",提供最有价值、最常用的信息和功能给用户,其他特殊功能暂时不予考虑。

(5)提供强大的搜索功能。尽管能通过精简信息和栏目的方式帮助用户快速找到最需要的信息,但还应该在网站的首要位置(例如页首)提供模糊搜索功能。同时,尽量做到在网站任何地方都能让用户方便地使用搜索功能。

5. 良好的页面设计

在进行移动电子商务网站页面设计时,时刻要考虑用户是在什么地方以何种方式访问网站并使用其功能;在充分理解用户需求的基础上使网站功能和交易过程更加人性化,并与用户的期望始终保持一致。

(1)使用 XHTML 代替 WAP。采用 WAP 技术制作的网站交互能力较差,极大地限制了移动电子商务系统的灵活性和方便性。使用 XHTML 能很好地解决这个问题。

(2)适应不同大小的屏幕。采用流体布局,使网页适应不同宽度的屏幕。同时方便用户通过向上或向下功能按键浏览网页。

(3)采用样式表美化网页。这样不但能使网页更美观,风格更统一,而且能通过字体和颜色的变化减轻网站对图片的依赖。

(4)尽可能减少用户输入。使用若干选项或者辅助程序能有效地减少用户输入。例如,让用户选择所在城市,或者通过获取用户位置信息确定运费。

(5)优化页面跳转流程。让用户随时都了解当前他在网站的位置,并提供便捷的导航让用户去任何他想去的地方。

第四节 移动商务安全

移动消费的发展势头强劲,移动购物受热捧也在一定程度上助推了移动支付的发展。但不可否认的是,新消费习惯也带来了诸多新问题,其中不乏支付安全、产品真假、个人隐私等诸多方面。业内人士指出,支付安全已经成为移动消费时代最受关注的问题。根据艾瑞咨询的报告,目前,支付安全、消费者隐私权、网络消费侵权问题、"流量偷跑"以及网络虚假广告等均是被认为破坏力较强的问题。

在消费者支付价款的过程中,网络故障、硬件故障、钓鱼软件、黑客攻击或者计算机病毒都有可能威胁到消费者的财产安全。网络的开放性本身就带有一定的信息泄露的潜在危险,消费者银行账号和密码一旦丢失就必然造成财产损失。一些恶意软件故意侵入网络消费者的电脑,非法收集消费者的个人信息,其中包括支付信息。包括伪基站、手机病毒、恶意无线信号等,均对个人支付账户的安全产生了严重的威胁。

一、移动商务面临的主要安全挑战和无线技术所面临的主要攻击手段

(一)移动商务面临的主要安全挑战

(1)用户认证。认证是为了确定注册过的人或者设备正在访问系统,通常的三类认证因子

包含:你拥有什么、你知道什么和你是什么。只要结合其中两类认证因子就可以达到强认证的效果,通常称为双因子认证(Two Factor Authentication,2FA)。

(2)身份管理。身份都是描述两个实体之间的关系,将这些身份信息保持相互隔离是非常重要的,哪些事件与你的哪个身份关联,应该主要由用户决定,不能让第三方侵犯用户的私人生活。

(3)隐私。在这个世界上,你以为自己有隐私,实际上你的隐私都控制在他人手中。你唯一能选择的措施是隔离和保护自己的身份,防止任何恶意方的各种非预期的阴谋。

(4)数据库漏洞。通常数据库越大,其商业价值应该也就越高。数据库会记录你的购买历史、购买偏好,以及存储你的各种支付数据。

(5)恶意软件。每一个热门的游戏都会成为恶意应用开发者的目标,他们可以在APPs里面植入木马,然后就可以在手机上为所欲为了,例如获取你的通信记录、短信,获取你的支付信息、邮件等。

(二)无线技术所面临的主要攻击手段

1.流量分析

流量分析是一种简单的技术手段,攻击者根据通信媒介所传输的数据包的数量和数据报文的大小来确定网络负载。

2.被动窃听

这种攻击需要具备的唯一条件是攻击者要能够对网络进行窃听。通过在无线网络的通信范围内使用有向天线可以很容易地得到满足。

3.部分明文已知的主动窃听

这种攻击手段与被动窃听攻击手段不同的是在窃听过程中,攻击者不仅窃听网络上的数据,而且向通信媒介主动地插入特定消息以帮助它们获取这些消息的内容。

4.明文已知的主动窃听

攻击者可以向网络中插入特定的数据包,用它们刺探网络的情况,以便收集信息,对未来的数据包进行解密。

5.非授权访问

这种攻击手段针对的不是特定的用户或用户集,而是整个网络。一旦攻击者具有了对网络的访问权限,他就可以对网络发动进一步的攻击,或者仅仅是免费使用网络。

6.中间人攻击

攻击者首先阻止客户端和接入点之间的连接,然后攻击者扮演一个中间人的角色。这是一种实时攻击,就是说攻击发生在目标机器通话的过程中。

7.会话接管

会话接管的攻击目标是会话的完整性。客户端同无线接入点建立了有效的连接以后,攻击者从客户端和接入点的会话中收集到足够多的信息,开始阻塞客户端同接入点的连接,而它自己则伪装成客户端同接入点进行会话。

8.应答攻击

应答攻击同样是针对信息的完整性。它使用非法获得的目标机的认证权限访问网络,但不影响目标机的正常会话。

二、移动商务的安全原则和主要安全技术

(一)移动商务的安全原则

无线安全技术可以划分为三种安全策略。多数安全产品提供商在配置安全系统时会采用这三种安全策略的组合。第一种策略是认证，这种策略包括判断客户端是否是授权的无线LAN用户以及确定该用户有什么权限，同时它也包括阻止非授权用户使用无线LAN的机制。第二种策略是在用户得到认证并接入无线LAN后维护会话的保密性机制。一般来说，保密性通过使用加密技术得以实现。最后一种策略是校验信息的完整性。

(二)移动商务的主要安全技术

1. 认证

最基本的认证机制是使用服务集标识符(SSID)认证。无线客户端必须出示正确的SSID才能访问无线接入点。利用SSID可以很好地进行用户群体分组，避免任何漫游带来的安全性能和访问性能的问题，因此可以认为SSID是一个简单的口令，从而为无线局域网提供一定的安全性。另一种认证技术是物理地址(MAC)过滤。每个无线客户端网卡都有唯一的物理地址标识，因此可以在AP中手工维护一组允许访问的MAC地址列表，实现物理地址过滤。还有一种扩展认证协议(EAP)，它支持双向认证和动态密钥。双向认证使用两个互不相关的认证过程。

2. 加密

使用加密算法可以保证数据包的隐秘性。加密系统的设计相当于为数据传输提供了一个虚拟通道，数据通过这个通道就如同通过受到保护的网络一样。如果加密系统设计得适当并能正确地实现，则对任何没有密钥的人来说数据都是不可读的，并且任何改变加密数据的意图都不能得逞。这就要求有加密完整性检查或者说校验。

3. 完整性检查

安全不是一种静止的状态，而是对付潜在威胁的一个过程。为了组建、运行、维护一个安全的网络，管理者必须充分了解所要保护的信息的价值和威胁的来源，并且考虑自己的需要和所拥有的安全手段。然后使用各种有助于缓解威胁的策略，比如技术手段、管理政策、用户培训等手段来降低威胁。为了保证无线网络的安全，建议使用以下安全策略：双向认证；在链路层对信道进行加密；数据完整性检查。

三、移动商务安全的未来发展趋势

(一)移动应用安全形势严峻，应大力发展终端安全技术

2016第二季度全国发现的恶意程序、仿冒伪造、高危漏洞应用依然居高不下。一方面，移动互联网需重视并加快解决"黑产"(如"打包党""羊毛党""黄牛党")的肆意横行问题；另一方面，开发者和安全企业急需加强终端安全技术的创新和研发。

(二)监管机构和应用市场综合治理移动应用安全

各种领域的移动应用数量呈井喷式增长，用户深受个人隐私泄露、资费、流量消耗等的困

扰。各大应用市场应加强对应用安全性的审核,确保上架应用的安全性。监管部门应抓紧出台移动应用安全治理方法,建立应用市场安全评估体系,肃清不合格的应用市场。

（三）游戏娱乐行业要娱乐但更要安全

游戏娱乐行业恶意程序、仿冒伪造、高危漏洞等应用数量高居榜首。游戏娱乐行业的企业和开发者更应重视应用的定制化保护,有效防止辛苦开发的应用被不良分子破解,同时伤害用户的合法权益。

（四）与用户金钱息息相关的金融行业应把应用安全放在首位

拥有大量金钱的银行、证券、保险、第三方支付等必定会成为不法分子垂涎的目标,仅靠金融体系自身的风险控制只能降低安全风险,基于设备、身份验证、场景等多重维度的身份认证技术才是重中之重。

本章小结

移动商务是新兴的电子商务产业链,其中涉及电子商务平台、移动电信运营商、银行、银联和非金融等第三方支付机构的系统、物流企业信息系统、智能移动终端等,都有可能是犯罪分子潜在的网络攻击目标。移动安全支付是一个闭环的体系,建议加强政府主管部门针对移动支付信息安全全面协同监管,大力引导移动支付产业链企业间的安全协同合作,要求完善链内企业自身内审内控机制,防止信息泄露,加强移动支付产业链上企业信息系统信息安全防护体系建设,从移动支付应用全产业链"云—管—端",即"电子商务支付平台—网络—移动智能终端",全面地建立健全以数据安全为核心的信息安全协同监管机制。

思考与练习

一、单选题

1. 按照用户需求的角度进行分类,移动看病挂号属于(　　)。
   A. 搜索查询移动商务　　　　　　B. 需求对接型移动商务
   C. 按需定制型移动商务　　　　　D. 预约接受型移动商务
2. 在价值链构建中培育和创造一种"资源独占型"的价值链,这种价值链构建方式叫作(　　)。
   A. 技术引导型　　　　　　　　　B. 市场驱动型
   C. 资源扩散型　　　　　　　　　D. 应用驱动型
3. 一般的移动支付系统中最复杂的部分是(　　),它为利润的分成最终实现提供了技术保证。
   A. 终端用户消费系统　　　　　　B. 商家管理系统
   C. 运营商综合管理系统　　　　　D. 移动支付系统
4. (　　)是移动商务的杀手锏应用。
   A. 基于位置的服务　　　　　　　B. 随时随地的访问

C. 紧急访问 D. 手机游戏

5. 以下哪个域名是移动设备接入专用域名（　　）。
A. com B. mobi C. com.cn D. edu

6. 相对于笔记本而言，智能手机的优势是（　　）。
A. 携带方便，接入灵活 B. 界面友好，易操作
C. 计算速度快 D. 外设接口种类多

7. 移动商务从本质上归属于（　　）的类别。
A. 电子商务 B. 通信技术
C. 无线通讯 D. 网络技术

二、多选题

1. 下列行为属于移动应用的是（　　）。
A. 使用蓝牙耳机拨打手机
B. 用台式电脑在家上网下载程序
C. 用笔记本电脑在火车上联网看电子小说
D. 用手机在室外上网收发邮件

2. 基于无线网络的移动商务与基于有线网络的商务相比，下列不属于移动商务独有的是（　　）。
A. 移动性 B. 接入的稳定性
C. 定位性 D. 互动性

3. 信息服务合同是指以提供信息服务为标的的合同，如信息访问、（　　）等。
A. 音乐下载 B. 在线服务
C. 交易平台服务 D. 认证服务

4. 根据移动电子商务交易商品性质的不同，各种交易类业务可以细分为以下类别（　　）。
A. 实物商品交易类 B. 数字商品交易类
C. 信息服务类 D. 金融服务类
E. 积分类

5. 移动商务价值链的内容增值包括（　　）。
A. 提供原始内容的内容创作
B. 处理成数字产品的内容包装
C. 向最终消费者提供内容产品的市场
D. 移动网络传输技术
E. 移动界面和应用

三、判断题

1. 企业应用的移动业务将是移动应用的主打领域。　　　　　　　　　　　　（　　）
2. 目前智能手持设备的显示屏将有所改善，但是表格输入和原始数据收入依然成问题。
（　　）

3. 移动商务将会取代传统的电子商务。( )
4. 域名注册与移动应用无关。( )
5. 蓝牙技术只能在手机或电脑之间建立无线连接。( )
6. 手机上网必须经过 GPRS 无线连接。( )
7. 与 Wi-Fi 技术相比,蓝牙的有效连接范围更大。( )
8. 移动与无线不是一个概念。( )
9. 移动商务技术能决定移动商务模式,它是移动商务模式的关键。( )
10. 手机终端都有一个唯一的标识,一般是手机号码。( )
11. 移动商务的价值链增值能力高于电子商务价值链。( )
12. 信息服务业已经成为当今世界信息产业中发展最快、技术最活跃、增值效益最大的一个产业。( )

四、实践题

1. 登录首信易支付网站(www.beijing.com.cn),了解手机支付的流程与特点。
2. 下载一个炒股软件,用手机进行证券交易,阐述其优势及局限性,并提出改进建议。
3. 用手机进行课程学习,阐述学习心得并提出增加移动学习的具体建议。

五、案例分析题

移动电子商务的发展

我国移动电子商务技术的发展经历了三个阶段。第一个阶段是以短讯为基础的技术;第二个阶段是采用基于 WAP 技术的方式;第三个阶段是能够实现无缝漫游和移动宽带的 3G 时代。3G 背景下,无线通信产品能够为人们提供速度高达 2 Mb/s 的宽带多媒体业务,支持高质量的语音分组交换数据多媒体业务和多用户速率通信。

近年来,政府加大了对电信基础建设的投资力度,中国移动、中国电信和中国联通三大电信运营商完成了其 3G 网络的部署工作。基于 CDMA 的 3G 服务,即中国电信的 CDMA2000 和中国联通的 WCDMA,发展迅速。在网络部署方面,中国电信在 3G 领域方面动作最快,其发动的价格战吸引了更多的用户。3G 网络的铺设,加速了我国移动电子商务的发展。

2016 年 8 月,中国互联网络信息中心(CNNIC)在京发布第 38 次《中国互联网络发展状况统计报告》。该报告显示,截至 2016 年 6 月,中国网民规模达 7.10 亿,其中上半年新增网民 2132 万人,增长率为 3.1%。互联网普及率达到 51.7%,超过全球平均水平 3.1 个百分点。截至 2016 年 6 月,我国手机网民规模达 6.56 亿,网民中使用手机上网的人群占比由 2015 年底的 90.1%提升至 92.5%,仅通过手机上网的网民占比达到 24.5%。这说明目前移动设备越来越成为主要的上网工具之一。

移动电子商务应用最多的领域与行业主要有:

1. 高等学校

移动电子商务可以帮助教师将每次的教学目的与要求、教学内容、教学的重点和难点、相关案例解析、课外作业等及时地发布在个人教学平台账户上,实现语音、数据、图像的结合,并可以通过平台将布置的作业发送到学生账户下,更方便及时地答疑交流,实现教师与学生之间更好地互动地教与学。

移动电子商务可以拓宽信息发布的渠道，实现便捷的校务管理，大大减轻了各种工作量，提高了工作效率。比如，一方面学校可以通过校讯通等移动电子商务形式将收费情况、开学放假时间的决定、作息时间的变更、各类通知、校内外活动等信息及时地传到老师、学生和家长的手中。另一方面，学校只要通过各个任课老师的基础数据输入，就可以实现成绩管理、考勤管理、考试管理，并及时地形成各种分析表格，减少了许多繁琐的重复而又容易出错的工作。

2. 银行业务

移动电子商务使用户能随时随地在网上安全地进行个人财务管理，进一步完善因特网银行体系。用户可以使用其移动终端核查其账户、支付账单、进行转账以及接收付款通知等。手机钱包：作为银行系统与中国移动共同推出的一项服务，手机钱包以储蓄卡账户支持手机交易工具，将客户的储蓄卡账户和手机号码绑定，通过层层加密的技术手段，实现购物消费、代缴费、转账、退货以及账户余额和话费余额查询等功能。

3. 随e行

客户只需在笔记本电脑或PDA中插入GPRS网卡和专用的数据SIM卡，不依靠任何其他外部设备，即可实现无线上网让互联网随身而行。没有线路接来接去的麻烦，"随e行"实现了无线上网。目前全国大部分城市开通了随e行业务。

4. 交易

移动电子商务具有即时性，因此非常适用于股票等交易应用。移动设备可用于接收实时财务新闻和信息，也可确认订单并安全地在线管理股票交易。

5. 订票

通过因特网预定机票、车票或入场券已经发展成为一项主要业务，其规模还在继续扩大。因特网有助于方便核查票证的有无，并进行购票和确认。移动电子商务使用户能在票价优惠或航班取消时立即得到通知，也可支付票费或在旅行途中临时更改航班或车次。借助移动设备，用户可以浏览电影剪辑、阅读评论，然后定购邻近电影院的电影票。

6. 购物

借助移动电子商务，用户能够通过其移动通信设备进行网上购物。即兴购物会是一大增长点，如订购鲜花、礼物、食品或快餐等。传统购物也可通过移动电子商务得到改进。例如，用户可以使用"无线电子钱包"等具有安全支付功能的移动设备，在商店里或自动售货机上进行购物。随着智能手机的普及，移动电子商务通过移动通信设备进行手机购物，让顾客体会到购物更随意，更方便。如今比较流行的手机购物软件如"掌店商城"等，实现了手机下单，手机支付，同时也支持货到付款，不用担心没有PC就会错过的限时抢购等促销活动，尽享购物便利。

7. 娱乐

移动电子商务将带来一系列娱乐服务。用户不仅可以从他们的移动设备上收听音乐，还可以订购、下载或支付特定的曲目，并且可以在网上与朋友们玩交互式游戏，还可以游戏付费，并进行快速、安全的博彩和游戏。

8. 无线医疗

医疗产业的显著特点是每一秒钟对病人都非常关键，在这一行业十分适合于移动电子商务的开展。在紧急情况下，救护车可以作为进行治疗的场所，而借助无线技术，救护车可以在移动的情况下同医疗中心和病人家属建立快速、动态、实时的数据交换，这对每一秒钟都很宝贵的紧急情况来说至关重要。在无线医疗的商业模式中,病人、医生、保险公司都可以获益,也会愿意为这项服务付费。这种服务是在时间紧迫的情形下,向专业医疗人员提供关键的医疗信息。由于医疗市场的空间非常巨大,并且提供这种服务的公司为社会创造了价值,同时,这项服务又非常容易扩展到全国乃至世界,因此存在着巨大的商机。

9. 移动应用服务提供商(MASP)

一些行业需要经常派遣工程师或工人到现场作业。在这些行业中,移动 MASP 将会有巨大的应用空间。MASP 结合定位服务技术、短信息服务、WAP 技术,以及 Call Center 技术,为用户提供及时的服务,提高用户的工作效率。

问题:

1. 分析移动电子商务的优点与弊端,并提出自己的看法和建议。
2. 分析目前使用哪些移动新技术、新方法、新功能、新模式。

习题参考答案

第七章 跨境电子商务

第一节 跨境电子商务概述

跨境电子商务(Cross-border Electronic Commerce)是指分属不同关境国别或地区间的交易各方通过互联网及其相关电子商务信息平台达成交易,进行支付结算,并通过跨境物流送达商品、完成交易的一种国际商业活动。跨境电子商务一般要涉及国际货款结算、进出口通关、国际运输、保险等,同时还要考虑安全性及风险控制等,这使得跨境电子商务和境内电子商务有所不同,是电子商务应用过程中一种较为高级的形式。

跨境电子商务是基于网络发展起来的,网络空间相对于物理空间来说是一个新空间,是一个由网址和密码组成的虚拟但客观存在的世界。跨境电子商务不仅冲破了国家间的障碍,使国际贸易走向无国界贸易,同时它也正在引起世界经济贸易的巨大变革。对企业来说,跨境电子商务构建的开放、多维、立体的多边经贸合作模式,极大地拓宽了进入国际市场的路径,大大促进了多边资源的优化配置与企业间的互利共赢;对于消费者来说,跨境电子商务使他们非常容易地获取其他国家的信息并买到价廉物美的商品。网络空间独特的价值标准和行为模式深刻地影响着跨境电子商务,使其不同于传统的交易方式而呈现出自己的特点。跨境电子商务作为推动经济一体化、贸易全球化的技术基础,具有非常重要的战略意义。

一、跨境电子商务的特点

(一)跨关境的多边交易

传统的电子商务由于种种因素的限制,一般是在本国或者本地区内进行商务交易,而跨境电子商务是跨越国界或者关境的。传统的外贸由于商品交易涉及到很多关税、资金支付、国际物流等专业性问题,一般只有大型企业或者由专业的国内外贸公司与国外客户之间进行单对单的线型商务交易。而跨境电子商务是交易各方借助专业的电子商务平台进行交易,交易主体和交易形式及过程更加多样化和多边化,其资金支付、国际物流可能都在不同的多个国家,交易呈现网状形。

(二)复杂性和风险性

跨境电子商务具有国际贸易和电子商务两方面的特征,具有更大的复杂性,主要表现在:一是信息流、资金流、物流等多种要素流动须紧密结合,任何一方面的不足或衔接不够,都会阻碍整体商务活动的完成;二是流程繁杂且不完善,国际贸易通常具有非常复杂的流程,牵涉到海关、检疫检验、外汇、税收、货运等多个环节,而电子商务作为新兴交易方式,在通关、支付、税收等领域的法规目前还不太完善;三是风险触发因素较多,容易受到国际经济政治宏观环境和各国政策的影响。

(三)交易主体难以识别

由于跨境电子商务的非中心化和全球性的特性,因此很难识别电子商务用户的身份和其所处的地理位置。在线交易的消费者往往不显示自己的真实身份和自己的地理位置,网络的匿名性也允许消费者这样做。任何人只要具备了一定的技术手段,在任何时候、任何地方都可以让信息进入网络,相互联系进行交易。电子商务中的制造商容易隐匿其住所,而消费者对制造商的住所是漠不关心的。

(四)交易商品及服务的无形性和即时性

传统外贸以实物交易为主,而在跨境电子商务中,更多的是无形产品的交易。"数字化"是指随着信息网络技术的深化应用,数字化产品(软件、影视作品、游戏等)的品类和贸易量快速增长,且通过跨境电商进行销售或消费的趋势更加明显。与之相比,传统的国际贸易主要存在于实物产品或服务中间。但关于"数字化"的一大挑战是,目前数字化产品的跨境贸易还没有纳入海关等政府相关部门的有效监管、贸易量统计、收缴关税的范围。

(五)小批量、高频度、直接化

"小批量"是指跨境电商相对于传统贸易而言,单笔订单大多是小批量,甚至是单件。"高频度"是指跨境电商实现了单个企业或消费者能够即时按需采购、销售或消费,因此相对于传统贸易而言,交易双方的交易频率大幅提高。

"直接化"是指跨境电商可以通过电子商务交易与服务平台,实现多国企业之间、企业与最终消费者之间的直接交易。与传统国际贸易相比,进出口环节少,时间短,成本低,效率高。

二、跨境电商的优势

随着移动互联网、大数据、云计算等技术的推动及互联网、物流网等基础设施的进一步发展和完善,跨境电子商务在全球范围内快速发展。跨境电子商务的快速发展,与其本身所具有的独特优势有关(见图7.1)。

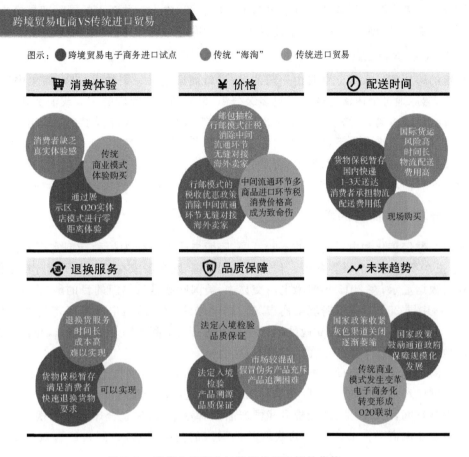

图 7.1 跨境电子商务与传统外贸比较的优势

（一）盈利空间大

内贸电子商务竞争激烈，主要以价格战为主，相比而言，跨境电商的竞争还没有达到白热化，具有很大的发展空间，普遍盈利性好。由于市场巨大，跨境电商比较理性，不用一味拼价格，大家能更务实地做好产品和服务。

国际贸易是电子商务最能体现作用与效益的应用领域之一。2008年国际金融危机发生后，国际市场需求萎缩，西方国家贸易保护主义盛行，我国传统"集装箱"式的外贸模式受到很大冲击，外贸企业纷纷倒闭或另谋出路。为了降低成本，提高效率，大量的传统外贸企业开始纷纷发展跨境电子商务。

（二）促进贸易便利化

建立电子商务网站，通过互联网开拓国际市场，国外小型批发商高频率的短单、小单，取代了原有大中型批发商的长单、大单，以跨境小额交易为主要业务的跨境电子商务企业蓬勃发展。所以，跨境电子商务发展空间很大，前景广阔。

（三）有效地绕过贸易壁垒的限制

外贸面对的是最为广泛的国际市场，原来的流通环节多，价差大。跨境电子商务能够直接面对国外消费者,缩短了供应链,具有更为丰厚的利润,成为一种新兴的国际贸易模式,如果能及时抓住机遇,可以创造比内贸电子商务更大的发展空间和效益。

（四）成本低,速度快,易上手

传统的跨境贸易大部分主要由一国的进/出口商通过另一国的出/进口商集中进/出口大批量货物,然后通过境内流通企业经过多级分销,最后到达有需求的企业或消费者。进出口环节多、时间长、成本高,而跨境电商的出现,直面最终消费者,大大降低了企业走出国门的成本。只要海外采购商在平台上下订单,强大的物流体系可以使货品在 1~2 周内就可以到达买家手中。只要选择好一个跨境电商平台,将产品发布到平台,就可以和买家面对面进行交易。这是一种以消费者需求为导向,强调个性化的交易方式,消费者拥有更大的选择自由。

三、跨境电子商务的发展

随着全球经济化和电子商务的不断发展,跨境电子商务作为一种新型实用方便的国际贸易方式,正在不断地融入世界各地。传统强国如美国、欧洲国家在跨境电子商务市场仍占据主导地位。数据显示,在 2015 年跨境电商交易中,美国网站是最热门的目的地,占 45%;其次为英国 37%,中国 26%。美国跨境电商市场占据全球的 1/3,欧盟电子商务市场规模与美国大体相当。其次,新兴国家如东欧南欧地区和亚太地区电子商务则是快速增长,并且将成为潜力最大的地区。跨境电子商务正在全球掀起热潮。

发展跨境电子商务有助于推动我国企业适应国际客户需求和竞争环境,可以带动我国对外贸易和国民经济增长,扩大国际市场份额;可以促进我国经济转型升级,优化产业链,扩展中小企业发展空间,增加就业;还能提升我国产品品牌竞争力,建立全球贸易新秩序。可以使消费者通过专业电商平台非常容易的获取其他国家的商品信息,买到自己喜欢的物美价廉的商品。

第二节　跨境电子商务业务模式

传统的电商,其交易买卖双方一般属于一个国家,即国内的商家卖家在线销售给国内的买家;而跨境电商是不同国别或关境地区间的买卖双方进行的交易,从业务模式上,多了国际物流、出入境清关、国际结算等业务。跨境电商可以按照进出口方向和交易主体等进行分类。

一、进出口业务模式

跨境业务包括进口业务和出口业务,同样跨境电商从进出口方向分为出口跨境电子商务和进口跨境电子商务(见图 7.2)。

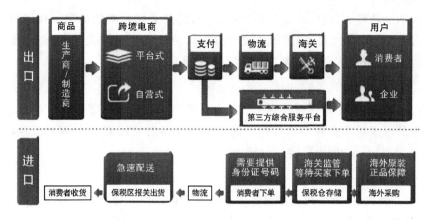

图 7.2 跨境电商网站流程

（一）进口跨境电商的模式

进口跨境电子商务是海外卖家将商品直销给国内的买家，一般是国内消费者访问境外商家的购物网站选择商品，然后下单，由境外卖家发国际快递给国内消费者。最早的代表是淘淘模式。国内海淘网站的做法大多是和国外购物网站合作，对其英文商品页面做翻译、编辑处理后，供国内消费者浏览、订购。国内消费者订购时需选择转运公司，生成转运码（国外转运公司的收货地址），国外的商家发货至转运公司仓库，由转运公司发国际快递给国内的消费者。

表 7.1 跨境电商的优势及与海淘/代购的区别

用户体验	跨境电商	海淘/代购
购物流程	和国内电商网站一样简便的购物流程，人民币支付	购物时，需要先选择转运公司，获取转运收货地址，并需要在提交订单时录入该信息甚至需要从海淘导购网站链接到国外购物网站去完成购物，且需要外币支付
正品保障	商家直接面向消费者，确保了商品渠道来源，海外原装正品	通过海淘网站和转运公司，较难保证商品渠道来源
价格	省去中间环节，价格较低，批量备货物流费用低	导购佣金、转运费、单件国际物流费高
收货	清关快速，报税仓库发货，等同于国内发货	海外发货、转运、清关、国内快递，流程多，货期长
售后退换货	海外商家提供在国内售后服务	无售后服务

目前进口跨境电商主要有四种模式：

1. 海外代购模式

代购通常是指越洋代购、海外代购。托人或委托机构，从香港、澳门、台湾，甚至美国、日本、法国、韩国购买商品，然后通过快递发货或者直接携带回来的一种形式。代购最早是发起于朋友圈内的一种形式，由于种种原因纠纷多，风险大，难以持续扩大。后来逐渐扩大演变成专业的海外代购平台模式,代购者是代购机构,已经脱离了朋友圈的界限。在国内,发布可提供代购的商品信息,寻求代购者,招揽买家;在国外,海外商家在海关备案(企业备案、商品备案)以佣金的形式发给代购者。是典型的跨境C2C模式。

2. 直发、直运平台模式

直发、直运是指电商平台将接收到的消费者订单信息发给批发商或者厂商,后者则按照订单信息以零售的形式对消费者发送货物。这是一种典型的第三方B2C模式。这种模式招商缓慢,前期流量相对不足,所需资金体量较大。

3. 自营B2C模式

在自营B2C模式下,大多数商品都需要平台自己备货。又分为综合性自营和垂直型自营两类,前者出售的商品以保税进口或者海外直邮的方式入境,其跨境供应链管理能力强,后备资金充裕,但业务发展会受到行业政策变动的显著影响。后者在选择自营品类时会集中于某个特定的范畴,如食品、奢侈品、化妆品等,其供应商管理能力相对较强,但前期需要较大的资金支持。

4. 导购、返利平台模式

导购、返利是指平台通过导购资讯、商品比价、海购社区论坛、海购博客以及用户返利来吸引用户流量,消费者通过站内链接向海外B2C电商或者海外代购者提交订单实现跨境购物。这种模式定位于对信息流的整合,较容易开展业务,但对跨境供应链把控较弱。如果流量达不到一定规模,后续将难以维持运营。典型代表是一淘网等。

表 7.2　四种主要模式优势比较及其代表平台

跨境电商模式	优　势	代　表　平　台
海外代购平台	为消费者提供了较为丰富的海外产品品类选项,用户流量较大	淘宝全球购、京东海外购、易趣全球集市、美国购物网
直发/直运平台模式	对跨境供应链的涉入较深,后续发展潜力较大	天猫国际(综合)、洋码头(北美)、跨境通(上海自贸区)、苏宁全球购(意向中)、海豚村(欧洲)、一帆海购网(日本)、走秀网(全球时尚百货)
自营B2C模式	跨境供应链管理能力强	中粮我买网(食品)、蜜芽宝贝(母婴)、寺库网(奢侈品)、莎莎网(化妆品)、草莓网(化妆品)、小红书福利社
导购/反利平台模式	定位于对信息流的整合,模式较轻,较容易开展业务。引流部分可以在较短时期内为平台吸引到不少海购用户,可以比较的理解消费者前端需求	55海淘、一淘网(阿里旗下)、极客海淘网、海淘城、海淘居、海猫季、Extrabux、悠悠海淘、什么值得买、美国便宜货

(二)出口跨境电子商务模式

出口跨境电子商务是指国内卖家将商品直销给境外的买家,一般是国外买家访问国内商家的网店,然后下单购买,并完成支付,再由国内的商家发国际物流至国外买家(交易流程图见图7.3)。在进出口比例上,2014年中国出口跨境电商出口占比达85.4%,进口占比达

14.6%。跨境电商出口增长的主要驱动力在于跨境电商政策的密集出台,很多传统企业开始进入这一领域。出口跨境电商平台的优势是降低了交易成本,为传统企业提供了新的渠道,是未来发展的一个重要方向。

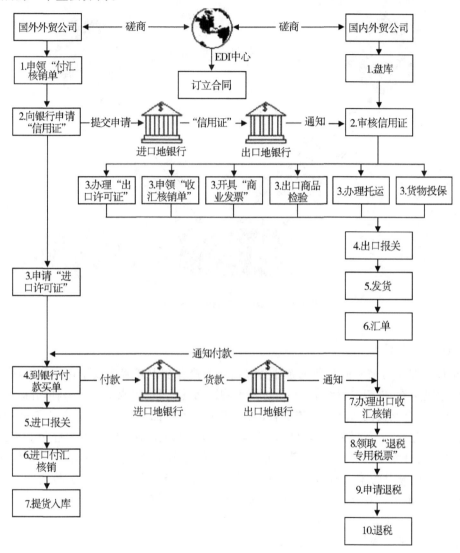

图 7.3 出口跨境电子商务流程图

二、交易类型业务模式

从买卖双方主体的属性上来说,跨境电商也可以分为企业对企业(即 B2B)和企业对消费者(即 B2C)及消费者对消费者(C2C)跨境电子商务等模式。

(一)跨境 B2B 模式

跨境 B2B 是指分属不同关境的企业对企业,通过电商平台达成交易、进行支付结算,并通过跨境物流送达商品、完成交易的一种国际商业活动(交易流程见图 7.4)。企业运用电子商务以广告和信息发布为主,成交和通关流程基本在线下完成,本质上仍属传统贸易,已纳入海关一般贸易统计。比如阿里巴巴全球速卖通等就是B2B出口跨境电商平台。总体来看,我国跨境电商业务仍然以B2B为主。

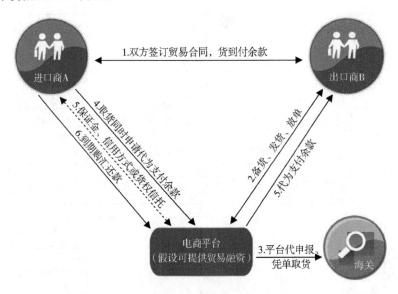

图 7.4 跨境电商 B2B 交易流程图

(二)跨境 B2C 模式

跨境 B2C 是指分属不同关境的企业直接面向消费者个人开展在线销售产品和服务,通过电商平台达成交易、进行支付结算,并通过跨境物流送达商品、完成交易的一种国际商业活动。如图 7.5 所示,企业直接面对国外消费者,以销售个人消费品为主,物流方面主要采用航空小包、邮寄、快递等方式,其报关主体是邮政或快递公司,目前大多未纳入海关登记。天猫国际、亚马逊海外购、跨境通(上海自贸区跨境电商试点)就是 B2C 进口跨境电商。平台代购、海淘购物平台都可以算是跨境电商的雏形。目前跨境电商已经越来越趋向于去掉代购、海淘转运等中间环节,而由买卖双方直接进行交易,税费透明,商品更有保证。

B2C 跨境电子商务是跨境电子商务中一种非常重要的商业模式,是指一国企业通过互联网和电子信息技术向国外消费者提供商品和服务的商事活动。这是一种新型的国际贸易形式,同传统国际贸易交易过程相似,包括交易前的准备、交易谈判和签订合同、合同的履行和后期服务等整个过程。B2C 跨境电子商务,又称外贸 B2C、小额外贸电子商务、跨境电子商务零售。根据 B2C 电子商务的分类方式,B2C 跨境电子商务的应用模式可以分为百货商店式、综合商场式和垂直商店式三种类型。

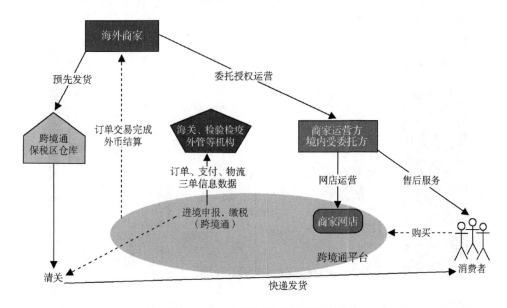

图 7.5　B2C 跨境电子商务的应用模式

1. 百货商店式

百货商店式：即企业拥有自己的跨境电子商务网站和仓库，自己进行商品的采购，库存系列产品甚至拥有自己的品牌来满足客户的日常需求，实现更快的物流配送和更好的客户服务。例如，"兰亭集势""米兰网""卓越亚马逊""当当"等。

2. 综合商场式

综合商场式：也可以称为平台式。这种模式拥有较为稳定的网站平台、庞大的消费群体、完善的支付体系和良好的诚信体系，不仅引来众多卖家进驻商城，而且吸引很多消费者来购物。例如"全球速卖通""敦煌网"等，正如国内的"天猫"，仅仅是提供完备的销售系统平台，任买卖双方自由的选择交易，而不负责采购、库存和配送。

3. 垂直商店式

垂直商店式：满足某种特定的需要或某些特定的群体，提供这一方面的更全面的产品和更专业的服务。像国内的"乐蜂网""麦考林"等都属于这种模式。在跨境贸易中，这样专业的外贸平台都是面向企业而不是终端消费者，因此在 B2C 跨境电子商务中还没有这样的典型的专业平台。

三、跨境电商的平台及运营方式

跨境电子商务的迅猛发展离不开电商平台的支持。目前国际跨境电商平台主要有速卖通、eBay、亚马逊、兰亭集势、敦煌网等。我国进口跨境电商平台主要有洋码头、天猫国际、苏宁海外购（见图 7.6）、蜜芽、网易考拉海购等。这些网站根据自身的资金、技术、客户等资源优势，细分不同的消费者及企业市场，在此基础上进行市场定位和目标市场的营销。跨境电子商务的营销方式与传统电子商务的营销方式基本相同，主要有社交媒体营销、搜索引擎营销、电子邮件营销等方式（详见第四章）。只不过在采用营销策略时会更多地注重研究目标消费者和企业所在国的文化及亚文化等因素。

图 7.6　苏宁海外购网站图

还有一种是跨境易 O2O 模式，见图 7.7。

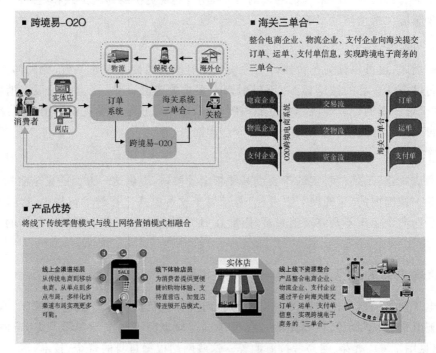

图 7.7　跨境易 O2O 模式

第三节 国际物流与跨境支付

跨境电子商务的快速发展需要物流配送、电子支付、电子认证、信息内容服务等现代服务业的支持和跟进。二者是相辅相成、共同发展的关系。如果物流配送出现瓶颈及电子支付出现障碍会直接影响跨境电子商务的发展。当然跨境电子商务的发展也会带动物流配送和电子支付产业的崛起。

一、跨境物流配送

跨境电子商务物流配送,就是指配送企业利用计算机技术和现代化硬件、软件设备,对货物进行分类、编配、整理、分拣等工作,在规定时间内将货物送到指定地点的活动。

(一)国际物流配送系统

国际物流活动本身就是一个系统。国际物流由商品的包装、储存、流通加工、装卸搬运、运输、检验、保险等子系统组成。根据系统化的原理,国际物流系统的一般运作模式包括了系统的输入部分、系统的输出部分及将系统输入输出的转换部分。国际物流系统遵循一般系统模式原理,依靠各个子系统的良性运转,构成自己独特的物流系统模式。

1. 运输子系统

国际货物运输是国际物流系统的核心,创造物流的空间效应,实现商品在不同国家或地区之间的空间转移。国际货物运输包括国内运输段、国际运输段,是国内运输的延伸和扩展,也是衔接出口国和进口国货物运输的桥梁。由于国际物流具有运输路线长、环节多、设计面广、手续繁杂、时间性强等特点,大量新技术应用到国际运输中来,如 GPS 定位系统等,极大地提高了国际运输业的效率。

2. 仓储子系统

国际贸易和跨国经营中的商品都经历一个从分散到集中、再由集中到分散的过程,这种在流通过程中短暂的停滞是必需的。商品储存的地点可以是生产厂家的成品仓库,也可能在流通仓库或国际转运站点,主要在各国的保税区和保税仓库进行。从降低物流成本的角度看,应尽量减少储存时间和商品数量,提高国际物流的效率。

3. 商品检验子系统

国际物流是跨越了国境的物流,具有投资大、风险高的特点,商品检验就成为确定卖方交付商品的品质和质量、包装是否符合合同规定的重要环节。我国的商检机构依法对重要进出口商品进行法定检验,对一般进出口商品实施监督管理和鉴定。

4. 商品包装子系统

在国际物流系统中,包装的主要作用是保护商品、便利流通、促进销售。在国际市场上,消费者是通过商品的商标和包装来认识企业的。在考虑商品包装的设计和具体作业过程时,应将包装、储存、装卸搬运、运输等环节进行系统分析,统筹考虑,实现现代物流系统要求的"包、储、运一体化",以加快物流速度,降低商品物流成本,提高整个物流系统的效率。

5. 国际物流信息子系统

国际物流系统作为一个涵盖范围广泛的开放系统,需要具有独特功能、相互关联的各个物流子系统之间的有效运作和密切协调来实现其有效运作。在国际信息流系统的支撑下,在进出口与中间商(货运代理人)的通力协助下,通过运输、储存、包装和加工等一系列的物流作业活动,利用特定的国际物流方式和设施,共同完成商品在跨越国境之间的实体移动过程。

此外,国际物流中进出口商品要经过不同国家,必须申请通关。海关按照该国的海关法令和相关规定,审查核对报关人员填写和提交的有关单证,经过查验货物、计算并由货主结清进出口税款、办完通关手续后,才予以放行(见图7.8)。

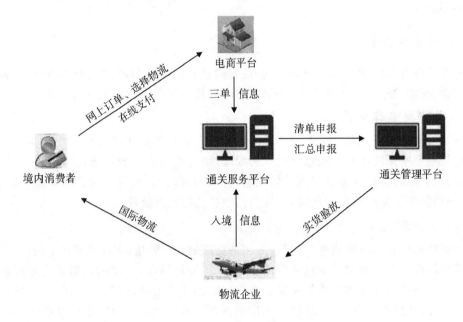

图7.8　跨境物流流程图

(二)跨境电商物流模式

跨境电商平台销售的产品通过国际物流货运公司发往买家手中,国际物流分为:国际快递、平邮、空运和海运四种。大部分可联系国内货代公司进行发货,根据货值的不同,可以选择不同的货运方式,价格也不等,目前主要有以下四种模式:

1. 邮政包裹模式

据不完全统计,中国出口跨境电商70%的包裹都是通过邮政系统投递。其中,中国邮政占据50%左右。因此,目前跨境电商物流还是以邮政的发货渠道为主。邮政网络基本覆盖全球,比其他物流渠道都要广。这也主要得益于万国邮政联盟和卡哈拉邮政组织(KPG)。而且价格相对便宜。不过,邮政的渠道虽然比较多,但也很杂。在选择邮政包裹发货的同时,必须注意出货口岸、时效、稳定性等。像从中国通过E邮宝发往美国的包裹,一般需要15天才可以到达。国际平邮一般有邮政大包和邮政小包,价格较低,但是时效性差,邮政小包丢单率高,一般用于价值较低、体积重量较小的货品。

2. 国际快递模式

国际快递模式,指的是四大商业快递巨头——DHL、TNT、UPS和联邦。这些国际快递商通过自建的全球网络,利用强大的IT系统和遍布世界各地的本地化服务,为网购中国产品的海外用户带来极好的物流体验。例如通过 UPS 寄送到美国的包裹,最快可在 48 小时内到达。特点是时效性强,保障性高,然而,优质的服务往往伴随着昂贵的价格。一般中国商户只有在客户时效性要求很强的情况下,才使用国际商业快递来派送商品。

3. 专线物流模式

跨境专线物流一般是通过航空包舱方式运输到国外,再通过合作公司进行目的国的派送。专线物流的优势在于其能够集中大批量到某一特定国家或地区的货物,通过规模效应降低成本。因此,其价格一般比商业快递低。

在时效上,专线物流稍慢于商业快递,但比邮政包裹快很多。市面上最普遍的专线物流产品是美国专线、欧美专线、澳洲专线、俄罗斯专线等。也有不少物流公司推出了中东专线、南美专线、南非专线等。

4. 海外仓储模式

海外仓储服务指为卖家在销售目的地进行货物仓储、分拣、包装和派送的一站式控制与管理服务。确切来说,海外仓储应该包括头程运输、仓储管理和本地配送三个部分。头程运输,即中国商家通过海运、空运、陆运或者联运将商品运送至海外仓库。仓储管理:中国商家通过物流信息系统,远程操作海外仓储货物,实时管理库存。本地配送:海外仓储中心根据订单信息,通过当地邮政或快递将商品配送给客户。

选择这类模式的好处在于,仓储置于海外不仅有利于海外市场价格的调配,同时还能降低物流成本。拥有自己的海外仓库,能从买家所在国发货,从而缩短订单周期,完善客户体验,提升重复购买率。结合国外仓库当地的物流特点,可以确保货物安全、准确、及时地到达终端买家手中。然而,这种海外仓储的模式虽然解决了小包时代成本高昂、配送周期漫长的问题,但是,值得各位跨境电商卖家考虑的是,不是任何产品都适合使用海外仓。最好是库存周转快的热销单品适合此类模式,否则极容易压货。同时,这种方式对卖家在供应链管理、库存管控、动销管理等方面提出了更高的要求。

以上四大模式基本涵盖了当前跨境电商的物流模式和特征(优缺点对比见图 7.9)。

但也有一些"另类"。比如,比利时邮政虽然属于邮政包裹模式,但其却定位于高质量卖家,提供的产品服务远比其他邮政产品优质。跨境物流首先应该根据所售产品的特点(尺寸、安全性、通关便利性等)来选择合适的物流模式。比如大件产品(如家具)就不适合走邮政包裹渠道,而更适合海外仓模式。

再有近期兴起的国内快递模式(见图 7.10)。

图 7.9　四种物流模式优缺点对比

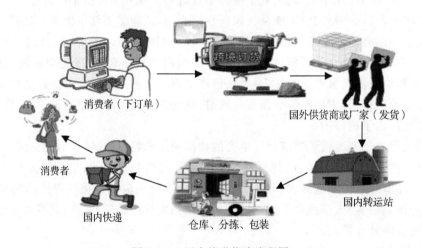

图 7.10　国内快递物流流程图

国内快递主要指 EMS、顺丰和"四通一达"。在跨境物流方面,"四通一达"中申通和圆通布局较早,但也是近期才发力拓展。比如美国申通在 2014 年 3 月才上线,圆通也是 2014 年 4 月才与 CJ 大韩通运合作。而中通、汇通、韵达则是刚刚开始启动跨境物流业务。顺丰的国际化业务则要成熟些,目前已经开通到美国、澳大利亚、韩国、日本、新加坡、马来西亚、泰国、越南等国家的快递服务,发往亚洲国家的快件一般 2~3 天可以送达。

在国内快递中,EMS 的国际化业务是最完善的。依托邮政渠道,EMS 可以直达全球 60 多个国家,费用相对四大快递巨头要低。此外,中国境内的出关能力很强,到达亚洲国家是 2~3 天,到欧美则要 5~7 天左右。

二、跨境支付业务

传统外贸电商的支付方式是汇款或者信用证结算,但是跨境电商采用这种方式会使资金周转变慢,而且也具有一定的风险性。随着跨境电子商务迅猛发展,电商平台和中小卖家对跨境支付的需求呈现几何级数增长,跨境支付也迎来黄金发展期。统计数据显示,目前全球跨境电商结算业务中,40%用人民币结算(流程图见图 7.11)。因此,中小卖家做跨境电商,非常关注采用何种支付方式,才能最大化地降低经营风险。

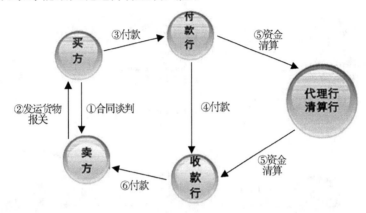

图 7.11　跨境人民币结算流程图

目前,国内第三方支付企业主要通过与境外机构合作开展跨境网上支付服务,包括购汇支付和收汇支付两种模式。其中,购汇支付是指第三方支付企业为境内持卡人的境外网上消费提供人民币支付、外币结算的服务(见图 7.12);收汇支付是指第三方支付企业为境内外商企业在境外的外币支付收入提供的人民币结算支付服务(见图 7.13)。根据《非金融机构支付服务管理办法》的相关规定,其中的货币兑换和付款流程由其托管银行完成(见图 7.14)。

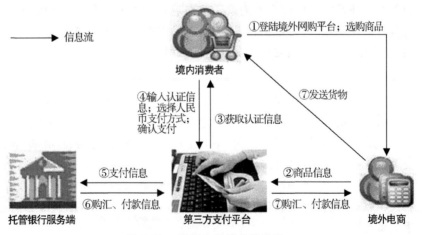

图 7.12　购汇支付模式信息流

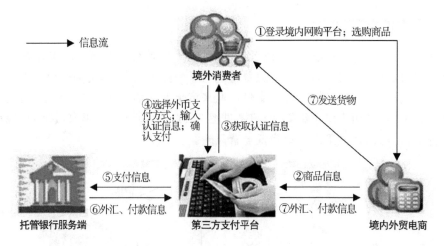

图 7.13　收汇支付模式信息流

图 7.14　托管银行服务资金流

支付是价值实现的最后一环。如何提升支付尤其是电子支付基础设施和法律政策环境，改进和提高支付手段和效率，进而提升支付尤其是电子支付对跨境消费乃至经济增长的贡献度，是中国决策部门和支付业界越来越不容回避的问题。近年来，国家不断出台对跨境贸易的扶持政策，为外贸行业及跨境电商企业创造了越来越多的便利条件。不同收汇款方式差别很大，它们都有各自的优缺点、适用范围，跨境电商需要根据自身需要选择适合自己的支付方式开展业务。目前中国主要的跨境支付方式有以下几种：

（一）国际电汇

电汇是汇款人将一定款项交存汇款银行，汇款银行通过电报或者电传给目的地的分行或代理行（汇入行），指示汇入行向收款人支付一定金额的一种汇款方式。费用：各自承担所在地的银行费用。买家银行会收取一道手续费，由买家承担；卖家公司的银行有的也会收取一道手续费，就由卖家来承担。根据银行的实际费率计算。

·优点：收款迅速，几分钟到账；先付款后发货，保证商家利益不受损失。

·缺点：先付款后发货，外国客户容易产生不信任；客户群体小，限制商家的交易量；数额比较大的，手续费高。

·适用范围：电汇是传统的 B2B 付款模式，适合大额的交易付款。

（二）西联

西联汇款是西联国际汇款公司的简称，它是世界上领先的特快汇款公司，可以在全球大多数国家的西联代理所在地汇出和提款。西联手续费由买家承担。需要买卖双方到当地银行实地操作。西联在卖家未领取款项钱,买家随时可以将支付出来的资金撤销回去。

• 费用:西联手续费由买家承担;需要买卖双方到当地银行实地操作;西联在卖家未领取钱款时,买家可以将支付的资金撤销回去。

• 优点:手续费由买家承担;对于卖家来说最划算,可先提钱再发货,安全性好;到账速度快。

• 缺点:由于对买家来说风险极高,买家不易接受;买家和卖家需要去西联线下柜台操作;手续费较高。

• 适用范围:1万美金以下的小额支付。

（三）Payoneer

Payoneer是一家总部位于纽约的在线支付公司,主要业务是帮助其合作伙伴将资金下发到全球,其同时也为全球客户提供美国银行/欧洲银行收款账户用于接收欧美电商平台和企业的贸易款项。

• 优点:便捷——中国身份证即可完成Payoneer账户在线注册,并自动绑定美国银行账户和欧洲银行账户;合规——像欧美企业一样接收欧美公司的汇款,并通过Payoneer和中国支付公司的合作完成线上的外汇申报和结汇;便宜——电汇设置单笔封顶价,人民币结汇最多不超过2%。

• 适用人群:单笔资金额度小但是客户群分布广的跨境电商网站或卖家。

（四）信用卡收款

跨境电商网站可通过与Visa、MasterCard等国际信用卡组织合作,或直接与海外银行合作,开通接收海外银行信用卡支付的端口。

• 优点:欧美最流行的支付方式,信用卡的用户人群非常庞大。

• 缺点:接入方式麻烦,需预存保证金,收费高昂,付款额度偏小,黑卡蔓延,存在拒付风险。

• 适用范围:从事跨境电商零售的平台和独立B2C。目前国际上五大信用卡品牌Visa、Mastercard、AmericaExpress、Jcb、Diners club,其中前两个为大家广泛使用。

（五）中国香港离岸公司银行账户

卖家通过在香港开设离岸银行账户,接收海外买家的汇款,再从香港账户汇往大陆账户。

• 优点:接收电汇无额度限制,不需要像大陆银行一样受5万美元的年汇额度限制。不同货币直接可随意自由兑换。

• 缺点:香港银行账户的钱还需要转到大陆账户,较为麻烦。部分客户选择地下钱庄的方式,有资金风险和法律风险。

适用范围:传统外贸及跨境电商都适用,适合已有一定交易规模的卖家。

其余见表7.3。

表 7.3 国内外跨境支付企业经营模式(按企业类型划分)

企业类型	企业名称	服务/产品	服务类别	服务对象	支付卡/币种	结算币种	覆盖地区
境内第三方支付企业	支付宝	海外购	跨境购物	支付宝会员	人民币	外币	中国港澳台地区、日韩、英美、意大利、澳大利亚
	支付宝	外卡支付	跨境购物	境外持卡人	MasterCard、VISA 国际信用卡	人民币	港澳台
	快钱	国际收汇	跨境购物、外贸B2B	需拓展国际业务的外商企业	Visa、MasterCard、American Express、JCB 等主流国际信用卡、Paypal 账户	人民币	全球超过 190 个国家和地区
境内传统金融机构	银联	互联网认证支付服务	跨境购物、外贸、B2B	银联卡持卡人	人民币/银联卡	外币	中国香港、日本、美国等
	银联	境外ATM取款和刷卡消费	国际卡业务	银联卡持卡人	外币/银联卡(开通境外受理业务)	人民币	亚太、欧美、非洲、澳洲等
境外支付企业	Paypai	无境购、外贸一站通	跨境购物、国际卡业务、国际贸易	eBay 买卖家、paypal 合作银行卡用户	全球超过 15 000 家银行卡、信用卡、第paypal 账户	商家所在地区货币	全球超过 190 个国家和地区

目前,中国跨境支付市场上已经形成三股竞争力量。一是主要涉足跨境网络购物、外贸 B2B 市场的境内第三方支付企业;二是凭借强大的银行网络,不仅支持跨境购物、外贸 B2B,还覆盖了境外 ATM 取款和刷卡消费等国际卡业务市场的境内传统金融机构;三是在跨境支付市场上已成熟布局的,提供全球在线收付款业务的境外支付企业。

在网络经济高速增长的刺激下,全球网上购物市场的迅猛发展,网上支付观念深入人心,消费者跨境网购的需求日益强烈。电子支付跨境支付业务将呈现蓬勃发展的势头,并将更加市场化、专业化、多元化。

但由于跨境支付的特殊性以及作为提供支付结算服务一方的第三方支付机构不同于金融机构的运作、管理模式,应重视这种服务可能触发的风险问题:

(1)政策风险:违反外汇管制和人民币出入境管理的规定;违规进行非法套汇、结汇等外汇交易或人民币交易行为;违反税收征管和逃税的风险。

(2)金融风险:诱发赌博、诈骗、洗钱或促使热钱流入的风险;诱发沉淀资金风险、支付系统风险。

(3)监管风险:业务操作的不透明,交易的真假、消费者知情权和其他合法权益保护受阻,引发监管风险。

基于上述，国内第三方支付企业可从如下几点推进跨境支付业务布局：

(1) 充分掌握全球跨境支付市场的相关法律法规以及政策动向，促进合规经营，提高风险控制能力；

(2) 与政府、物流、电商、收单机构、发卡机构、商户等产业链上的国内外企业机构开放合作，抢占市场先发优势，巩固市场份额；

(3) 充分发挥企业境内的品牌和技术优势，积极推广创新支付渠道，拓展服务区域范围，在海外市场树立起优秀的品牌形象；

(4) 由于银联在国际卡业务方面占据了独有优势，更有利于开展境外线下支付服务。因此，第三方支付企业在跨境支付经营模式上，应在进一步开拓跨境购物支付业务服务区域的同时，积极拓展包括外贸 B2B 在内的传统国际间贸易支付业务等细分领域。

第四节 跨境电子商务发展趋势

一、我国跨境电子商务发展历程

传统外贸出口，一般包括"中国工厂—中国出口商—外国进口商—外国批发商—外国零售商—外国消费者"6 个环节。这种模式下，外贸中的最大份额的利润被流通中介获得，例如，一个在义乌市场售价为 1 元的钥匙扣，出口到澳大利亚后的售价将达 1 澳元（约合 5 元人民币），其中的 4 元除去物流费用后都被中间商所得。引入跨境电子商务后，出口环节可以简化为"中国工厂—外国零售商—外国消费者"，或者进一步简化为"中国工厂—外国消费者"，这样绕开很多外贸中间商，出口商品的价格可以进一步下降，提高我国商品在国外市场的竞争力。

我国政府非常重视跨境电子商务的发展，主要原因是近年来我国劳动力成本持续上升，国际市场需求疲软导致我国传统的外贸行业遭受很大的打击，进出口增速明显下跌，很多外贸企业尤其是中小外贸企业纷纷倒闭。跨境电子商务因为具备中间环节少、价格低廉和利润率高等优点呈现出良好的发展势头。并有望成为中国贸易乃至整个经济的全新增长引擎。

2012 年 5 月，中国启动了跨境电子商务服务试点，上海、重庆、杭州、宁波、郑州 5 个城市成为首批跨境电商新政策试点城市，其后广州、深圳前海以及青岛也相继获批了跨境电子商务试点城市。今后国家关于跨境电子商务的一系列措施将会逐步落地实施，会有更多条件合适的城市进行跨境电商试点。

未来几年跨境电商将快速发展，2017 年跨境电商交易额将占进出口贸易总额的 20％左右。而其中主导仍是出口电商，占比约保持在 80％以上，预计未来几年我国出口电商交易规模仍将保持 20％～25％的增速，2017 年将达到 6.64 万亿的规模。未来随着跨境物流、支付等环节问题的进一步突破和跨境电商企业盈利能力的进一步提升，行业将迎来黄金发展期，见图 7.15。

未来中国跨境电商重点将从 B2C 转向 B2B，电子商务的 B2B 具有更大的发展潜力。特别是通过推动制造型企业上线，促进外贸综合服务企业和现代物流企业转型，从生产、销售端共同发力，成为跨境贸易电子商务发展的主要策略。

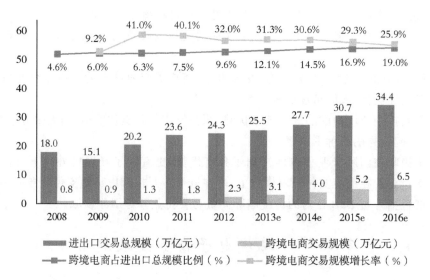

图 7.15　2008—2016 年中国进出口贸易及跨境电商市场交易规模

二、存在问题

尽管跨境电子商务存在诸多优势，但其在交易方式、货物运输、支付结算等方面与传统贸易方式差异较大。现行管理体制、政策、法规及现有环境条件已无法满足其发展要求，主要问题集中在海关、检验检疫、税务和收付汇等方面。

（一）跨境物流发展滞后

跨境电商主要以零售为主，金额小、体积小、频率高是其普遍特点，一般不大可能采用传统集装箱海运的方式运输，主要的物流模式包括：国际小包和国际快递、B2C外贸企业联盟集货、B2C外贸企业自身集货、第三方物流模式和海外仓储5种方式，其中国际小包和国际快递是最简单直接的物流方式，国际小包的特点是资费便宜，但是运送时间长，国际快递比国际小包运送时间短，但是运费较高；B2C外贸企业联盟集货和自身集货，两种模式都可以产生规模效益，可以有效降低运输成本，由于联盟内部的管理难度问题，多以自身集货为主；使用第三方物流，跨境电商可将有限的精力放在主营业务上；海外仓储模式由于需要在海外存货，可以有效提高发货速度，但是如果货物滞销所带来的成本会显著增加。跨境外贸的发展速度如此之快，国际物流发展还没有跟上节奏，跨境物流很多都依靠空运，增加了物流成本，这直接关系到买家对卖家的满意度、购物体验和忠诚度。

（二）通关手续繁琐，效率低

尽管基于互联网的信息流动畅通无阻，但是跨境货物流动并不自由，通关繁琐是跨境电商面临的一个共同难题。"额度小""频率高"是跨境电子商务的优势。其中，"额度小"决定跨境交易难以走集装箱；"频率高"意味着复杂漫长的传统外贸出口程序不适合跨境电子商务。

（三）结汇不易

根据我国现行政策，国外买家支付的款项只能通过个人储蓄账号结汇，但是我国限制个人结汇每年最高为5万美元，导致一些出口企业借用亲属账户进行结汇或者通过地下钱庄将外汇兑换成人民币,还有一种方式是通过第三方服务商,外贸企业在香港等离岸地区注册一个离岸账户把外汇转汇给服务商的离岸账户,然后服务商在国内按当日汇率把外汇转化为人民币给外贸企业,无论哪种结汇方式,都不算是正规的渠道,存在极大的风险。

（四）支付安全问题明显

跨境电子支付服务涉及企业、个人、银行及第三方支付平台等多个个体,典型的跨境电子支付服务方式主要包括网上银行支付服务系统和第三方支付平台参与的电子支付服务。网上银行支付服务系统主要用于 B2B 这种大额的交易方式,由于款项和收货有前后,很有可能会给交易一方带来货款两失的可能性,通过第三方支付平台,很有可能会存在大量资金沉淀,如果资金管理出现问题,或者是系统出现故障导致信息丢失都会给交易各方带来重大损失。

（五）退缴税制度匮乏、退税政策无法享受

出口退税是指对出口货物退还其在国内生产和流通环节实际缴纳的产品增值税和特别消费税等。目前,跨境电子商务主要以快件的方式,无法提供报关单,因而大部分卖家没有办法缴税,同时也享受不到出口退税的好处。

（六）专业人才欠缺

跨境电子商务人才是复合型人才,应具备英文网店管理、在线英语交流、海外网络营销策划及执行、搜索引擎优化、海外客户需求分析等应用能力,同时了解国际支付方式、国际物流工具、国际贸易常识、跨文化交流等知识,熟悉相关法律法规。然而,跨境电子商务属于新兴产业,本身人才存量不多,有经验的跨境电子商务人才更是少之又少,同时,高校与社会培训机构来不及对电子商务人才的培养与培训进行调整,故产生巨大的人才缺口。

三、我国跨境电子商务发展趋势

2015 年 6 月国务院办公厅印发《关于促进跨境电子商务健康快速发展的指导意见》,支持跨境电子商务发展,有利于用"互联网＋外贸"实现优进优出,发挥我国制造业大国优势,扩大海外营销渠道;有利于增加就业,推进大众创业、万众创新,打造新的经济增长点;有利于加快实施共建"一带一路"等重大倡议,推动开放型经济发展升级。针对制约跨境电子商务发展的问题,有必要加快建立适应其特点的政策体系和监管体系,营造更加便利的发展环境,促进跨境电子商务健康快速发展。

跨境电子商务的兴起是全球经济发展的必然结果,是历史潮流,跨境电子商务成本低、速度快、利润高的特点恰恰迎合了现在国际贸易的需求,并且我国的跨境电子商务平台如雨后春笋般越来越多,相信在未来十年内也将在世界上占据更大的市场份额,另一方面,越来越多的中小微企业加入到跨境电商中来,一个网络上的企业可以面向世界,更有利于打响品牌,最重要的是,我国政府大力扶持跨境电子商务,各种鼓励政策频繁出台,规范了跨境电子商务市场,也为跨境电子商务的开展提供了有力保障。今后我国跨境电商的产品品类和销售市场更加多元化,移动端成为跨境电商发展的重要推动力,产业生态更为完善,各环节协同发展,B2C 占比提升,B2B 和 B2C 协同发展。

本章小结

跨境电子商务近年来发展非常迅猛,具有全球性、无形性、即时性等特点。相比较国内电子商务成本低、易上手、盈利空间大,能有效绕过贸易壁垒的限制,因此极具发展潜力。跨境电子商务从大的方面可以分为进口和出口电子商务,交易主体可以分为 B2B、B2C 和 C2C 三种,从业务模式上又发展出很多种类型。跨境电子商务与国内电子商务的区别主要体现在跨境物流和跨境支付两个方面。尽管目前我国跨境电子商务发展迅猛,但也存在着诸如物流滞后、通关手续不够简化、退缴税制度匮乏及支付安全等方面的问题。2015 年 6 月国务院办公厅印发《关于促进跨境电子商务健康快速发展的指导意见》,为我国跨境电子商务的发展指明了方向并提供了政策支持,我国跨境电子商务将会更加健康的发展。

思考与练习

一、单选题

1. 下列关于电子商务的说法正确的是(　　)。
   A. 电子商务的本质是商务,而非技术 B. 电子商务就是建网站
   C. 电子商务是泡沫 D. 电子商务就是网上销售产品
2. 下列不属于网上零售网站的是(　　)。
   A. taobao.com　　B. ebay.com　　C. amazon.com　　D. google.com
3. 中国网络购物的主流人群是(　　)。
   A. 18 岁以下的青少年 B. 18～30 岁的年轻人
   C. 30～40 岁的白领人士 D. 40 岁以上的中老年人
4. 有关运费模版的描述中错误的是(　　)。
   A. 可以按照城市设置价格 B. 可以按照地域设置价格
   C. 可以按照物流方式设置价格 D. 能够帮助卖家节约时间
5. 我国当前的外贸政策规定,企业获得外贸经营权实行(　　)制度。
   A. 核准　　　　B. 审批　　　　C. 备案登记
   D. 不开放给一般公司和个人
6. 一般情况下,信用证所要求提供的单据,下列哪个传递过程是正确的(　　)。
   A. 卖方直接寄给买方
   B. 卖方寄给开证行,由开证行再交给买方
   C. 卖方交至议付行,由议付行交给买方
   D. 卖方交至议付行,由议付行寄给开证行,再由开证行交给买方
7. 信用证是一种(　　)信用。
   A. 商业　　　　B. 银行　　　　C. 民间　　　　D. 企业
8. 跨境电商未来的发展呈现出(　　)的趋势。
   A. 产业生态更为完善 B. 产品品类和销售市场更加多元化

C. B2C 占比提升，B2B 和 B2C 协同发展　　　D. 上述都对
9. 当前占跨境电子商务比重较低，但增长最为迅速的是(　　)部分。
A. 跨境 B2B　　　B. 跨境 B2C　　　C. 跨境 C2C　　　D. 跨境 B2G

二、多选题

1. 网上零售的范围包括(　　)。
A. C2C　　　B. B2B　　　C. B2C　　　D. C2B
2. 网上零售的特点是(　　)。
A. 参与者众多　　　　　　　　　B. 覆盖面广
C. 产品种类和数量丰富　　　　　D. 交易方式灵活
3. 以下禁止在淘宝网上销售的产品是(　　)。
A. 原味内衣　　　B. 匕首　　　C. 感冒药　　　D. 手机充值卡
4. 关于支付宝的说法正确的是(　　)。
A. 支付宝可以保证资金的安全，并且不需要有手续费
B. 买家使用支付宝时最好申请数字证书以保证账户资金安全
C. 买家使用支付宝进行购买不需要通过任何认证
D. 支付宝是第三方中间平台，目前是免费的
5. 以下属于消费者保障服务的是(　　)。
A. "如实描述"　　　　　　　　　B. "7 天无理由退换货"
C. "虚拟物品闪电发货"　　　　　D. "数码与家电 30 天维修"
6. 发布商品可以选择的发布方式是(　　)。
A. 定时发布　　　B. 一口价发布　　　C. 随机发布　　　D. 拍卖发布

三、判断题

1. 中国网上零售未来发展的趋势是 B2C 与 C2C 的界限越来越明显。　(　　)
2. 物流在电子商务的"三流"中居于领导和核心地位。　(　　)
3. 淘宝网目前业务跨越 C2C(个人对个人)、B2C(商家对个人)两大部分。　(　　)
4. 一般情况下，平邮、邮局快递包裹、EMS 是全国各地都可以送货上门的。　(　　)
5. 平邮、快递都可以在网上查询地点、签收人、签收日期。　(　　)
6. 跨境电商虽然市场规模大但受地域限制，增长速度相对缓慢。　(　　)
7. 跨境电商交易涉及中间环节较少。　(　　)
8. 当前，物流已不再是制约跨境电商发展的重要因素。　(　　)

四、实践操作题

1. 调研本单位或者熟悉本地企业开展跨境电子商务的情况，以其中一次交易为例写出交易流程，阐述与传统外贸相比有哪些优势和建议改进的地方。
2. 登录京东全球购、天猫国际、一淘网或者其他跨境电子商务网站并购买自己需要的商品，写出经过并与其他代购形式比较一下各自利弊。
3. 列举实例阐述跨境电子商务社交媒体营销的策略和优势。

五、案例分析题

专注日本市场 B2B2C 模式的"速贸天下"

在许多跨境电子商务网站纷纷专注于俄罗斯、巴西等市场之际,另一个小语种市场——日本,却被很多人忽视,或者说,因为日本市场的攻坚难度太大,让许多人都选择浅尝辄止。

"速贸天下"是少数在日本市场获得成功的跨境电商企业。这是一个跨境 B2B 在线交易平台,专注小语种国家市场(目前仅针对日本),其主导的模式是让中国的制造商或批发商点对点地与海外的零售商对接,即为业内俗称的 B2B2C 的"小 B"模式。适合在"速贸天下"平台做生意的企业,必须是拥有产品且库存充足的商家,因为"速贸天下"是一个快速交易平台,所以只有此类商家才能在其平台上做得更好。

对于日本市场,近年来,国内有许多电商平台都致力于日本市场的开发,但很多到最后都体无完肤,以失败告终。因为很多卖家在关注产品的同时,却忽视了服务的重要性,这是进不了市场的根本原因。而"速贸天下"正是意识到了这一点,通过切合日本风俗的一站式服务才成功打开了日本市场。

据介绍,日本是个典型的月光族国家,整个社会人群几近 100% 持有信用卡,这也大大反映出日本市场的强大消费需求。此外,虽然日本只有 1 亿 2 千多万人,但市场上用户的采购能力却是中国人的 5 倍以上,是中国出口贸易的第二大国家。

目前日本对中国采购量最大的品类是服装,其次是计算机、通讯和消费类电子(3C)产品,还有汽配等,"速贸天下"初期仅做服装。因为 2011 年上线的"速贸天下"刚开始做的不仅仅是服装,还有 3C 以及其他品类。不过在运行一段时间后,资源的过渡分散无法将每一品类都做好,因此结合市场需求以及主创人员对产品的熟悉程度,最终选择了服装作为主打产品。据悉,日本跨境网购市场上对服装的需求量很大,因为日本互联网上 70% 以上的商品都是境外采购,而非本土研发。

在支付及物流环节,"速贸天下"使用的是自主研发的支付体系,对接海外与国内,切入到整个交易环节,为用户的交易做担保。而在物流方面,其采用的是第三方服务,通过整合市场上最好的物流公司来服务其海外用户。传统交易的物流成本是由卖家承担,而在"速卖天下"交易的物流成本是由买家承担,买家可根据自身情况选择物流运输方式,这既降低了买家的物流成本,也能同时保障卖家。

卖家入驻"速贸天下"是完全免费的,只需成交后缴纳 6% 的手续费即可,同时还会为用户在海外承担 3% 的收单成本,因此相当于平台实际只收取 3% 的手续费。

问题:
1. 分析"速贸天下"的细分市场策略及以后发展战略。
2. 与速卖通、兰亭集势等大型出口跨境电商比有哪些可借鉴的地方。

第七章 跨境电子商务

第八章　服务业与电子商务

☞ **本章学习目标**
1. 掌握电子商务服务业的涵义、构成及分类；
2. 了解网上证券、网上保险的功能及发展；
3. 理解虚拟旅游的含义和特点；
4. 掌握网络教育的内容及发展；
5. 理解网络会计的功能及流程。

电子商务经过二十多年的快速发展，现在已经渗透到社会各行各业的各个角落，它与人们的日常生活密不可分，与"传统商务"的概念界限也越来越模糊。由起初理解的门户类网站卖商品，到制造业企业卖商品，再到C2C以及现在的跨境电子商务和移动电子商务等，还有后起的农村电子商务，几乎可以说是无处不在，无时不有。电子商务对社会经济发展的推动无疑是巨大的甚至是颠覆性的。

从理论上说，电子商务属于现代服务业的范畴。从实践上看，电子商务的功能作用更适合于服务业的效率提高和创新发展。可以说电子商务与服务业是相辅相成、互相支撑的关系。电子商务的运用促进了服务业的发展，服务业的发展需求又为电子商务的技术、业务等提升了空间。可以确定的是，服务业的发展催生了一个前所未有的电子商务服务产业。因此本章先重点阐述电子商务服务业，另外选取服务业中与电子商务联系紧密，对人们日常生活影响最大的几个行业，如网络金融、网上旅游、网络教育进行阐述。会计服务也属于服务业的范畴，网络会计是计算机网络信息及通信技术在会计中的成功应用，近年来受到企业和会计服务机构的广泛重视，因此也在本章中一并阐述。

第一节　电子商务服务业

服务业一般是指生产和销售服务产品的生产部门和企业的集合。电子商务是基于信息技术，以电子化方式为手段，以商务活动为主体，在法律许可范围内进行的各种商务活动。在服务业广义概念的理解上，电子商务本身属于服务业的范畴，是服务业的电子商务部分，属于现代服务业的一个重要组成部分。

电子商务服务业与服务业的电子商务有着根本的区别。服务业的电子商务是传统服务业的电子化，是利用信息技术实现传统服务业的升级。电子商务服务业是指伴随电子商务的发展，基于信息技术衍生出的为电子商务活动提供服务的各行业的集合，是构成电子商务系统的一个重要组成部分和一种新兴服务行业体系，是促进电子商务应用的基础和促进电子商务创新和发展的重要力量。

一、电子商务服务业的涵义

电子商务服务业从从广义来说是指以互联网为基础媒介,以广播电视网、电信网等为辅助平台,以信息技术为主要支撑手段,以电子商务为主要活动方式的企业集合,其实质是传统服务业借助互联网信息技术的优化升级后实现的服务电子化。从现代服务业的角度看,电子商务服务业以互联网等计算机网络为基础工具,以营造商务环境、促进商务活动为基本功能,是传统商务服务在信息技术——特别是计算机网络技术条件下的创新和转型,是基于网络的新兴商务服务形态,位于现代服务业的中心位置,与传统服务业有着显著的区别。

狭义的电子商务服务业是指以电子商务综合服务商为主体,包含电子商务交易平台服务业、电子商务信用服务业、电子商务认证服务业、电子商务物流服务业、电子商务代运营服务业、电子商务咨询服务业、电子商务教育培训服务业、电子商务数据基础服务业、电子商务金融服务业、电子商务安全服务业等组成的,基于电子商务,并且专门为电子商务活动提供服务的新兴服务行业体系。

二、电子商务服务业的分类

(一)按服务行业特点划分

按服务行业特点划分,电子商务服务商可以分为综合性电子商务服务商和行业性电子商务服务商两种类型。

综合性服务商是不区分行业,为所有行业厂商和所有产品、服务提供交易服务,综合服务商往往需要发挥互联网的聚集效应才能实现迅速成长并盈利,对企业的系统要求极高,否则很难生存。此外,如何支撑和管理这个平台也是个巨大的挑战。因而这种综合性的公司目前还为数不多,以后大规模涌现的可能性也不高。行业性服务商是专注于某一行业或产品、服务,如中国化工网等。

(二)按主营服务跨度划分

按主营服务内容跨度不同,电子商务服务可以分为电子商务全程服务商和电子商务专业服务商两种类型。电子商务服务内容涵盖建站、运营、推广、服务等几个大环节,每个环节又包括各种丰富的单功能服务,比如战略咨询、网站建设、网络推广、营销策划、培训指导、物流仓储、市场分析等。全程服务商是指那些具备为客户提供全程运营服务内容的服务商,专业服务商是指那些只负责某一两个环节服务内容的服务商,如市场调查、采购、分销或售后等。

(三)按平台服务性质划分

电子商务服务平台是电子商务服务业的核心,也是电子商务服务业越来越重要的表现形式。按电子商务平台给客户提供的服务内容不同,电子商务服务主要分成交易、技术和业务三种类型的服务平台(见图8.1)。

(1)电子商务交易服务平台:提供网络营销、网上销售、网上采购和交易信息发布等交易服务(见图8.2),如阿里巴巴、慧聪网等。

(2)电子商务业务服务平台:提供基于网络的研发设计、现代物流、财务管理、人力资源、管理咨询和技能培训等服务,如金算盘全程电子商务平台等。

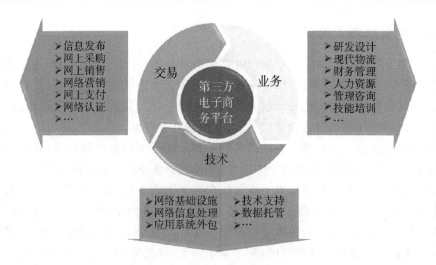

图 8.1 电子商务服务体系

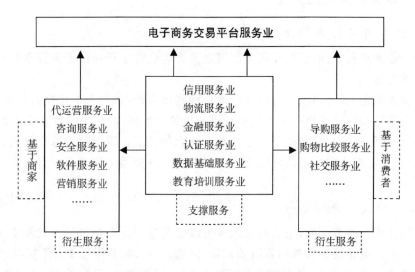

图 8.2 电子商务交易平台服务业

(3)电子商务技术服务平台:提供网络基础设施和技术支持,以及基于网络的信息处理、数据托管和应用系统等 IT 外包服务,如中国万网等。

(四)其他分类方法

除了按以上三种标准分类,电子商务服务业还有一些其他分类的标准。比如按平台服务内容不同,可以分为电子商务技术服务提供商、电子商务网站运营服务提供商、电子商务经营企业三种类型。也有将提供此类服务的企业,分为服务外包企业、物流配送企业、支付宝第三方支付、网店服务、呼叫中心、短信系统、网络营销、在线客服、网站监测、淘宝图片、邮件系统等细类。此外,还可以按服务对象(是厂商还是个人消费者)、交易品(是有形的还是无形的)、服务媒介(是线上还是线下)、地域(是地方还是全球)等划分。

三、电子商务服务业发展特点

近年来,全球电子商务服务业发展十分迅速,对经济活动的影响越来越大,正在重构全球经济格局,加速信息社会进程,并对未来信息社会的形成、结构和演化产生重要影响。电子商务促进社会分工进一步细化,基于网络的电子商务交易服务、业务服务、技术服务的服务模式和服务产品不断创新,服务规模逐渐扩大,成为国民经济新的增长引擎。

(一)服务商角色多元化

随着电子商务应用的多元化,服务商也呈现出多元化的发展趋势,传统服务商转型"网上"市场,新兴服务商和自营网商转型成为服务商。现在地方政府、物流服务商、电子商务运营服务商、网商联盟等联合建立网商创业园区,园区通过政策支持、资金补贴、税收优惠等措施吸引网商入驻,网商们共享办公区、宽带、物流、培训等基础设施,从而形成了更广泛意义上的电子商务服务商群体。

(二)服务领域全面化

电子商务服务商提供的服务已经覆盖了电子商务交易流程的各个环节,目前主要的服务内容比较集中在软件、营销、运营、物流、仓储等环节。随着培训、咨询、保险、市场研究、质量检测、融资等方面的电子商务应用需求凸显,这些领域也将逐步涌现出一批专业的服务商,而这些服务商服务的对象也正在逐步扩大范围到各种形式的客户群体,包括独立 B2C 网站、传统品牌企业、外贸代工转型企业、大卖家、中小卖家等。

(三)服务模式丰富多样

电子商务应用客户类型多种多样,客户商业模式也多样化,客户需求、服务类型等方面都存在不同程度的差异。为了适应这种差异化,服务商在服务模式方面也在不断创新和改变,提供相应的服务产品模式。目前主流的服务模式根据应用和服务两个维度,大体可以分成四种基本模式。即针对客户的"量身定制"服务;一对多的在线进销存及客户关系管理等的软件平台服务;多对一的客户问题整体解决方案集成服务;多对多的需求服务等。

(四)服务商之间建立多样联系

在整个电子商务服务产业链中,各个业务环节之间关系密切,不管是什么类型的服务商都很难独立不与其他服务商形成合作关系,因为他们可能会面对共同的客户和相似的问题,也还没有哪一家服务商的规模和资源能力已经能够完全独立为任何电子商务应用企业提供所有电子商务服务内容,所以各服务商之间会很自然地建立起各种联系。借此分享客户和行业相关的信息、经验和知识,优势互补形成互补型合作关系。处于产业链的不同环节,对相同的目标客户群互惠互利,共享各自的客户资源。

四、电子商务服务业的发展趋势

电子商务服务业的兴起和发展在推动电子商务进一步快速发展的同时,也对经济社会的进一步发展产生了深远的影响,促使传统经济发展模式转型、社会大规模协作分工,提高了资源的配置效率,在扩大内需、增加就业、提供产业经济力和经济持续协调发展方面也具有历史性的意义和影响。电子商务服务商为交易提供了方便、高效的基础设施,在交易的各个环节提供专业的服务,提高了交易对象的可得性和交易过程的便利性,从而有效地降低交易成本。

大力发展电子商务服务业,对于优化产业结构,加速经济转型,把握全球电子商务发展的主动权,具有十分重要的战略意义。未来几年,电子商务服务业将呈以下发展趋势:

(一)服务规模进一步扩大

未来电子商务服务的规模会进一步扩大,将会出现更多的百万会员数量级的电子商务服务平台,从而进一步强化电子商务服务的规模效应和网络效应,进一步提高电子商务服务平台的生存能力和服务能力。电子商务服务的服务模式将进一步创新,在服务环节、服务范围和服务功能上均实现大的突破。电子商务交易服务的服务环节从交易前向交易中和交易后延伸。未来几年,电子商务交易服务平台将有选择地针对一部分类型的企业、产品和服务,提供在线成交和交割服务;电子商务服务的服务范围从外部市场交易向企业内部运营渗透,通过提供在线软件和信息系统服务等,为企业提供全面运营服务。电子商务服务平台从"工具性平台"向"生态性平台"升级,构建和服务于基于电子商务服务平台的电子商务生态,将成为未来电子商务服务平台的重要功能。

(二)市场进一步细分和趋于专业化

随着电子商务的发展,专业化分工将越来越细致,为电子商务第三方服务企业提供了市场机遇。电商服务企业利用其在细分领域的专业服务帮助企业提升服务和用户体验。在未来发展中,需要电子商务服务企业将专业提供企业建站、推广、在线客服、在线支付、售后服务等各个环节的服务。

(三)移动电子商务领域服务成热点

随着互联网技术与通信技术的成熟和融合,移动电子商务已经成为电子商务领域的热点,移动电子商务领域的相关服务需求也正逐步得到释放,所以针对移动电子商务方面的服务内容和资源,将成为电子商务服务业的下一个重点方向,也会催生或者吸引众多新兴的服务商出现或跨界竞争,比如通信技术类公司正在凭借自身在通信领域的技术优势和资源向电子商务市场发起猛烈的攻击,例如中国移动就一直比较关注移动电子商务应用的推进和开发,并正试图成为整个产业链的主导者。

(四)全球化时代即将到来

电子商务服务方式的出现,突破了传统贸易以单向物流为动作格局,实现了以物流为基础,信息为核心,商流为主体的全新战略。这意味着只要市场的开放程度纳入一定的规范,电子商务就具备可贸易的条件,将畅通无阻地进入国际贸易领域。电子商务服务通过建立全球化的交易规则、标准和服务体系,在不同国家地区贸易商之间、贸易商和政府之间形成高效的电子化业务流程,进而实现跨境电子化贸易和贸易高效化。

第二节 网络金融

所谓网络金融,是指基于金融电子化建设成果在国际互联网上实现的金融活动,包括网络金融机构、网络金融交易、网络金融市场和网络金融监管等方面。从狭义上讲,是指在互联网上开展的金融业务,包括网络银行、网络证券、网络保险等金融服务及相关内容。网络金融以客户为中心的性质决定了它的创新性特征。为了满足客户的需求,扩大市场份额和增强竞争实力,网络金融必须进行业务创新。这种创新在金融的各个领域都在发生。但网络金融的创新也给网络金融业带来基于网络信息技术导致的技术和基于网络金融业务特征导致的经济等风险。由于网络信息传递的快捷和不受时空限制，网络金融也会使传统金融风险在发生程度和作用范围上产生放大效应。由于网络银行已经在前面第五章专节阐述，所以这里重点阐述网上证券和网上保险。

一、网上证券

网上证券是证券业以互联网等信息网络为媒介，为客户提供的一种全新商业服务。网上证券包括有偿证券投资资讯（国内外经济信息、政府政策和证券行情）、网上证券投资顾问、股票网上发行和买卖与推广等多种投资理财服务。

网上证券交易，是指投资者通过互联网来进行证券买卖的一种方式，网上证券交易系统一般都有提供实时行情、金融资讯、下单、查询成交回报、资金划转、开户、销户及密码修改等服务功能。

网上交易使得客户彻底突破传统远程交易的制约，无须投入附加的远程信息接收硬件设备，在计算机或者手机上就可以全面把握市场行情并进行交易（流程见图8.3）。另外，网上交易包容了证券活动的方方面面，使投资者足不出户就可以办理信息传递、交易、清算、交割等事务，节约了大量的时间和金钱。对券商而言，网上交易的大规模开展，可以大幅度降低营业部的设备投入和日常运营费用。此外，现在网上交易通常采用对称加密和不对称加密相结合的双重数据加密方式，再加上证券公司本身的数据加密系统，使得网上证券交易的安全性有所保障。

（一）网上证券交易风险

网上证券交易除具有一般证券交易的风险外，还具有以下风险：

（1）因在互联网上传输原因，由于电脑病毒、黑客侵入、硬件设备故障的影响，可能导致行情和委托交易指令出现中断、停顿、延迟、数据错误等情况，使投资者不能正常进行委托或发生错误交易。

（2）由于投资者不慎将股东账号、交易密码或身份识别（CA）证书文件遗失，存在发生违背投资者意愿委托的风险或投资者身份被仿冒的风险。

（3）由于投资者委托他人进行网上证券委托，存在被委托人违背投资者意愿买卖证券或提取资金的风险。

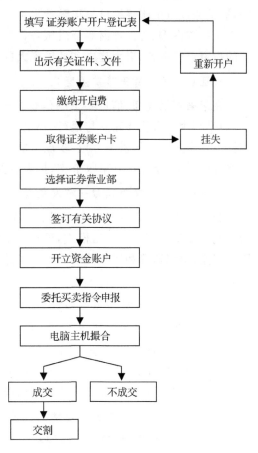

图8.3 网上证券交易流程

(4)互联网发布的证券行情信息及其他证券信息由于传输速度的原因可能滞后或可能出现错误或误导,投资者有据此操作造成损失的风险。

(5)由于相关政策变化,网上证券委托规则、委托软件和委托办法发生变化导致风险。

(二)网上证券未来的发展

1.证券市场的发展速度加快

证券市场是一个快速多变、充满朝气的市场。在证券市场发展过程中,网上证券作为证券市场创新的一种新形式,发挥了积极的推动作用。证券市场的品种创新和交易结算方式的变革,为网上证券建设提出了新的需求;网上证券建设又为证券市场的发展创新提供了技术和管理方面的支持,两者在相互依存、相互促进的过程中得到了快速发展。

2.证券业的经营理念在实践中发生变化

未来的证券公司将不再以雄伟气派的建筑为标志,富丽堂皇的营业大厅不再是实力的象征,靠铺摊设点扩张规模已显得黯然失色。取而代之的是,依托最新的电子化成果,积极为客户提供投资咨询、代人理财等金融服务,发展与企业并购重组、推荐上市、境内外直接融资等有关的投资银行业务,努力建立和拓展庞大的客户群体将成为其主营目标。

3.证券业的经营策略发生变化

在未来网络互联、信息共享的信息社会里,证券公司将不再单纯依靠自身力量来发展业务,而是利用自身优势建立与银行、邮电等行业的合作关系。各行业在优势互补、互惠互利的前提下联手为客户提供全方位、多层次的立体交叉服务。这种合作会给各方带来成本的降低和客源的增加,从而达到增收节支、扩大业务的目的。

4.集中式网上交易成为一种发展趋势

我国证券行业正在向集中交易、集中清算、集中管理以及规模化和集团化的经营方式转换。网上交易采用这一经营模式,更有利于整合券商的资源,实现资源共享,节约交易成本与管理费用,增强监管和风险控制能力。可见,集中式网上交易模式符合未来券商经营模式的发展方向。

5.网上经纪与全方位服务融合

在固定佣金政策的大背景下,使得国内券商提前从价格竞争进入了服务竞争阶段。通常情况下,这一竞争阶段应该是在充分的价格竞争之后到来。价格竞争的直接结果是导致网上交易佣金费率的降低,当竞争达到一定程度后,仅靠减佣模式已不能维持下去时,全方位服务模式就会出现。这时候,券商的收入将由单一的经纪佣金转向综合性的资产管理费用。

6.网上证券交易正在进入移动交易时代

WAP(无线应用协议)为互联网和无线设备之间建立了全球统一的开放标准,是未来无线信息技术发展的主流。WAP技术可以使股票交易更方便,通过WAP可实现多种终端的服务共享和信息交流,包容目前广泛使用的和新兴的终端类型,如手机、PDA等设备。用户通过手机对券商收发各种格式的数据报告来完成委托、撤单、转账等全部交易手续。由此可见,未来几年基于互联网的移动证券交易市场将有巨大的发展空间。

二、网上保险

所谓网上保险,是指保险公司利用网络实现网上保险电子交易,即通过网络实现投保、核保、给付和理赔等工作。中国网络保险起源于 2000 年 8 月,平安保险公司开通了自己的全国性网站(见图 8.4)。平安保险开通的全国性网站 PA18,以网上开展保险、证券、银行、个人理财等业务被称为"品种齐全的金融超市"。平安保险在该网上可以实现从保单设计、投保、核保、交费到后续服务全过程的网络化。与此同时,由网络公司、代理人和从业人员建立的保险网站也不断涌现,如保险界等。目前,网络保险出现市场细分,比如针对车险市场,出现了较多的保险网站,还有专门销售个人人寿保险网站等。有些网站还获得了风险投资,在风险投资的推动下,网络保险将取得更大更快的发展,竞争也必然加剧。

图 8.4 中国平安寿险网站

(一)网上保险的特点

1. 虚拟性

开展保险电子商务不需要具体的建筑物和地址,只需要申请一个网址,建立一个服务器,并与相关交易机构做链接,就可以数字化形式在网络上进行交易。

2. 直接性

网络使得客户与保险机构的相互作用更为直接,它解除了传统条件下双方活动的时间、空间制约。与传统营销"一对多"的传播方式不同的是,网上营销可以随时根据消费者的个性化需要提供"一对一"的个性化信息。客户也可以主动选择和实现自己的投保意愿,无需消极接受保险中介人的硬性推销,并可以在多家保险公司及多种产品中实现多样化的比较和选择。

3. 电子化

客户与保险公司之间通过网络进行交易,尽可能的在经济交易中采用电子单据、电子传递、电子货币交割,实现无纸化交易,避免了传统保险活动中书写任务繁重且不易保存、传递速度慢等弊端,实现了快速、准确双向式的数据信息交流。

4. 时效性

网络使得保险公司随时可以准确、迅速、简洁地为客户提供所需资料,客户也可以方便、快捷地访问保险公司的客户服务系统,获得诸如公司背景、保险产品及费率的详细情况,实现实时互动。而且,当保险公司有新的产品推出时,保险人可以用公告牌、电子邮件等方式向全球发布电子广告,向顾客发送有关保险动态、防灾防损咨询等信息,投保人也用不着等待销售代表回复电话,可以自行查询信息,了解新的保险产品的情况,有效地解决了借助报纸、印刷型宣传小册子时效性差的毛病。

5. 个性化及多样化

保险公司通过因特网可以实现高效的客户关系管理,为客户提供更富个性化的专业产品和服务,同时也为他们提供了更多的保险产品和服务选择,对提高客户的满意度大有帮助。

(二)网上保险营运模式

保险行业的商业模式关乎整个行业的综合竞争力,是行业转型升级的重要推进力量。网上保险交易流程基本相同(交易流程见图 8.5)。截至目前,我国互联网保险已建立起以官方网站模式、第三方电子商务平台模式、网络兼业代理模式、专业中介代理模式和专业互联网保险公司模式等五种模式为主导的基本互联网保险商业模式体系。

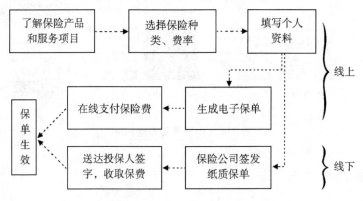

图 8.5 网上保险交易流程示意图

1. 官方网站模式

互联网保险的官网模式是指在互联网金融产品的交易平台中,大、中型保险企业、保险中介企业等为了更好地展现自身品牌、服务客户和销售产品所建立的自主经营的互联网站。建立官方网站的公司需要具备以下几个特点:一是资金充足。企业建立自己的官网,更多的是为了展现品牌、销售产品。为此,企业需要雄厚的资本,获取更多的流量和广告投入。二是丰富的产品体系。互联网金融中,很多企业是利用产品优势获得成功的,拥有几个或一系列完整的产品体系,满足客户在不同时期、不同状态下的需求,一直是选择官网模式的企业所追求的目标。三是运营和服务能力。一个官方网站要长足经营,需要充分建立和使用互联网快速、便捷、安全的线上管理信息系统、客户关系管理系统、企业资源计划系统等,对运营流程进行改造。

2. 第三方电子商务平台模式

第三方电子商务平台,是指独立于商品或服务交易双方,使用互联网服务平台,依照一定的规范,为交易双方提供服务的电子商务企业或网站。通常来说,第三方电子商务平台具有相对独立、借助网络和流程专业等特点。

从金融监管角度看,第三方电子商务平台模式存在着诸多漏洞。很多在售保险产品的第三方平台网站没有保险中介资质,在实际意义上不受监管约束,从而给消费者带来一定的风险。

3. 网络兼业代理模式

互联网时代衍生出网络化的兼业代理模式,逐渐成为目前互联网保险公司中介行业最主要的业务模式之一,以其门槛低、办理简单、对经营主体规模要求不高等特点而受到普遍欢迎。

4. 专业中介代理模式

继下发《保险代理、经纪公司互联网保险业务监管办法(试行)》后,保监会在2012年2月正式向社会公布了第一批包括中民保险网等19家企业在内的获得网上保险销售资格的网站,互联网保险公司中介网销的大门就此打开。此后保险中介业务规模得到高速发展,但诸多问题也随之显现。

5. 专业互联网保险公司模式

一些专门做互联网业务的公司也涉足保险业务,一些保险公司也涉足纯互联网业务,争夺互联网市场。根据保险公司经营业务主体的不同,专业互联网保险公司大致分三种:产寿结合的综合性金融互联网平台、专注财险或寿险的互联网营销平台和纯互联网的"众安"模式。虽然专业互联网保险公司模式已得到社会广泛关注,但目前其线上成交的保费规模比较小,运营模式也都在不断的探索和尝试之中。随着互联网金融环境的逐步成熟,专业保险电子商务公司的不断创新,预计在不远的将来,线上交易会逐步以其独特的优势成为保险公司金融互联网的中坚力量。

(三)网上保险业的发展

目前,中国发展网络保险,机遇与威胁并存。机遇主要表现在:中国拥有广阔而优良的潜在市场。目前,中国已有网民7.63亿以上,其中有27.38%的网民希望通过网络得到金融、保险服务。网民逐步显现出年轻化、知识化的特征,并且平均收入水平较高。这些网民观念新,乐意选择优秀的保险品种,有利于网络保险业务的开展。与此同时,一些不利因素也威胁着我国发展网络保险:一方面是观念与意识的制约。许多人还不适应"鼠标+键盘"的投保方式,观念转变需要有个过程,尤其是人们的观念和信心是个不容忽视的问题。要让网络保险在中国发展,还得从营销观念、经营环境等方面着手,提升自身品牌实力。各保险机构可根据我国网络保险的发展状况,结合公司中长期发展战略和经营计划,组织人员,拿出资金,有针对性地研究制定保险网络营销管理规划,进行网络保险客户的调查与跟踪,以确定市场定位并进行方案设计。要推进以客户为导向的网络保险战略,推行对客户的高附加值个性化的保险服务,以其独特的优势吸引客户。

完善的法律是网络保险有序发展的有力保障。为满足网络保险的发展需要,有关部门必须建立健全相应法规,为网络保险创造良好的法律环境。保险监督管理委员会和保险行业协会也要制定网络保险管理办法,解决网上安全支付、电子合同和电子签名等有关技术难题。

第三节 网络旅游

网上旅游也叫旅游电子商务,是指旅游行业或者旅行社利用因特网在线为消费者提供服务并促成旅游消费完成的活动。随着技术的发展,网络旅游又增加了虚拟旅游的内容。因此现在一般把网络旅游分为在线旅游服务与虚拟旅游两部分。

一、在线旅游

在线旅游是指旅游服务提供者依托互联网,提供旅游信息查询、产品预订及服务评价等旅游服务,包括铁路服务部门、航空公司、酒店、景区、海内外旅行社等旅游服务供应商及搜索引擎、OTA、电信运营商、旅游资讯及社区网站等在线旅游平台。随着社会经济的发展,人们的消费观念也在不断地发生变化,人们在出游前,打开浏览地当地的网站,了解一下当地的景点、历史、美食及文化,获取旅游方面的知识及服务价格等,已经成为常态,行为变化促进了在线旅游的发展。

(一)在线旅游流程

在线旅行是指旅游消费者通过网络或电话向旅游服务提供商预订机票、酒店、旅游线路等旅游产品或服务,并通过网上支付或者线下付费,最终在线达成旅游消费交易成功的活动,也算做网络旅行交易(流程见图 8.6)。

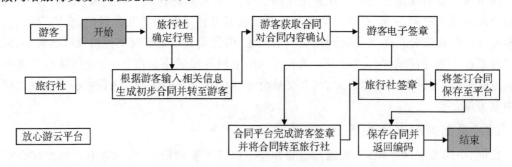

图 8.6 在线网签业务流程

在线旅行网签按服务类型分为:在线订房、在线订票以及度假产品及其他预订。网上订房指旅游消费者通过在线旅游服务提供商的网站提交预订订单,提交成功后由消费者通过网上支付的形式或者凭预订单号直接到预订的酒店宾馆前台付费成功的交易,也算做网上订房交易。网上订票指旅游消费者通过在线旅游服务提供商的网站提交预订订单,提交成功后由消费者通过网上支付得到电子机票或者等机票送票上门后付费成功的交易,也算做网上订票交易。

从市场类型来看,在线旅行预订按市场类型可分为休闲旅游与商务旅游。休闲旅游市场指用户因个人原因出行而形成的旅游市场;商务旅游市场指用户因公务原因出行而形成的旅游市场。网上预订旅行服务除了具有方便性、价格透明便于比较的优势之外,互联网自身的特性也会吸引更多的出行者上网搜集信息,与"驴友"交流,而资讯+交流+预订的一站式服务是网上旅游厂商发展的必然趋势,且随着中国电子商务各环节的逐步成熟,选择网络一站式服务的用户必将增多。另外,运营商为开拓市场,或打出价格牌、或打出服务牌,也将使选择在线旅行预订的用户继续保持增长。

(二)中国在线旅行预订市场特点

(1)整合与合作。主要体现在两点:一方面在线旅游企业与中上游产品供应商的合作日渐紧密和多元化,使得旅游企业能够更好地开发出丰富的旅游产品和服务,另一方面在线旅游企业与平台、门户、社交媒体的合作日渐丰富,这种与平台、门户、社交媒体的合作能够给企业带来更大范围内的用户覆盖以及用户的无缝浏览和预订消费。

(2)预订模式创新。随着智能手机的进一步普及,基于LBS的更深层次的旅游预订应用必将百花齐放,为消费者提供随时随地、个性化的预订体验。

(3)休闲度假。休闲度假、景区门票是在线旅游行业近两年来出现的新领域,进入门槛较低,但是发展门槛高,需要不断地对上游产品供应链进行介入和整合,优化用户的消费体验,以及扩大产品和服务在全国的网络覆盖,提升客户服务能力。商务服务的空白细分市场,加速提高了我国旅游电子商务的服务水平。经过几年的发展,现有的旅游电子商务服务主体结构已形成了在线旅游预订服务商、在线旅游搜索服务商、在线旅游资讯服务商、在线旅游B2B交易平台4种主要类型。

(三)旅行社在线业务模式

1. 网络销售模式

目前,旅行社行业内,批发商、组团社、地接社分别都有传统门店、自建官方B2C网站、第三方B2C平台三种面对终端的销售渠道,但是各自的侧重依然不同。从旅行社销售模式可看出,不同旅行社销售渠道的布局是有所不同的。在互联网模式下,批发商和组团社之间存在一些加盟门店的模式,即通过聚合多个组团社,以第三方加盟公司的平台对接批发商采购产品;组团社和地接社之间存在一些B2B平台的模式,即通过互联网为组团社和地接社提供信息交换的平台。

2. 传统的门店模式

传统的门店模式——在人群群集的地方设立营业部收取客源。

3. 自建官方B2C网站

自建官方B2C网站是指在互联网时代下,批发商/组团社/地接社均可以通过互联网来接触终端用户,成本低廉,因此这些旅行社都纷纷建立自己的官方B2C网站,差异点在于不同旅行社对自建官方B2C网站的投入力度有所不同。此外互联网的到来也萌生出完全依托互联网招徕游客的在线旅行社,如途牛旅游网、驴妈妈等。

4. 第三方B2C平台模式

第三方B2C平台模式指的是部分旅行社借助于第三方B2C平台(如淘宝旅游频道)来进行网络销售,这也是第三方B2C平台依托自身强大的用户规模进军旅游市场的体现。

就目前旅行社电子商务网站来看,其实也没有局限于某一种单一模式,例如,同程网虽然是 B2B 的领军企业,但它同样可以办理 B2C 的业务。从价值链的角度来看,旅行社作为旅游企业与旅游者的中介,在其所实施的商业模式中也理应包括上游旅游企业和下游最终旅游者,只有这样,旅行社才能在旅游企业提供的旅游产品与最终旅游者的需求之间进行有效的整合,以达到促成交易的目的。所以旅行社可以考虑实施集 B2B、B2C、C2C 和 C2B 四种模式于一体的综合型电子商务模式。即旅行社 B2B2C、C2C2B 和 B2C2C 电子商务模式。这样在同一个平台上就可以实现不同交易对象的交易,由于在互联网这个特殊领域存在着"拥抱标准",即用户越多就越聚集的现象是对网络中实现信息反馈的结果,所以综合型模式在聚集人气的同时降低了交易费用,另外也有利于该网站的营销。综合型电子商务模式具体来说,就是在原两个交易对象中,增加第三个交易对象,以使电子商务模式更符合企业、客户以及社会发展的需要。

虽然旅行社实施电子商务具有必要性,但是不同的企业应根据自身条件以及发展阶段采取不同的电子商务模式,而不应该一味地追随模仿,只有这样企业发展才能越来越好。

二、虚拟旅游

虚拟旅游,指的是建立在现实旅游景观基础上,利用虚拟现实技术,通过模拟或超现实景,构建一个虚拟的三维立体旅游环境,网友足不出户,就能在三维立体的虚拟环境中遍览遥在万里之外的风光美景,形象逼真,细致生动。通过互联网和其他载体,虚拟旅游将旅游景观动态地呈现在人们面前,旅游者可以根据自己的意愿来选择游览路线、速度及视点,还可以参与发生的事件,或与其他参与者进行交流。

(一)虚拟旅游应用的意义

(1)用于旅游规划。由于虚拟旅游用计算机模拟景区,能逼真地展示规划设计方案,可操作性强,并易于修改,可以预见其必将在旅游规划设计中得到更广泛、更深入的应用。

(2)再现旅游景观。针对那些已经不存在的旅游景观或是即将消逝的旅游景观开发虚拟旅游,是保护、再现和传播自然文化遗产的有效途径,可以实现景区的可持续发展。

(3)弥补现实缺陷。虚拟旅游为人类开辟了一个新的生存和休闲空间,在其中"人性"得以充分的展示和发挥,在一定程度上弥补了现代社会在精神文化功能上的缺失。

(二)虚拟旅游的特征

(1)超时空性。虚拟旅游能将过去世界、现时世界和未来世界拥有的物体和发生的事件单独呈现或进行有机组合,并可随时提供给参与者。

(2)交互性。交互指人与计算机之间的沟通,虚拟旅游利用多种传感器与多维信息空间发生交互作用。

(3)高技术性。虚拟旅游依托于现代化的虚拟现实技术及以互联网为核心的现代信息技术,脱离了高新技术,虚拟旅游就不可能产生。

(4)经济性。虚拟旅游摆脱了客观条件的限制,降低了费用,避免了多种不可抗力的约束,从而使得"旅游"更加便宜。

(5)多感知性。虚拟旅游环境能够给予旅游者景象、声音、接触、经历等多种感知,使人有身临其境的感受。

由于时间、空间、经济等等客观因素的限制,大多数人的旅游需求难以得到充分的满足,这时基于计算机网络具有交互式多维可视化等特点的虚拟旅游就成为灵活便捷的选择。

（三）虚拟旅游的盈利模式

虚拟世界本就是互联网发展中的一个新兴领域，对于虚拟旅游如何实现收益的问题，国内外仍在进行不断的探索。就目前来看，基于虚拟旅游的基本结构体系，其盈利模式主要分为以下几个部分：

（1）旅游目的地营销。虚拟景观游览系统对旅游目的地起到了实地旅游之前的有形展示作用，在这种营销模式中，虚拟旅游网站可收取大量的广告费用。这也是目前虚拟旅游网站的主要利润点。虚拟旅游给旅游者提供了一个获取旅游信息的平台，而对那些知名度不高的景区而言，则是一个新的宣传手段。因此，虚拟旅游运营商应该主要瞄准那些有潜力但现在还比较冷清的3A或4A级景区。

（2）植入式广告。当虚拟旅游网站具有较高知名度并达到一定会员规模的时候，可以与除旅游目的地的其他企业接洽，将其商业广告内置，以获取广告收入。例如，在虚拟景观游览系统的某些场景中，增设客户品牌的酒店、餐馆、茶社、商场等，或者是企业标识、吉祥物、产品广告牌等等，但要注意广告的投放技巧，避免生硬的植入，最好使其自然地融入虚拟旅游的情节之中。

第四节　网络教育

教育是指由特定的教育组织机构，综合应用一定社会时期的技术，收集、设计、开发和利用各种教育资源、构建教育环境，并基于一定社会时期的技术、教育资源和教育环境为学生提供教育服务，以及出于教学和社会化的目的进而为学生组织一些集体会议交流活动（以传统面对面方式或者以现代电子方式进行），以帮助和促进学生远程学习为目的的所有实践活动的总称。20世纪90年代以来，网络技术发展推动了人类社会向信息社会的迅速转变。网络媒体从一登上舞台就显示出其强大的生命力、巨大的信息优势以及快速的渗透方式，网络媒体具有无法替代的实时交互功能，这让网络教育成为一种极富自身特色的崭新教育形式。

网络教育涵盖了所有以网络及其他电子通信手段提供学习内容、运营服务、解决方案及实施咨询的市场领域。从细分市场看，可分为幼儿网络教育、中小学网络教育、高等网络教育、企业 E-Learning 网络教育、职业与认证培训网络教育五个市场。

在中国现代远程教育有时也称网络教育，多数从事高等教育的现代远程教育机构为国家开放大学（见图 8.7）及普通高校的网络教育学院或现代远程教育学院。网络教育是现代信息技术应用于教育后产生的新概念，即运用网络远程技术与环境开展的教育。

图 8.7 国家开放大学学习网

一、网络教学平台

计算机网络的教学管理平台具有自动管理和远程互动处理功能,被应用于网络教育的教学管理中。远程学生的咨询、报名、交费、选课、查询、学籍管理、作业与考试管理等,都可以通过网络远程交互的方式完成(见图 8.8)。

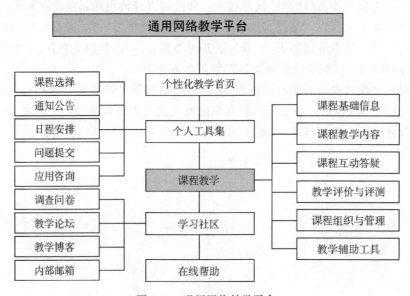

图 8.8 通用网络教学平台

随着互联网技术、数据库技术、多媒体技术的发展,学习者的参与程度需求的增长,对网络环境下远程学习的理解不断深入,网络教学平台可划分为三代:

第一代:点播式教学平台

在网络教育发展初期,点播式教学平台主要实现了教学资源的快速传递,学生可以随时随地点播音频、视频课件,查阅电子教案等教学内容,完成在线作业等。其主要特点是以课件为中心,教育资源的网上电子展示,强调的是管理。

第二代:交互式教学平台

广泛运用即时通信技术开展在线和离线的教学支持服务,教学平台集成视频会议系统、聊天工具、BSS 讨论系统、内部电子邮件系统给学生提供学习导航、在线离线课程、答疑辅导、讨论、在线自测等服务,提高师生之间的互动水平以及学生的学习效果。其主要特点是以学生为中心,加强了教学平台的交互功能,强调为学生提供及时有效的服务。

第三代:社会化教学平台

互联网技术的迅速发展、全球化趋势的加强以及学习社会化的提出,学习者利用社会化教学平台,通过智能化搜索引擎、RSS 聚合、Blog(利用评论、留言、引用通告功能)、Wiki 以及其他社会性软件等,建立起属于自己的学习网络,包括资源网络和伙伴网络,并处于不断的增进和优化状态。其主要特点是社会化,集体智慧的分享与创造,强调学习社会化。

网络教学平台有广义和狭义之分。广义的网络教学平台包括支持网络教学的硬件设施和支持网络教学的软件系统。狭义的网络教学支持平台是指建立在互联网的基础之上,为网络教学提供全面支持服务的软件系统的总称。一个完整地支持基于 Web 教学的支撑平台应该由三个系统组成:网上课程开发系统、网上教学支持系统和网上教学管理系统,分别完成 Web 课程开发、Web 教学实施和 Web 教学管理的功能。就宏观层面来说,远程教育平台的状况很大程度上反映了一个国家或地区的现代远程教育的发展水平。具体就一个远程办学实体来说,远程教育平台是远程教育教学和管理的基本活动空间,关系到教学、管理的质量和效率。

网络教育平台即在线培训系统,是实施在线培训、网络教育的工具软件,一个运用网络技术与软件技术,可以定制和扩展的远程网上教育学院。它通过简单易用的课件、试题导入和制作功能帮助政府、行业或企业快速组建自己专有的知识库体系,并提供培训需求调查、培训目标设定、课程体系设计、培训计划管理、培训过程监控及考核评估等功能,帮助客户高效地实施员工培训和考核任务。

二、网络学习平台

一个面向学生的网络学习平台系统一般应包括管理系统模块、学习工具模块、协作交流模块、网上答疑模块、学习资源模块、智能评价模块和维护支持模块几个子系统。

(一)课件学习

将每门课程的内容分为几个章节,每个章节都有对应的网络视频教程等学习资源。如果学生想把视频保存到电脑上,也可以在电脑上直接学习。

(二)在线测试

每一章节学完之后,课件学习后面的在线测试是和前面的每个章节对应的,课件学习每一章节播完后就可以做对应章节的在线测试。每一题做完提交就可以当场显示得分和对错情况,可以重复做很多遍,直到得到正确答案为止。智能型的评价模块在基于传统的试题库评价形式基础上,还可以根据考试测验的统计数据,运用教育评估理论分析题目的质量。系统不仅对测验提供了自动批改即时反馈功能,还可以根据学生的答案提供个性化的反馈内容。评价更注重学生的各方面能力,更趋向于重过程、重行为的方向,注重培养学生的创新能力和解决问题的能力。

(三)网上作业

该环节是各学科老师所布置的平时作业。这个网上作业是必做的,相当于在线测试,计入总成绩。

(四)教学论坛

教学论坛是师生交流的一个很有利的平台,在这里面可以看到很多同学朋友,每个学科都有专业辅导老师,学生可以随意在里面发帖发信息,关于学习考试过程中遇到的任何问题都可以在里面发问,教师或其他学生可以为其解答。

(五)教学公告

公布整门课程的教学大纲、教学内容的重点难点和教学计划安排。学生在这里可以了解到课程所要达到的学习目标、主要的教学内容以及学习的进程、步骤等教学各环节的信息,学生可以根据要求,结合自己的实际情况,做出适合自己的学习目标和学习计划。

三、网络教育优势

(一)资源利用最大化

各种教育资源库通过网络跨越了空间距离的限制,使学校的教育成为可以超出校园向更广泛地区辐射的开放式教育。学校可以充分发挥自己的学科优势和教育资源优势,把最优秀的教师、最好的教学成果通过网络传播到四面八方。

(二)学习行为自主化

网络技术应用于远程教育,其显著特征是:任何人、任何时间、任何地点、从任何章节开始、学习任何课程。网络教育便捷、灵活的"五个任何",在学习模式上最直接体现了主动学习的特点,充分满足了现代教育和终身教育的需求。

(三)学习形式交互化

教师与学生、学生与学生之间,通过网络进行全方位的交流,拉近了教师与学生的心理距离,增加了教师与学生的交流机会和范围。并且通过计算机对学生提问类型、人数、次数等进行的统计分析,可以使教师了解学生在学习中遇到的疑点、难点和主要问题,更加有针对性地指导学生。

(四)教学形式修改化

在线教育中,运用计算机网络所特有的信息数据库管理技术和双向交互功能,一方面,系统对每个网络学员的个性资料、学习过程和阶段情况等可以实现完整的系统跟踪记录,另一方面,教学和学习服务系统可根据系统记录的个人资料,针对不同学员提出个性化的学习建议。网络教育为个性化教学提供了现实有效的实现途径。

第五节　网络会计

网络会计是将其所需处理的各种数据以电子形式直接存储于计算机网络之中,对各种交易中的会计事项进行确认、计量和披露的会计活动,是计算机网络化的会计系统,是电子商务的重要组成部分。它可帮助企业实现财务与业务的协同,实现远程报表、报账、查账、审计等远程处理,以及事中动态会计核算与在线财务管理,支持电子单据与电子货币,从而改变财务信息的获取与利用方式。它以财务管理为核心,业务管理与财务管理一体化,通过电子商务,可在线远程处理会计事务,是一种全新的会计核算模式。

一、网络会计的特征

(一)会计信息传递网络化

传统会计对商品交易的会计处理是将大量的纸质单据、凭证,通过手工方式输入电脑完成。在网络会计下商品交易"无纸化",电子票据、电子凭证和电子账簿取代了手工填制的单据、凭证,而且账务处理可以自动完成。此外,将商品交割和资金给付统一起来,在完成交易的同时,利用电子数据交换将交易各方,如银行、税务、运输等进行各种电子票据和电子单据的交换,完成款项的支付,从而大大简化财务人员的工作量,避免大量坏账的产生。同时,会计信息的输入和传递方式等会计流程也发生了变化。会计系统是一个与经营管理及各种业务活动紧密联接的内部网络系统(In-tranet),它从各个业务点直接进行基本数据的输入。通过网络系统按设定路径以即时形式传输到有关方面,并以网络的衔接方式重新组合,构成一个以电子联机适时处理为基本特征的网络化控制信息系统。

由于许多对外交往事务,相关信息的收集以及大量的经济业务(如网上投资、网上购货、网上销售、网上结算、网上办税、网上信息发布及网上信息交流等)会在网上进行,内部管理信息系统(包括会计系统)将以多极链接方式直接与外部保持联系。企业信息将实现"数据共享"的信息集中管理。网络会计信息的传递方式将由附层型变为水平型,新的矩阵型网络组织结构将逐渐取代传统的金字塔型的组织结构。企业采购、销售部门可将各类信息存储于数据库中,授权的信息使用者可随时获取所需信息。财会部门也可通过网络把会计信息向企业内部和外部网页上发布,财务信息的时效性和实用性大大提高。

(二)信息提供与收集多元化

网络不仅可接收货币形态的信息、数字化信息、图形化信息,还可接收语言化信息,处理信息的方法在主体认定的计算方法之外,还可根据不同行业的需要采用其他备选方法。开放化大量数据通过网络从企业内部(如企业的生产部门、人事部门等)和外部(如证监会、银行、会计师事务所、财政、税务、审计、保险监管等)直接采集,而有关部门可根据授权在线访问,通过In-ternet进入企业内部直接查阅会计信息。会计信息由封闭走向开放,数据的微观处理逐步进入宏观运作的领域。信息需求者可以获取网上所有企业开放的财务及非财务信息,亦可实行资源共享与设备共享。会计信息透明度的加强还有效地避免了会计处理的"暗箱"操作,有利于对企业会计信息系统的监督。

(三)会计信息处理实时化和动态化

由于网络技术的在线反馈功能,使企业的每一项变动都可以实时予以反映。通过会计体系与业务处理及管理控制系统的密切结合,实现对基本业务的实时财务会计控制,而且这种实时化还贯彻到动态实时控制之中。在网络环境下,建立了以时点为基础的动态报告系统,实行动态实时控制及动态的信息列报(披露)。会计核算由事后的静态核算转为事中的动态核算,业务活动的反映可由定时转为及时,财务报表可突破原有会计周期的限制,提供及时有效的财务数据,并及时传递到网络中每一个投资者、债权人、政府管理人员等会计信息需要者的站点,这极大地丰富了会计信息的内容,提高会计信息的质量。

(四)会计数据处理集成化

信息集成作为会计信息的基本存在形式,是决定信息有用性的关键,也是会计数据处理的关键。信息集成是针对不同用户,不同决策目的,具有不同时间内容及形式特征的信息集合,如动态的报告集成,最新消息公布,交互类信息集成,查询类信息集成,各种专门化的信息集成(比如分析、预测、投资动向等等)。这些数据源于内部各经营业务部门并通过公共接口与各种对外的公用系统多极链接,使会计系统不再是信息的孤岛,发挥其最大用途。

(五)数据处理智能化

网络会计是由人、电子计算机系统、数据及程序有机结合的应用系统。它不仅具有核算功能,还具有管理和控制功能。此外,它还可以通过对企业内部和外部的数据进行处理获取信息,控制企业行为,可以利用已知数据或模型对未来作出预测,从企业全局出发,对管理决策提供参考意见,而这些都必须通过人机互动,在管理人员的操作下来完成。

(六)方便、灵活,成本低

网络会计使企业能够最大限度地降低信息收集成本、交易成本、审计监督成本和纳税申报费用,从而实现利润最大化,吸引更多的投资者和客户。另外,在网络环境下,会计软件能提供多样化的会计信息,使用者可以通过模块化了的会计程序,灵活选择多种信息,方便用户使用。

二、网络会计的流程

传统会计即电算化会计(流程见图8.9)是指以电子计算机为主体利用一些会计软件将过去需要手工进行的会计工作交给计算机来完成的信息技术。依然是传统的会计信息处理模式。

网络会计(流程见图8.10)是依托在互联网环境下对各种交易和事项进行确认、计量和披露的会计活动,网络会计兼有会计业务处理层、信息管理层、会计决策层与决策支持层在内的多层次网络结构信息系统,实现资金流管理的同时进行物流管理,实现购销存业务、会计核算、财务监控的一体化管理,成为企业管理中最有效的决策支持系统。同时对财务信息的时效性和实用性也提出了更高要求。

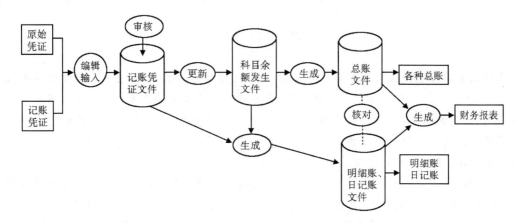

图 8.9 传统会计信息系统数据处理流程

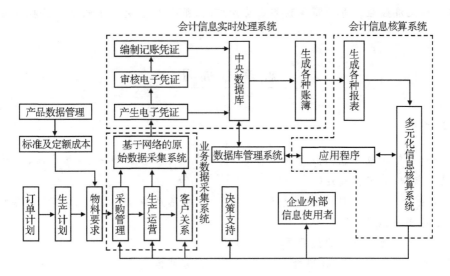

图 8.10 网络会计业务处理流程

传统会计远远不适应网络经济时代的要求,网络会计可共享服务器的各种硬件、软件,特别是一些贵重设备,提高了资源使用效率和经济效益。连入网络后,可以利用网络上各部门计算机快捷通信。一项复杂的工作可以划分多个部分由网上的不同计算机同时分别处理,从而提高系统的整体性能。因为网络会计是在计算机上进行的,在很大程度上可以节约纸张,并且可以通过网络传递会计信息,进行会计核算,更能够降低信息收集成本。

但由于互联网本身的开放性和多变性,各类信息的获取、传递、发布都变得非常容易,这样网络会计也会存在信息安全漏洞,带来很多未知隐患,需要针对网络会计领域中出现的新问题做出及时、恰当、合理的处理。

本章小结

电子商务服务业是以电子商务平台为核心,以支撑服务为基础,整合多种衍生服务构成的生态体系,主要包括电子商务交易平台服务、业务服务和技术服务三大部分。其具有显著降低交易成本,推动创新发展,创造就业和优化社会资源配置等优势,并呈现出专业化、规模化、全球化等发展趋势。电子商务服务业促进了经济的发展,尤其提升了金融、旅游、教育、会计等行业的发展空间,便利了人们的生活甚至工作方式。

网络金融可以使人们足不出户甚至随时随地地从事证券交易、资金交付、保险投放等金融服务;网络旅游可以在线订房、订票、订餐,可以享受旅行社和景点的在线旅游服务,甚至可以享受虚拟旅游体验服务;网络教育可以通过网络接受优质的在线教育课程和考试等服务;网络会计可以远程进行传统会计难以实现的记账、报表、报销及财务管理等业务,提高了企业的财务管理水平和经济效益。电子商务服务业前景广阔,服务业也受益于电子商务技术会有更大的发展。

思考与练习

一、单选题

1. 电子商务信息服务包括五个基本要素:信息用户、信息服务者、信息产品、信息服务设施、信息服务方法,其中核心是(　　)。
   A. 信息用户　　　　B. 信息服务者　　　　C. 信息产品　　　　D. 信息服务设施
   E. 信息服务方法

2. 不属于电子商务特性的选项是(　　)。
   A. 个体性　　　　B. 普遍性　　　　C. 方便性　　　　D. 安全性
   E. 协调性

3. 下列关于电子商务与传统商务的描述,(　　)说法最不准确。
   A. 电子商务的物流配送方式和传统商务的物流配送方式有所不同
   B. 电子商务活动可以不受时间、空间的限制,而传统商务做不到这一点
   C. 电子商务和传统商务的广告模式不同之处在于:电子商务可以根据更精确的个性差别将客户进行分类,并有针对性地分别投放不同的广告信息
   D. 用户购买的任何产品都只能通过人工送达,采用计算机技术用户无法收到购买的产品

4. 从电子商务的结构来看,认证中心属于(　　)。
   A. 电子商务的社会环境　　　　B. 电子商务应用
   C. 网络平台　　　　　　　　　D. 电子商务平台

5. 在电子商务中,所有的买方和卖方都在虚拟市场上运作,其信用依靠(　　)。
   A. 现货付款　　　　　　　　　B. 密码的辨认或认证机构的认证
   C. 双方订立书面合同　　　　　D. 双方的互相信任

6. 你认为在下列陈述中,对网站内容的设计表达正确的是( )。
   A. 应有一个清晰的网站介绍,但具体的内容并不重要
   B. 能够快速下载,文字段落短小、口语化、网页内容易读易懂
   C. 是否设计向前向后按钮都无所谓,关键是网站导航要清晰
   D. 只要动画与内容有机结合,下载的速度慢一点也可以
7. 网上提供的订票、计算机游戏、网络交友等属于( )。
   A. 实体商品　　　　B. 媒体商品　　　　C. 在线服务　　　　D. 信息商品
8. 目前在服务业中最大的服务行业是( )。
   A. 金融、保险、房地产　　　　　　　B. 健康服务
   C. 商业服务　　　　　　　　　　　　D. 旅游服务
9. 以下除了( )都是金融服务业的发展趋势。
   A. 工业合并　　　　　　　　　　　　B. 数字金融服务
   C. 纯网络公司比多种渠道公司发展迅速　D. 全球趋势
10. 以下不属于金融服务业的一项是( )。
    A. 储蓄和贷款　　B. 资产保值　　C. 资产增值　　D. 不动产买卖
11. 网上消费者进行得最多的金融活动是( )。
    A. 进行网上银行业务　　　　　　　B. 查询股票行情
    C. 支付账单　　　　　　　　　　　D. 进行股票交易
12. 在电子商务时代,新的营销模式的要求是( )。
    A. 多环节、小批量　　　　　　　　B. 少层次、大批量
    C. 多品种、小批量　　　　　　　　D. 少品种、大批量
13. 旅游产品适合于网上销售,是因为它具有( )。
    A. 易逝性　　　　B. 灵活性　　　　C. 服务性　　　　D. 可调整性
14. 下面不是旅游行业中的在线旅游代理索要的费用的是( )。
    A. 更个性化的服务
    B. 不断增加的便捷
    C. 不断增加的对可购买产品的理解
    D. 由于过失服务而造成的更高的总旅行费用

二、多选题

1. 某电子商务网站对不同脸型的人购买眼镜设计了一个网上试戴环节,用户只要上传照片头像就可以在线试戴并选择适合自己的框架眼镜。此服务属于( )类型。
   A. 生产者服务　　B. 消费者服务　　C. 资金网络服务　　D. 社会服务
2. 电子商务咨询服务是由具有电子商务专业知识和丰富电子商务应用经验的专业人士提供的一种顾问服务,意在帮助电子商务的管理人员辨识和解决电子商务应用中的( )和( )问题,并为这些问题推进切实可行的解决方案,从而促进组织电子商务的应用。
   A. 管理　　　　　B. 业务　　　　　C. 软件　　　　　D. 硬件
3. 电子商务信息服务包括的基本要素有( )。
   A. 信息用户　　　B. 信息服务者　　C. 信息产品

D. 信息服务设施　　E. 信息服务方法
4. 根据电子商务服务对象,可以将其分为(　　)。
A. 生产者服务　　B. 消费者服务　　C. 社会服务　　D. 基础服务
E. 交易服务
5. 电子商务人才的类型主要有(　　)。
A. 技术型　　B. 商务型　　C. 综合管理型　　D. 理论研究型
6. 在下述活动中,属于电子贸易处理的是(　　)。
A. 网上购物　　B. 网上办公　　C. 网上报税　　D. 网上交费
7. 以下措施(　　)有助于推广电子商务的应用。
A. 加快银行支付系统的建设,实现支付过程和支付手段的电子化
B. 制订和完善各种电子商务的相关法律
C. 加快企业信息化
D. 加快信息基础设施的建设,如建设各种信息传输网络,开发信息技术等
8. 消费者使用银行卡进行网上支付时,必须(　　)。
A. 开列银行账户　　B. 申请电子邮件地址
C. 取得电子支付卡　　D. 先存入货款
9. 网上商店的购物车可以提供的服务有(　　)。
A. 存放采购的商品　　B. 计算所有采购商品的价钱
C. 显示所购商品的数目　　D. 选择物流商直接配送
10. 网上商店的形式有(　　)。
A. 网上购物中心　　B. 网上超市　　C. 网上商业街　　D. 网上商场
11. 移动电子商务主要应用于(　　)。
A. 银行　　B. 贸易　　C. 网上教育　　D. 购物和娱乐
E. 订购票

三、判断题

1. 网上洽谈由于双方不能直接见面,所以受到很多限制,不如面对面洽谈方便。(　　)
2. 买卖双方在交易过程中由于违约所进行的受损方向违约方索赔的行为,不属于电子商务的交易过程。(　　)
3. 电子商务对网络的要求只是需要丰富的网上信息资源。(　　)
4. 供应链不仅是一条联接供应商到用户的物料链,而且是一条增值链,物料在供应链上因加工、运输等过程而增加其价值。(　　)
5. 只有中央银行和金融机构才可发行电子货币,并且电子货币只能在本国内使用。(　　)
6. 网上拍卖不允许买卖双方对所交易的商品价格进行广泛的协商。(　　)
7. 早期的Internet主要用于军事,后来逐步开始进行商业化运作。(　　)
8. 要想在网上实现销售,必须自建网上商店。(　　)
9. 随着Internet的迅猛发展,传统营销肯定会被网络营销所取代。(　　)

四、实践题

1. 登录平安保险(baoxian.pingan.com)或者其他保险公司网站,为自己投保人寿保险或者财产保险,了解其业务流程。

2. 登录途牛网或者其他旅游网站,体验虚拟旅游,写出感受并提出改进提高旅游乐趣的具体建议。

3. 登录国家开放大学学习网(www.ouchn.cn)及其他从事网络教育的高校学习网,比较各自的优势并提出改进的具体建议。

五、案例分析题

携程旅行网——旅游行业的网络经纪模式

携程旅行网由携程计算机技术(上海)有限公司于1999年5月创建,并于当年10月正式开通。2000年7月,为了更好地服务于会员,并拓展经营范围,网站创办人又投资设立了上海携程商务有限公司,共同参与携程旅行网的开发建设。

携程旅行网自成立以来,不断改进自己的服务,实现快速增长,其业务范围由最初单纯提供旅游信息,转为涵盖酒店、机票、旅行线路的预订及商旅实用信息查询检索等。正是凭借着携程网的优质旅游一站式服务和不断变化、追求最好的精神,使得携程旅行网得到广大个体、企业客户的好评,著名的Siemens,GE等企业都是携程旅行网的主要客户。

携程旅行网自发展以来,公司的规模、交易额、毛利、会员数以及宾馆业务连年呈直线快速上升。目前,携程除总部上海和北京、广州、深圳、香港等四个分公司外,在全国二十多个大中城市都设有分支机构。同时,携程旅行网是国内最大的旅游电子商务网站,最大的商务及度假旅行服务公司,中国最大的旅游信息发布企业。携程旅行网通过多年的发展,已拥有1000余万会员,网站日浏览量达800余万次,交易额及规模、利润等方面都有了大幅度的提高和发展。

携程网为客户提供全方位的商务及休闲旅行服务,包括酒店预订、机票预订、休闲度假、旅游信息和特约商户等服务。携程社区是个虚拟的空间,为网友提供了一个虚拟的交流场所,同时,它也是一个现实中的社区,聚合了各地不同风格的众多网友。

在许多国家,旅游已成为第一大产业,旅游也被电子商务业界认为市场最大的一块。携程敏锐地意识到了这一点,将携程网做成一个有关旅游的网上百货超市就成为携程旅行网最初的设想,但是经过市场细分,携程率先盯向了市场前景巨大的酒店预订业。因为国内旅行服务的各大块中(酒店预定、机票预订、旅游项目等),唯有酒店预订不需要配送、没有库存之忧,便于客人支付。因此携程旅行网较早开展酒店预定业务,酒店在线预订系统随后投入使用。

为了迅速发展酒店预订业务,携程在先是完成对国内最大订房中心现代运通公司的整体收购,线上和线下同时开展客房预订业务,开始实施其"落地经营"策略。有了前期较为成功的尝试和较为稳定的收入来源,携程将重点又瞄向了机票预订业务。由于电子机票缺失的局限,国内机票预定没有摆脱配送的环节,但机票预订却不同于其他商品的配送,并不需要担心库存,客人支付也不难解决。为了迅速发展机票业务,携程仍然采用并购的优势,又成功收购了华北地区五大机票代理之一的北京海岸机票代理公司,随之其全国机票中央预订系统正式上马,送票业务覆盖30多个城市。

携程网从建立到现在,一直在沿着一个路线进行发展,即要做中国旅游电子商务的龙头企业,中国最大的商务及度假旅行服务公司,中国最大的旅游信息发布企业。携程网先后重点发展了酒店和票务,以后将向向旅游项目侧重,将其培养成携程的第三块田地。

携程旅行网在运行过程中时刻本着"利用高效的互联网技术和先进电子资讯手段,为会员提供快捷灵活、优质优惠、体贴周到又充满个性化的旅行服务,从而成为优秀的商务及自助旅行服务机构"的原则,借助前瞻性的思考和持续性的创新为其快速成长提供保证;通过推陈出新的产品、服务和技术手段使其在日新月异的因特网时代能更好地满足日益多样化的客户需求。

问题:

1. 分析携程网的目标客户和收入利润来源。
2. 分析其核心竞争力主要在哪些方面。
3. 你认为携程网还有哪些需要改进的地方。

习题参考答案

第九章　电子商务物流

☞ **本章学习目标**

1. 了解物流配送的产生和发展；
2. 理解物流配送的特点和分类；
3. 理解物流配送的内容；
4. 掌握物流配送的模式；
5. 掌握供应链的功能和意义。

第一节　物流概述

在商品社会中，只要有商品和服务的交易，就会有物流存在。电子商务环境下，物流及物流配送管理更是必不可少，且愈加重要。

所谓物流，是指为了满足客户的需要，以最低的成本，通过运输、保管、配送等方式，实现原材料、半成品、成品及相关信息从商品产地至商品消费地的有效流动，主要是创造时间价值和空间价值，也创造一定加工价值的过程。

2001年颁布的《中华人民共和国国家标准——物流术语》对物流的定义是：物品从供应地向接收地的实体流动过程。从这个定义中可以这样理解物流：

(1) 物流是为实现商务价值，使实体从生产者手中转移到消费者手中的过程。

(2) 物流是一个综合性过程，这个过程是有计划地控制物品流动和信息传递的过程，同时也是创造价值的过程。

(3) 物流是产品流、商流、信息流的相互融合和统一。没有商流就不可能发生物流、信息流。反之，没有物流和信息流的匹配和支撑，商流也不可能达到目的。它们之间互为存在的前提条件，又互为依存的基础。

现代物流是指利用现代信息技术和设备，将物品从供应地向接收地准确、及时、安全、门到门的合理化服务模式和先进的服务流程。现代物流不仅仅单纯考虑从生产者到消费者的货物配送问题，而且还考虑仓储保管和信息，全面提高经济效益和效率的问题。现代物流将经济活动中所有供应、生产、销售、运输、库存及相关的信息流动等活动视为一个动态的系统总体，关心的是整个系统的运行效能与费用，为客户主动提供增值服务。与传统物流的概念相比，在深度和广度上又有了进一步的含义(二者比较见表9.1)。

表9.1　电子商务物流与传统物流比较

比　　较	传 统 物 流	电子商务物流
服务理念	以规模为中心	以客户为中心
配送体系	单一性配送网	网状网络配送体系
技术支持	传统管理技术	网络管理技术

续表

比　较	传统物流	电子商务物流
信息响应	信息传递迟缓、响应慢	信息化程度高、反映迅速
管理特征	刚性化	柔性化
合作程度	格局分散	强调协同合作

一、现代物流管理的特点和作用

物流管理是指根据物质资料实体流动的规律,应用管理学基本原理和科学方法,对物流活动进行计划、组织、指挥、协调、控制和监督,使各项物流活动实现最佳协调与配合,以降低物流成本,提高物流效率和经济效益的过程。

在电子商务时代,全球物流产业有了新的发展趋势。现代物流服务的核心目标是在物流全过程中以最小的综合成本来满足顾客的需求。现代物流是物流、信息流、资金流和人才流的统一。电子商务物流是信息化、自动化、网络化、智能化、标准化、柔性化的结合。

(一)电子商务下物流模式的主要特点

1. 物流反应快速化

现代物流把物流系统从采购开始经过生产过程和货物配送到达用户的整个过程,看作是一条环环相扣的"链",物流管理以整个供应链为基本单位,而不再是单个的功能部门。物流服务提供者对上游、下游的物流、配送需求的反应速度越来越快,前置时间越来越短,配送间隔越来越短,物流配送速度越来越快,商品周转次数越来越多。

2. 物流技术专业化

表现为现代技术在物流活动中得到了广泛的应用。例如条形码技术、EDI 技术、自动化技术、网络技术、智能化和柔性化技术等等。运输、装卸、仓储等也普遍采用专业化、标准化、智能化的物流设施设备。

3. 物流管理信息化

物流信息化是整个社会信息化的必然需求。现代物流高度依赖于对大量数据、信息的采集、分析、处理和即时更新。在信息技术、网络技术高度发达的现代社会,从客户资料取得和定单处理的数据库化、代码化,物流信息处理的电子化和计算机化,到信息传递的实时化和标准化,信息化渗透至物流的每一个领域。为数众多的无车船和固定物流设备的第三方物流者正是依赖其信息优势展开全球经营的。

4. 物流服务社会化

现代物流的具体经营采用市场机制,无论是企业自己组织物流,还是委托社会化物流企业承担物流任务,都以"服务-成本"的最佳配合为总目标,谁能提供"服务-成本"最佳组合,就找谁服务。国际上既有大量自办物流相当出色的"大而全""小而全"的企业,也有大量利用第三方物流企业提供物流服务的企业。比较而言,物流的社会化、专业化已经占到主流。

5. 物流活动国际化

在产业全球化的浪潮中,跨国公司普遍采取全球战略,在全世界范围内选择原材料、零部件的来源,选择产品和服务的销售市场。因此其物流的选择和配置也超出国界,着眼于全球大市场。大型跨国公司普遍的做法是选择一个适应全球分配的分配中心,以及关键供应物的集散仓库;在获得原材料以及分配新产品时使用当地现存的物流网络,并且把这种先进的物流技术推广到新的地区市场。

(二)物流管理的作用

1. 加快商品流通,促进经济发展

物流可以形成一个高效率、高能量的商品流通网络,能够大大加快商品流通的速度,降低商品的零售价格,提高消费者的购买欲望,从而促进国民经济的发展。在推进企业竞争战略的过程中,可以通过加强企业的物流成本管理,提高物流运作效率,运用先进的科学管理方法,实现物流与信息流的有机结合,努力降低企业的物流成本,从而提升企业的核心竞争能力。

2. 创造时间价值和空间价值

物流包括包装、输送、装卸、保管、流通加工等,它们是一个有机的整体,通过各大要素的相互结合,利用必要的资源,开展物流服务,促进商流有效、合理地展开,形成一个有效的运作系统。在完成商品流通过程的同时使商品保值增值,增加社会财富。

3. 现代物流是企业获取竞争优势的重要源泉

近年来,企业的经营理念在从"生产导向"过渡到"顾客导向"之后,迅速转为"为顾客创造价值"。高效、合理的物流管理,既能够降低企业经营成本,又能为顾客提供优质的服务;既能使企业获得成本优势,又能使企业获得价值优势。因此,物流管理日益受到企业的重视,被纳入企业战略管理的范围,甚至成为企业发展战略的基石。

二、物流的基本功能和分类

物流的基本功能包括运输、储存保管、装卸搬运、包装、流通加工及与其联系的物流信息处理,它们相互联系,构成物流系统的功能组成要素。

(一)物流的基本功能

1. 运输功能

运输是物流的核心业务之一,也是物流系统的一个重要功能。选择何种运输手段,对于物流效率具有十分重要的意义。在决定运输手段时,必须权衡运输系统要求的运输服务和运输成本,可以从运输机具有的服务特性作判断的基准。如运费、运输时间、频度、运输能力、货物的安全性、时间的准确性、适用性、伸缩性、网络性和信息等。

2. 仓储功能

在物流系统中,仓储和运输是同样重要的构成因素。仓储功能包括了对进入物流系统的货物进行堆存、管理、保管、保养、维护等一系列活动。仓储的作用主要表现在两个方面:一是完好地保证货物的使用价值和价值;二是为将货物配送给用户,在物流中心进行必要的加工活动而进行的保存。随着经济的发展,物流由少品种、大批量物流进入到多品种、小批量或多批次、小批次物流时代,仓储功能从重视保管效率逐渐变为重视如何才能顺利地进行发货和配送作业。流通仓库包括捡选、配货、检验、分类等作业,并具有多品种、小批量,多批次、小批量等收货配送功能以及附加标签、重新包装等流通加工功能。

3. 包装功能

为使物流过程中的货物完好地运送到用户手中,并满足用户和服务对象的要求,需要对大多数商品进行不同方式、不同程度的包装。包装分工业包装和商品包装两种。工业包装的作用是按单位分开产品,便于运输,并保护在途货物。商品包装的目的是便于最后的销售。因此,包装的功能体现在保护商品、单位化、便利化和商品广告等几个方面。

4. 装卸搬运功能

装卸搬运是随运输和保管而产生的必要物流活动,是对运输、保管、包装、流通加工等物流活动进行衔接的中间环节,以及在保管等活动中为进行检验、维护、保养所进行的装卸活动,如货物的装上卸下、移送、拣选、分类等。装卸作业的代表形式是集装箱化和托盘化,使用的装卸机械设备有吊车、叉车、传送带和各种台车等。在物流活动的全过程中,装卸搬运活动是频繁发生的,因而是产品损坏的重要原因之一。对装卸搬运的管理,主要是对装卸搬运方式、装卸搬运机械设备的选择和合理配置与使用,以及装卸搬运合理化,尽可能减少装卸搬运次数,以节约物流费用,获得较好的经济效益。

5. 流通加工功能

流通加工功能是在物品从生产领域向消费领域流动的过程中,为了促进产品销售,维护产品质量和实现物流效率化,对物品进行加工处理,使物品发生物理或化学性变化的功能。这种在流通过程中对商品进一步的辅助性加工,可以弥补企业、物资部门、商业部门生产过程中加工程度的不足,更有效地满足用户的需求,更好地衔接生产和需求环节,使流通过程更加合理化,是物流活动中的一项重要增值服务,也是现代物流发展的一个重要趋势。

流通加工的内容有装袋、定量化小包装、拴牌子、贴标签、配货、挑选、混装、刷标记等。流通加工功能其主要作用表现在:进行初级加工,方便用户;提高原材料利用率;提高加工效率及设备利用率;充分发挥各种运输手段的最高效率;改变品质,提高收益。

6. 配送功能

配送是物流中一种特殊的、综合的活动形式,是商流与物流的紧密结合。一般的配送集装卸、包装、保管、运输于一身,通过这一系列活动完成将货物送达的目的。特殊的配送则是运输及分拣配货,还要以加工活动为支撑,所以包括的方面更广。从配送的发展趋势看,商流与物流越来越紧密的结合,是配送成功的重要保障。

配送功能的设置,可采取物流中心集中库存、共同配货的形式,使用户或服务对象实现零库存,依靠物流中心的准时配送,而无需保持自己的库存或只需保持少量的保险储备,减少物流成本的投入。配送是现代物流的一个最重要的特征。

7. 信息服务功能

现代物流是需要依靠信息技术来保证物流体系正常运作的。物流系统的信息服务功能,包括进行与上述各项功能有关的计划、预测、动态(运量、收、发、存数)的情报及有关的费用情报、生产情报、市场情报活动。物流系统的信息服务功能可以高效地实现物流活动一系列环节的准确对接,真正创造"场所效用"及"时间效用"。具体说来,主要有:缩短从接受订货到发货的时间,库存适量化,提高搬运作业效率,提高运输效率,使接受订货和发出订货更为省力,提高订单处理的精度,防止发货、配送出现差错,调整需求和供给,提供信息咨询等。

（二）物流的分类

1. 按照物流系统的性质分类

（1）社会物流。

社会物流是指以全社会为范畴、面向广大用户的超越一家一户的物流。社会物流涉及在商品流通领域所发生的所有物流活动，因此社会物流带有宏观性和广泛性，也称为大物流或宏观物流。伴随商业活动的发生，物流过程通过商品的转移，实现商品的所有权转移，这是社会物流的标志。

（2）行业物流。

一个行业内部发生的物流活动被称为行业物流。在一般情况下，同一行业的各个企业往往在经营上是竞争对手，但为了共同的利益，在物流领域中却又常常互相协作，共同促进物流系统的合理化。许多行业均有自己的行业协会或学会，并对本行业的行业物流进行研究。在行业的物流活动中，有共同的运输系统和零部件仓库以实行统一的集体配送；有共同的新旧设备及零部件的流通中心；有共同的技术服务中心来培训本行业的维护人员；有统一的设备机械规格、统一的商品规格、统一的法规政策和统一的报表等。行业物流系统化的结果使行业内各个企业的利益都能得到保障。

（3）企业物流。

企业物流是指企业内部的物品实体流动。它从企业角度上研究与之有关的物流活动，是具体的、微观的物流活动的典型领域。企业物流又可区分以下不同典型的具体物流活动：企业供应物流、企业生产物流、企业销售物流、企业回收物流、企业废弃物物流等。企业物流可理解为围绕企业经营的物流活动，是具体的、微观物流活动的典型领域。企业系统活动的基本结构是投入、转换、产出。对于生产类型的企业来讲，是原材料、燃料、人力、资本等的投入，经过制造或加工使之转换为产品或服务。对于服务型企业来讲，则是设备、人力、管理和运营，转换为对用户的服务。物流活动便是伴随着企业的投入、转换、产出而发生的。对应于投入的是企业外供应或企业外输入物流，对应于转换的是企业内生产物流或企业内转换物流，对应于产出的是企业外销售物流或企业外服务物流。由此可见，在企业经营活动中，物流是渗透到各项经营活动之中的活动。

（4）第三方物流。

第三方物流主要是相对于供应方和需求方而言的，它是第三方。生产经营企业为集中精力搞好主业，把原来属于自己处理的物流活动，以合同方式委托给专业物流服务企业，同时通过信息系统与物流企业保持密切联系，以达到对物流全程管理控制的一种物流运作与管理方式。第三方物流企业不销售具体的产品，不生产具体的产品，也不去采购具体的原材料，它是一个服务型的行业，帮企业运输、仓储、控制库存、处理库存信息，第三方物流是帮助供应方把货物从总供应地运输到需求点的这样一种企业。所以严格来说第三方物流可以称为物流企业。

2. 按照物流活动的空间范围分类

（1）地区物流。

地区物流是指在一国疆域内，根据行政区或地理位置划分的一定区域内的物流。也可以按照一定的经济圈划分。

(2) 国内物流。

国内物流是指在国家自己的领地范围内开展的物流活动。国内物流作为国民经济发展的一个重要方面,应该纳入国家总体规划的内容。我国的物流事业是国家现代化建设的重要组成部分。因此,国内物流的建设投资和发展必须从全局着眼,清除部门和地区分割所造成的物流障碍,尽早建成一些大型物流项目,为国民经济服务。

(3) 国际物流。

国际物流是指在两个或两个以上国家(或地区)之间所进行的物流。国际物流的一个非常重要的特点是各国物流环境的差异,尤其是物流软环境的差异。不同国家的不同物流适用法律,使国际物流的复杂性远高于一国的国内物流,甚至会阻断国际物流;不同国家不同经济和科技发展水平,会造成国际物流处于不同科技条件的支撑下,甚至有些地区根本无法应用某些技术而迫使国际物流全系统水平下降;不同国家不同标准,也造成国家间"接轨"的困难,因而使国际物流系统难以建立;不同国家的风俗人文,也使国际物流受到很大局限。物流环境的差异造成一个国际物流系统需要在几个不同法律、人文、习俗、语言、科技、设施的环境下运行,无疑会大大增加物流的难度和系统的复杂性。

3. 按照物流的作用分类

(1) 供应物流。

供应物流是指包括原材料等一切生产物资的采购、进货运输、仓储、库存管理、用料管理和供应管理,也称为原材料采购物流。它是生产物流系统中相对独立性较强的子系统,并且和生产系统、财务系统等生产企业各部门及企业外部的资源市场、运输部门有密切的联系。供应物流是企业为保证生产节奏,不断组织原材料、零部件、燃料、辅助材料供应的物流活动,这种活动对企业生产的正常、高效率进行,发挥着保障作用。企业供应物流不仅要实现保证供应的目标,而且要在低成本、少消耗、高可靠性的限制条件下来组织供应物流活动。

(2) 销售物流。

销售物流是企业在销售过程中,将产品的所有权转给用户的物流活动,是产品从生产地到用户的时间和空间的转移,是以实现企业销售利润为目的的,销售物流是包装、运输、储存等各环节的统一。

(3) 生产物流。

企业的生产物流是指在生产工艺中的物流活动。一般是指原材料、燃料、外购件投入生产后,经过下料、发料,运送到各加工点和存储点,以在制品的形态,从一个生产单位(仓库)流入另一个生产单位,按照规定的工艺过程进行加工、储存,借助一定的运输装置,在某个点内流转,又从某个点内流出,始终体现着物料实物形态的流转过程。生产物流是保障企业生产正常运作的基础。

(4) 回收物流。

回收物流指不合格物品的返修、退货及周转使用的包装容器,从需方返回到供方所形成的物品实体流动。企业在生产、供应、销售的活动中总会产生各种边角余料和废料,这些东西的回收是需要伴随物流活动的。如果回收物品处理不当,往往会影响整个生产环境,甚至影响产品的质量,占用很大空间,造成浪费。

(5) 废弃物物流。

废弃物物流是指将经济活动中失去原有使用价值的物品,根据实际需要进行收集、分类、加工、包装、搬运、储存等,并分别送到专门处理场所时所形成的物品实体流动。它仅从环境保护的角度出发,不管对象物有没有价值或利用价值,而将其妥善处理,以免造成环境污染。为了更好地保障生产和生活的正常秩序,对废弃物资的研究也显得十分重要,虽然废弃物流没有经济效益,但是具有不可忽视的社会效益。

（三）物流、商流和信息流的关系

所谓商流,是指物品在流通中发生形态变化的过程,即由货币形态转化为商品形态,以及由商品形态转化为货币形态的过程。而物流是商品物理移动的过程。商流是物流、信息流的起点,也可以说是"三流"的前提,一般情况下没有商流就不可能发生物流、信息流,反之,没有物流和信息流的匹配和支撑,商流也不可能达到目的。它们之间互为存在的前提条件,又互为依存的基础。

A企业与B企业经过商谈,达成一笔供货协议,确定商品价格、品种、数量、供货时间、交货地点、运输方式并签订了合同,也可以说商流活动开始了。要认真履行这份合同,下一步要进入物流过程,即货物的包装、装卸搬运、保管、运输等活动。如果商流和物流都顺利进行了,接下来即进入支付的过程,即付款和结算。整个过程都离不开信息的传递和交换,没有及时的信息流,就没有顺畅的商流、物流。

物流、商流和信息流的关系如下:

(1)信息流是由商流和物流引起并反映其变化的各种信息、情报、资料、指令等在传递过程中形成的经济活动,因此信息流是具有价值和使用价值的。没有信息流,商流和物流不能顺利进行。

(2)信息流既制约着商流,又制约着物流,它为商流和物流提供预测和决策依据,同时信息流又将商流和物流相互沟通,完成商品流通的全过程。

(3)"三流"之间相辅相承,紧密联系,互相促进,因此,"三流"不仅有利于提高流通企业的经济效益,而且有利于提高社会效益。

三、物流的发展

经济社会中物的实体流动,与人类生存和社会发展息息相关。没有生活消费品的空间流动,人类生活消费就无法实现;没有生产要素的不断流动,社会生产就会停止。物流是经济社会的动脉系统,是社会生产过程连续进行的前提,是经济社会发展的物质技术基础。随着生产社会化程度的不断提高和物流技术的发展,物流在经济社会中发挥着越来越重要的作用。

"物流"一词,最初是日本经济学界于20世纪50年代中期提出的,原意是指"物流的分发",日本译成"物的流通",到了20世纪60年代中期,改称为"物流"。人们对物流及其作用的认识,是随着经济社会的不断发展而深化。同时,物流发展也反映了经济社会的发展,也是人们在不同时期对物流认识程度的反映。物流的发展过程,大体经历了三个不同的阶段,即货物运送初级物流阶段、物流管理开发阶段和现代供应链物流现代化阶段(见图9.1)。

物流初级阶段管理的重点是增加产品的数量,该阶段的运输、储存、包装等物流环节在流通过程中基本上是分散管理,被动地去迎合客户需求,将产品运到客户指定的地点;物流开发阶段的标志是物流管理的范围扩展到除运输外的需求预测、采购、生产计划、存货管理、配送与客户服务等,以系统化管理企业的运作,达到整体效益的最大化。20世纪90年代现代系统理论、系统工程、价值工程等科学管理理论和方法的出现,使得在更大范围内实现物流的合理化成为可能。电子商务可以使各级供应商、分销商建立紧密的合作伙伴关系,共享信息,精确配合,集成跨企业供应链上的关键商业流程,保证整个流程的畅通。物流发展进入到现代电子商务及供应链管理信息化阶段(见图 9.2)。

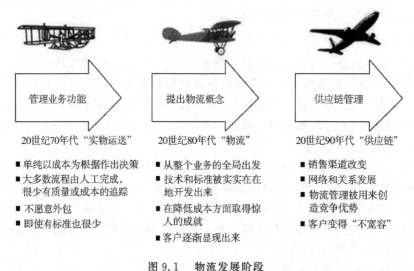

图 9.1　物流发展阶段

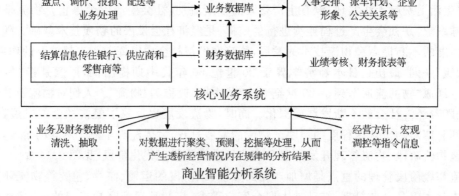

图 9.2　现代物流体系信息系统示意图

第二节 企业物流模式

随着互联网技术的不断进步,电子商务已经成为人们生活中必不可少的东西。电子商务的主要优势就在于能够降低企业运作成本,大大简化业务流程。目前我国电子商务保持了快速发展,物流的模式已经被电子商务大大地扩展了。现代物流和电子商务的融合,产生了新的物流模式,企业应该结合自身实际情况,选择最为适合企业自身的物流模式。

一、企业自营物流模式

企业自营物流是指企业自身经营物流业务,组建全资或控股的子公司完成企业物流配送业务。这种模式是目前国内生产、流通或综合性的企业集团普遍采用的一种物流模式。对于已开展普通商务的公司,可以建立基于 Internet 的电子销售商务系统,同时可以利用原有的物资资源承担电子商务的物流业务。拥有完善流通渠道,包括物流渠道的制造商或经销商开展电子商务业务,开辟销售渠道和物流系统更加方便。B2C、C2C 自营物流配送中心模式见图 9.3。

选用自营物流,可以使企业对物流环节有较强的控制能力,易于与其他环节密切配合,全力专门服务于本企业的运营管理,使企业的供应链更好地保持协调、简洁与稳定。此外,自营物流能够保证供货的准确和及时,保证顾客服务的质量,维护了企业和顾客间的长期关系。但自营物流所需的投入非常大,建成后对规模的要求很高,大规模才能降低成本,否则将会长期处于不盈利的境地。而且投资成本较大,时间较长,对于企业柔性有不利影响。另外,自建庞大的物流体系,需要占用大量的流动资金。更为重要的是,自营物流需要较强的物流管理能力,建成之后需要工作人员具有专业化的物流管理能力。

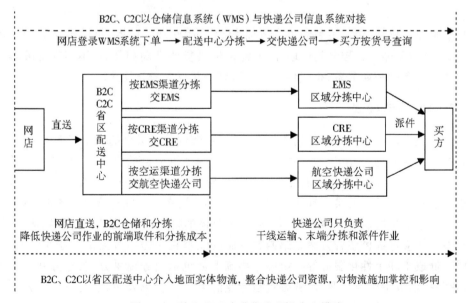

图 9.3 B2C、C2C 自营物流配送中心模式

二、第三方物流模式

第三方物流模式是指交易双方把自己需要完成的配送业务委托给第三方来完成的一种配送运作模式（模式见图9.4）。物流公司一般都是具有一定规模的物流设施设备（库房、站台、车辆等）及专业经验技能的批发、储运或其他物流业务经营企业。长期以合同或契约的形式，承接供应链上相邻组织委托的部分或全部物流功能，因地制宜地为特定企业提供个性化的全方位物流解决方案，实现特定企业的产品或劳务快捷地向市场移动，在信息共享的基础上，实现优势互补，从而降低物流成本，提高经济效益。这一配送模式正逐渐成为电子商务网站进行货物配送的一个首选模式和方向，其服务内容包括设计物流系统、电子数据交换能力、报表管理、货物集运、信息管理、仓储、咨询、运费支付和谈判等。电子商务企业采用第三方物流方式，可以集中精力于核心业务，提高自己主业的市场竞争力。可以减少设施的投资，免去仓库和车队方面的资金占用，加速资金的周转。对于提高企业经营效率具有重要作用。

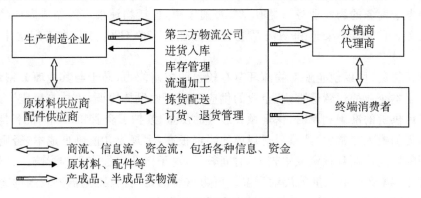

图 9.4　第三方物流基本运作模式

与自营物流相比较，第三方物流在为企业提供上述便利的同时，也会给企业带来诸多不利。主要有：企业不能直接控制物流职能，不能保证供货的准确和及时，不能保证顾客服务的质量和维护与顾客的长期关系，企业将放弃对物流专业技术的开发等。

三、第四方物流模式

第四方物流是国内近年兴起的物流概念，是指由咨询公司提供的物流咨询服务，但咨询公司并不就等于第四方物流公司。第四方通常被看作一个供应链的集成商，通过拥有的信息技术、整合能力以及其他资源提供一套完整的供应链解决方案，以此获取一定的收益。与第三方物流注重凭借自身硬件参与实际操作相比，第四方物流更多地关注整合社会资源，提供物流整体解决方案。它从事物流咨询服务并不需要从事具体的物流活动，更不用建设物流基础设施，只是对于整个供应链提供整合方案。第四方物流的关键在于为顾客提供最佳的增值服务，即迅速、高效、低成本和个性化服务等。第四方物流平台包括业务提供方、服务方和运营方等三方主体，业务提供方指生产企业，服务方就是专业的第三方物流公司，然后由运营方建立并主导。第四方物流市场是电子商务与服务业融合的产物（见图9.5）。

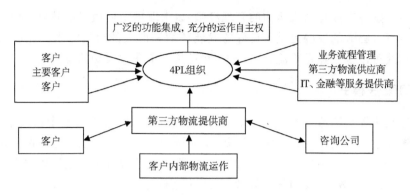

图 9.5　第四方物流组织模式

第四方物流的核心竞争力就在于对整个供应链及物流系统进行整合规划的能力,也是降低客户企业物流成本的根本所在。通过其影响整个供应链的能力,整合最优秀的第三方物流服务商、管理咨询服务商、信息技术服务商和电子商务服务商等,为客户企业提供个性化、多样化的供应链解决方案,为其创造超额价值。第四方物流公司的运作主要依靠信息与网络,其强大的信息技术支持能力和广泛的服务网络覆盖支持能力,是客户企业开拓国内外市场、降低物流成本所极为看重的,也是取得客户的信赖,获得大额长期订单的优势所在。最后,具有人才优势。第四方物流公司拥有大量高素质国际化的物流和供应链管理专业人才和团队,可以为客户企业提供全面的卓越的供应链管理与运作,提供个性化、多样化的供应链解决方案,在解决物流实际业务的同时,实施与公司战略相适应的物流发展战略。

四、物流一体化配送模式

物流一体化是指以物流系统为核心,由生产企业、物流企业、销售企业、直至消费者的供应链整体化和系统化。它是在第三方物流的基础上发展起来的新的物流模式。在这种模式下物流企业通过与生产企业建立广泛的代理或买断关系,使产品在有效的供应链内迅速移动,使参与各方的企业都能获益,使整个社会获得明显的经济效益。这种模式还表现为用户之间的广泛交流供应信息,从而起到调剂余缺、合理利用、共享资源的作用。在电子商务时代,这是一种比较完整意义上的物流配送模式,它是物流业发展的高级和成熟的阶段。

物流一体化的发展可进一步分为三个层次:物流自身一体化、微观物流一体化和宏观物流一体化。

①物流自身一体化是指物流系统的观念逐渐确立,运输、仓储和其他物流要素趋向完备,子系统协调运作,系统化发展。

②微观物流一体化是指市场主体企业将物流提高到企业战略的地位,并且出现了以物流战略作为纽带的企业联盟。

③宏观物流一体化是指物流业发展到这样的水平:物流业占到国家国内生产总值的一定比例,处于社会经济生活的主导地位,它使跨国公司从内部职能专业化和国际分工程度的提高中获得规模经济效益。

物流一体化是物流产业化的发展形式,它必须以第三方物流充分发育和完善为基础。物流一体化的实质是一个物流管理的问题,即专业化物流管理人员和技术人员,充分利用专业化物流设备、设施,发挥专业化物流运作的管理经验,以求取得整体最优的效果。同时,物流一体化的趋势为第三方物流的发展提供了良好的发展环境和巨大的市场需求。在国内,海尔集团的物流配送模式可以说已经是物流一体化了,并且是一个非常成功的案例。

五、共同配送模式

共同配送是为提高物流效率对某一地区的用户进行配送时,由许多个物流企业联合在一起进行的配送。它是在配送中心的统一计划、统一调度下展开的。主要包括两种运作形式:一是由一个物流企业对多家用户进行配送,即由一个配送企业综合某一地区内多个用户的要求,统筹安排配送时间、次数、路线和货物数量,全面进行配送;二是仅在送货环节上将多家用户待运送的货物混载于同一辆车上,然后按照用户的要求分别将货物运送到各个接货点,或者运到多家用户联合设立的配送货物接收点上。

目前,大型现代化配送中心的建设跟不上电子商务物流的发展要求,实行共同配送是积极可行的选择。从微观角度来说,企业可以得到以下几个方面的好处:首先,达到配送作业的经济规模,提高物流作业的效率,降低企业营运成本;不需投入大量的资金、设备、土地、人力等,可以节省企业的资源。其次,企业可以集中精力经营核心业务,培养自己的核心竞争力,更好地适应激烈的市场竞争。第三,从社会的角度来讲,实现共同配送,可以减少社会车辆总量,改善交通运输状况;通过集中化处理,提高车的装载效率,节省物流处理空间和人力资源,实现社会资源的共享和有效利用。见图9.6。

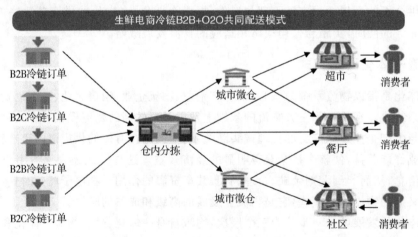

图9.6　生鲜电商冷链共同配送模式

六、物流联盟

物流联盟是基于正式的相互协议而建立的一种物流合作关系,参加联盟的企业汇集、交换或统一物流资源以谋取共同利益;同时合作企业仍保持各自的独立性。物流联盟为了达到比单独从事物流活动取得更好的效果,在企业间形成了相互信任、共担风险、共享收益的物流伙伴关系。企业间不完全采取导致自身利益最大化的行为,也不完全采取导致共同利益最大化的行为,只是在物流方面通过契约形成优势互补、要素双向或多向流动的中间组织。联盟是动态的,只要合同结束,双方又变成追求自身利益最大化的单独个体。

物流联盟更换伙伴比较困难,缺乏控制力。选择物流联盟伙伴时,要注意物流服务提供商的种类及其经营策略。一般可以根据物流企业服务的范围大小和物流功能的整合程度这两个标准,确定物流企业的类型。物流服务的范围主要是指业务服务区域的广度、运送方式的多样性、保管和流通加工等附加服务的广度。物流功能的整合程度是指企业自身所拥有的提供物流服务所必要的物流功能的多少,物流功能是指包括基本的运输功能在内的经营管理、集配、配送、流通加工、信息、企划、战术、战略等各种功能。一般来说,组成物流联盟的企业之间具有很强的依赖性,物流联盟的各个组成企业明确自身在整个物流联盟中的优势及担当的角色,内部的对抗和冲突减少,分工明晰,使供应商把注意力集中在提供客户指定的服务上,最终提高了企业的竞争能力和竞争效率,满足企业跨地区、全方位物流服务的要求。

第三节 物流系统及现代物流技术

所谓系统,是由相互作用或者相互联系的若干组成部分结合而成的具有特定功能的有机整体,是为了有效地达到某种目的的一种机制。物流系统就是为了追求以最低的物流成本向客户提供优质的物流服务为目的的一种机制。物流系统由"物流作业系统"(见图9.7)和"物流信息系统"(见图9.8)组成。

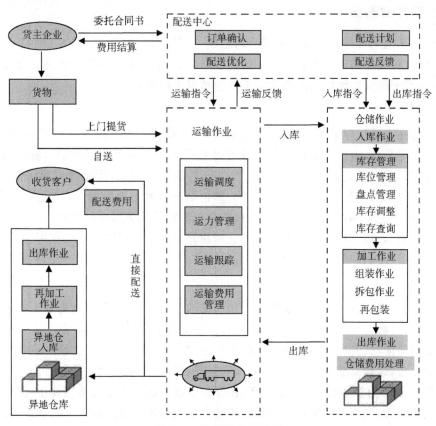

图9.7 物流作业系统图

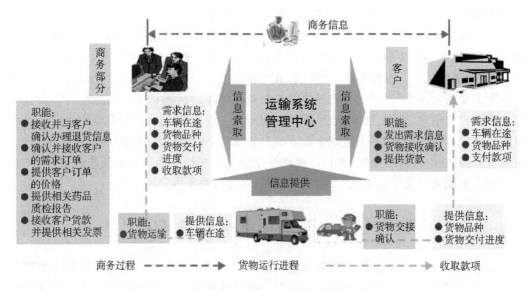

图 9.8　物流信息系统图

一、物流作业系统

物流作业系统是指在商品的包装、装卸、运输、仓储、物流配送、流通加工等作业中使用各种先进的技术,将商品的生产点、存放点、运输配送路线和运输手段组合成一个合理有效的网络系统,并以此来提高物流活动的效率。主要包括以下内容:

(一)包装

包装是为在流通过程中保护商品,方便储运,促进销售而按一定技术方法采用的容器、材料及辅助物等的总称,也指为了达到上述目的而采用容器、材料和辅助物的过程施加一定技术方法等的操作活动。因此,包装具有双重含义:一是静态的含义,指能合理容纳商品,抵抗外力,保护和宣传商品,促进商品销售的包装物,如包装材料和包装容器等;二是动态的含义,指包裹、捆扎商品的工艺操作过程。简言之,包装是包装物及包装操作的总称。

包装的材料、容器和技法及外形设计都会对物流其他环节起到重要的作用。具体来讲,包装主要具有保护、便利和促销等功能。

(二)运输

随着社会分工的发展,社会产品的生产量和需求量之间,不可避免地存在着空间和时间上的差异,运输作为社会生产力的有机组成部分,是指利用设备和工具,将物品从一地点向另一地点运送的物流活动,其中包括集货、分配、搬运、中转、装入、卸下、分散等一系列操作。它和搬运的区别在于:运输是较大范围的活动,而搬运是在同一地域之内的活动。

运输承担了改变空间状态的主要任务,由于改变场所而最大限度地发挥了使用价值,实现了资源的优化配置,也相当于通过运输提高了物的使用价值。按照运输工具和设备的不同,可以将运输分为铁路运输、公路运输、水路运输、航空运输和管道运输五种运输方式。五种方式各有优势及局限,应根据情况科学选用。

（三）仓储

现在的仓储一般都是自动化立体仓库，又称自动化高架仓库或自动存储系统。它是指能自动储存和输出物料，由多层货架、运输系统、计算机系统和通信系统组成的，集信息自动化技术、自动导引小车技术、机器人技术和自动仓储技术于一体的集成化系统。仓储基本设备主要包括计量设备，即利用机械原理或电测原理确定物质物理量大小的设备，主要用于商品进出时的计量、点数，以及存货期间的盘点、检查等。仓储中使用的计量设备包括：重量计量设备，如电子秤、台秤和汽车衡；流体容积计量设备，如流量计量仪及液面液位计量仪；长度计量设备，如直尺、卷尺、游标卡尺和千分尺；个数计量设备，如自动计数器和自动计数显示装置。

（四）装卸搬运

装卸是指物品在指定地点以人力或机械载入或卸出运输工具的作业过程；搬运指在同一场所内，对物品进行空间移动的作业过程。动力型搬运设备包括：自动化的搬运设备，如叉车、无人搬运车、驱动式搬运车；机械搬运设备，如堆垛机、液压托板机、吊车、跨车、牵引车；输送带设备；分类输送设备；装卸托盘设备；垂直搬运设备等。非动力型搬运设备包括手推车、平板拖车、滚轮车、重力型传送带。

装卸搬运是附属性、伴生性的活动，是物流每一项活动开始及结束时必然发生的活动；是支持、保障性活动；是衔接性的活动，是整个物流活动的"瓶颈"，是物流各功能之间能否形成有机联系和紧密衔接的关键。根据装卸搬运作业场所的不同，流通领域的装卸搬运基本可分为车船装卸搬运、港站装卸搬运、库场装卸搬运三大类。

（五）物流配送

物流配送是指第三方物流供应商从商品供应者手中接收货物，进行货物配备与仓储（集货、流通加工、拣选、倒装、包装、保管、分货、配货、信息处理），并按照消费者的要求，把商品送达消费者手中，以高水平实现销售和供应服务的过程。通过配送，才能最终使物流活动得以实现，而且，配送活动增加了产品价值，它还有助于提高企业的竞争力。

运输活动是物流配送系统中最重要的组成部分，通过运输活动，物流系统的各环节才能有机地连接起来，物流系统的目标才能得以实现，合理的运输应当包括运距短、速度快、运费低等最佳的组织货物运输方式。因此配送方案设计的原则包括：适用性原则，最小费用原则，最大配送量原则，网络化原则，就近原则，短路化原则等。

（六）流通加工

流通加工是指产品从生产领域向消费领域的运动过程中，为了促进销售，提高物流效率，在保证产品使用价值不发生改变的前提下，对产品根据需要施加包装、分割、计量、分拣、刷标志、拴标签、组装等简单作业的总称。流通加工是一种辅助性加工，经过流通加工，产品会产生物理化学等变化。

流通加工方便了用户，可以弥补生产加工的不足，为流通部门增加了收益，为配送创造了条件。流通加工的内容包括装袋、定量化小包装、拴牌子、贴标签、配货、挑选、混装、刷标记、裁剪、打孔、折弯、拉拔、组装及配套等。

流通加工在现代物流中的地位虽不能与运输、仓储等主要功能要素相比较，但它能起到运输、仓储等主要要素无法起到的作用。流通加工是物流企业的重要利润源，属于增值服务范围。流通加工能提高原材料利用率，物流企业建立集中加工点后，配备效率高、技术先进、加工量大的专门机具和设备,开展流通加工,可提高加工效率及设备利用率。

在流通加工中要注意加工与生产配套相结合、加工和配送相结合、加工和节约相结合、加工和合理运输相结合、加工和合理商流相结合。避免流通加工地点设置不当,流通加工方式选择不当,流通加工作用多余及流通加工成本过高等问题。

二、物流信息系统

物流信息系统是由人员、计算机硬件、软件、网络通信设备及其他办公设备组成的人机交互系统,其主要功能是进行物流信息的收集、存储、传输、加工整理、维护和输出,为物流管理者及其他组织管理人员提供战略、战术及运作决策的支持,以达到组织的战略竞优,提高物流运作的效率与效益。物流系统包括运输系统、储存保管系统、装卸搬运、流通加工系统、物流信息系统等方面,其中物流信息系统是高层次的活动,是物流系统中最重要的方面之一,涉及到运作体制、标准化、电子化及自动化等方面的问题。由于现代计算机及计算机网络的广泛应用,物流信息系统的发展有了一个坚实的基础,计算机技术、网络技术及相关的关系型数据库、条码技术、EDI等技术的应用使得物流活动中的人工、重复劳动及错误发生率减少,效率增加,信息流转加速,使物流管理发生了巨大变化。

物流信息系统的基本作用包括收集物流信息和物流信息利用。物流信息系统开发可行性研究包括目标和方案的可行性、技术方面的可行性、经济方面的可行性、社会方面的可行性。物流信息系统开发的策略包括接收式的开发策略、直接式的开发策略、间接式的开发策略、实验式的开发策略。

三、现代物流技术

现代物流技术离不开现代物流设备。所谓物流设备是指进行各项物流活动所必需的成套建筑和器物,组织实物流通所涉及的各种机械设备、运输工具、仓储设施、站场、电子计算机、通信设备等。物流设备的功能和类型是根据物流各项活动逐步形成的。

(一)物流设备的分类

(1)按照设备所特有的功能可以分为运输设备、仓储保管设备、装卸搬运设备、流通加工设备、包装设备、信息处理设备等。

(2)按照设备在物流活动中的位置,可分为固定设备和活动设备。固定设备如铁路、公路、桥隧、车站、港口、仓库等建筑物;活动设备如火车、汽车、轮船、移动式装卸搬运设备等。

(3)按照设备在物流活动中的服务范围,可分为企业(生产)物流设备和社会(供销)物流设备。企业物流设备是企业固定资产的有机组成部分,属于企业的自有设备,如企业的运输车辆、铁路专用线、装卸搬运机械、包装机械、仓储建筑等;社会物流设备是为社会物流服务的,属于公用设备,如运输线路、桥隧、车站、港口等。

(二)现代物流技术

(1)条形码技术,包括一维码、二维码技术。

(2)射频卡技术,也叫RFID技术。

(3)网络通信技术:包括有线、无线、局域网、VPN、移动网络技术等;通信方式上还分同步、异步两种;还分实时、不实时两种。

(4) 信息系统：通信软件、业务系统、结算系统、客户关系系统、绩效业绩和评估系统。
(5) 数据库技术：分布式数据库、集中管理式数据库、数据仓库。
(6) 运输和车辆跟踪以及地理信息系统导航系统：GPS、GIS等。
(7) 自动控制和通信调度系统：各种WCS、组态软件等。
(8) 温控和调节、消防和安防报警、通风换气、照明控制系统，等等。

第四节　电子商务供应链管理

供应链是一种存在于企业与客户之间、企业与企业之间，围绕核心企业，以Internet为平台，以电子商务为手段，通过对物流、资金流与信息流的整合和控制，从采购原材料开始，到制成中间产品以及最终产品，最后由销售网把产品送到消费者手中的将供应商、生产商、分销商、零售商、直到最终客户连成一个整体的网链结构和模式。它最终达到生产、采购、库存、销售及财务和人力资源管理的全面集成，令物流、信息流、资金流发挥最大效果。

供应链管理指人们认识和掌握了供应链各环节内在规律和相互联系基础上，利用管理的计划、组织、指挥、协调、控制和激励职能，对产品生产和流通过程中各个环节所涉及的物流、信息流、资金流、价值流以及业务流进行的合理调控，以期达到最佳组合，发挥最大的效率，以最小的成本为客户提供最大的附加值的活动。供应链管理是以提高企业个体和供应链整体的长期绩效为目标，提高企业的总体效益（见图9.9）。

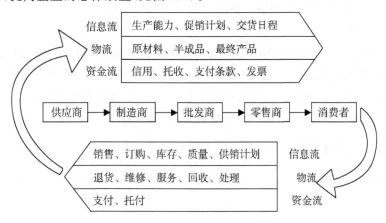

图9.9　供应链管理

一、供应链管理的主要内容

（一）供应链战略管理

供应链管理本身属于企业战略层面的问题，因此，在选择和参与供应链时，必须从企业发展战略的高度考虑问题。它涉及企业经营思想，在企业经营思想指导下的企业文化发展战略、组织战略、技术开发与应用战略、绩效管理战略等，以及这些战略的具体实施。供应链运作方式、为参与供应链联盟而必需的信息支持系统、技术开发与应用以及绩效管理等都必须符合企业经营管理战略。

(二)信息管理

信息以及对信息的处理质量和速度,是企业能否在供应链中获益大小的关键,也是实现供应链整体效益的关键。因此,信息管理是供应链管理的重要方面之一。信息管理的基础是构建信息平台,实现供应链的信息共享,通过 ERP 和 VMI 等系统的应用,将供求信息及时、准确地传递到相关节点企业,从技术上实现与供应链其他成员的集成化和一体化。

(三)客户管理

客户管理是供应链的起点。供应链源于客户需求,同时也终于客户需求,因此供应链管理是以满足客户需求为核心来运作的。通过客户管理,详细地掌握客户信息,从而预先控制,在最大限度地节约资源的同时,为客户提供优质的服务。

(四)库存管理

供应链管理就是利用先进的信息技术,收集供应链各方以及市场需求方面的信息,减少需求预测的误差,用实时、准确的信息控制物流,减少甚至取消库存(实现库存的"虚拟化"),从而降低库存的持有风险。

(五)关系管理

通过协调供应链各节点企业,改变传统的企业间进行交易时的"单向有利"意识,使节点企业在协调合作关系基础上进行交易,从而有效地降低供应链整体的交易成本,实现供应链的全局最优化,使供应链上的节点企业增加收益,进而达到双赢效果。

(六)风险管理

信息不对称、信息扭曲、市场不确定性以及其他政治、经济、法律等因素,导致供应链上的节点企业运作风险,必须采取一定的措施尽可能地规避这些风险。例如,通过提高信息透明度和共享性、优化合同模式、建立监督控制机制,在供应链节点企业间合作的各个方面、各个阶段,建立有效的激励机制,促使节点企业间的诚意合作。

二、电子商务环境下的供应链管理创新

供应链管理模式要求突破传统的计划、采购、生产、分销的范畴和障碍,把企业内部及供应链节点企业间的各种业务看作一个整体功能过程,通过有效协调供应链中的信息流、物流、资金流,将企业内部的供应链与企业间的供应链有机地集成,以适应新竞争环境下市场对企业生产和管理运作提出的高质量、高柔性和低成本的要求。电子商务的应用促进了供应链的发展,也弥补了传统供应链的不足。电子商务为供应链管理开辟了一个崭新的世界,全面采用电脑和网络支持企业及其客户之间的交易活动,包括产品销售、服务、支付等,为供应链管理提供了技术支持。从基础设施的角度看,传统的供应链管理一般建立在私有专用网络上,需要投入大量资金,只有一些大型的企业才有能力进行自己的供应链建设,并且这种供应链缺乏柔性。而电子商务使供应链可以共享全球化网络,帮助企业拓展市场,促进企业合作,拉近企业与客户之间的距离,使中小型企业以较低的成本加入到全球化供应链中。

从通信的角度看,通过先进的电子商务技术和网络平台,可以灵活地建立起多种组织间的电子联接,从而改善商务伙伴间的通信方式,将供应链上企业各个业务环节孤岛联接在一起,使业务和信息实现集成和共享,使一些先进的供应链管理方法变得切实可行。最终达到生产、

采购、库存、销售以及财务和人力资源管理的全面集成，令物流、信息流、资金流发挥最大效果，把理想的供应链运作变为现实（见图9.10）。

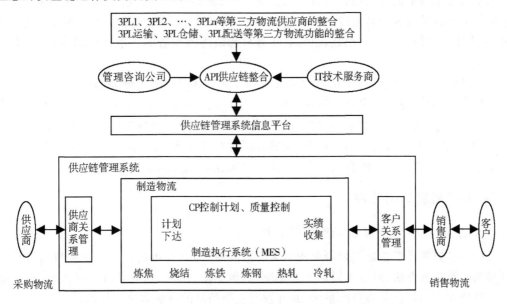

图9.10　电子商务环境下再造的钢铁企业供应链管理模型

三、供应链管理的特点

（一）供应链管理把所有节点企业看作是一个整体，实现全过程的战略管理

传统的管理模式往往以企业的职能部门为基础，但由于各企业之间以及企业内部职能部门之间的性质、目标不同，造成相互的矛盾和利益冲突，各企业之间以及企业内部职能部门之间无法完全发挥其职能效率。因而很难实现整体目标化。

供应链是由供应商、制造商、分销商、销售商、客户和服务商组成的网状结构。链中各环节不是彼此分割的，而是环环相扣的一个有机整体。供应链管理把物流、信息流、资金流、业务流和价值流的管理贯穿于供应链的全过程。它覆盖了整个物流，从原材料和零部件的采购与供应、产品制造、运输与仓储到销售各种职能领域。它要求各节点企业之间实现信息共享、风险共担、利益共存，并从战略的高度来认识供应链管理的重要性和必要性，从而真正实现整体的有效管理。

（二）供应链管理是一种集成化的管理模式

供应链管理的关键是采用集成的思想和方法。它是一种从供应商开始，经由制造商、分销商、零售商、直到最终客户的全要素、全过程的集成化管理模式，是一种新的管理策略，它把不同的企业集成起来以增加整个供应链的效率，注重的是企业之间的合作，以达到全局最优。

（三）供应链管理提出了全新的库存观念

传统的库存思想认为：库存是维系生产与销售的必要措施，是一种必要的成本。供应链管理使企业与其上下游企业之间在不同的市场环境下实现了库存的转移，降低了企业的库存成本。这也要求供应链上的各个企业建立战略合作关系，通过快速反应降低库存总成本。

(四)供应链管理以最终客户为中心,这也是供应链管理的经营导向

无论构成供应链的节点的企业数量的多少,也无论供应链节点企业的类型、层次有多少,供应链的形成都是以客户和最终消费者的需求为导向的。正是由于有了客户和最终消费者的需求,才有了供应链的存在。而且,也只有让客户和最终消费者的需求得到满足,才能有供应链的更大发展。

供应链管理模式是顺应市场形势的必然结果,供应链管理能充分利用企业外部资源快速响应市场需求,是真正面向客户的管理。从前的生产是大批量生产,但随着客户越来越多个性化需求的出现,现在的生产要求满足客户的不同需求。供应链管理把客户作为个体来进行管理,并及时把客户的需求反应到生产上,能够做到对客户需求的快速响应。因而不仅满足了客户的需求,而且还挖掘客户潜在的需求,提高客户满意度,是企业新的利润源泉。

四、供应链管理的程序

(一)分析市场竞争环境,识别市场机会

分析市场竞争环境就是识别企业所面对的市场特征,寻找市场机会。企业可以根据波特模型提供的原理和方法,通过市场调研等手段,对供应商、用户、竞争者进行深入研究;企业也可以通过建立市场信息采集监控系统,并开发对复杂信息的分析和决策技术。

(二)分析顾客价值

所谓顾客价值,是指顾客从给定产品或服务中所期望得到的所有利益,包括产品价值、服务价值、人员价值和形象价值等。供应链管理的目标在于不断提高顾客价值,因此,营销人员必须从顾客价值的角度来定义产品或服务的具体特征,而顾客的需求是驱动整个供应链运作的源头。

(三)确定竞争战略

从顾客价值出发找到企业产品或服务定位之后,企业管理人员要确定相应的竞争战略。根据波特的竞争理论,企业获得竞争优势有三种基本战略形式:成本领先战略、差别化战略以及目标市场集中战略。

(四)分析本企业的核心竞争力

供应链管理注重的是企业核心竞争力,强调企业应专注于核心业务,建立核心竞争力,在供应链上明确定位,将非核心业务外包,从而使整个供应链具有竞争优势。

(五)评估、选择合作伙伴

供应链的建立过程实际上是一个合作伙伴的评估、筛选和甄别的过程。选择合适的对象(企业)作为供应链中的合作伙伴,是加强供应链管理的重要基础,如果企业选择合作伙伴不当,不仅会减少企业的利润,而且会使企业失去与其他企业合作的机会,抑制了企业竞争力的提高。评估、选择合作伙伴的方法很多,企业在实际具体运作过程中,可以灵活地选择一种或多种方法相结合。

(六)供应链企业运作

供应链企业运作的实质是以物流、服务流、信息流、资金流为媒介,实现供应链的不断增值。具体而言,就是要注重生产计划与控制、库存管理、物流管理与采购、信息技术支撑体系这

四个方面的优化与建设。

（七）绩效评估

供应链节点企业必须建立一系列评估指标体系和度量方法，反映整个供应链运营绩效的评估指标主要有产销率指标、平均产销绝对偏差指标、产需率指标、供应链总运营成本指标、产品质量指标等。

（八）反馈和学习

信息反馈和学习对供应链节点企业非常重要。相互信任和学习，从失败中汲取经验教训，通过反馈的信息修正供应链并寻找新的市场机会成为每个节点企业的职责。因此，企业必须建立一定的信息反馈渠道，从根本上演变为自觉的学习型组织。

五、供应链管理中的信息技术

信息技术在供应链管理中的主要作用，首先在于将供应链上的企业紧密地连接起来，使链上的信息路线与产品的物理运动路线相一致，这样各个企业能够共享链上的信息，有效协调各自的行为。另外，信息技术也为供应链企业之间合作开发实施并行工程提供了强有力的技术支持，使供应链企业间合作的广度和深度都大大加强。最后，信息技术的应用范围涉及整个供应链企业的经济活动。信息技术的应用大大降低供应链企业的交易成本，建立与供应商、分销商和客户更快、更方便、更精确的电子化联络方式，实现信息共享和管理决策支持，使供应链企业能以低成本实现共享管理，并能随着管理规模的扩大形成规模管理效应。随着信息技术的发展，其对现代供应链管理的影响也日益增大。它不仅改变了传统方式下商品交易的形式，也改变了传统形式的物流、信息流和资金流。

（一）物流条码技术

条码是由一组黑白相间、粗细不同的条状符号组成，隐含着数字信息、字母信息、标志信息和符号信息，主要用以表示商品的名称、产地、价格、种类等，是全世界通用的商品代码的表示方式（见图9.11）。条码技术的应用促进了各实体间的高效信息互联，改善了供应链管理特别是物流方面的效率。通过应用条码技术，可以获取随货物同时到达的物流信息，并进一步通过信息系统，获得下一步物流指令，按要求卸货，使货物顺利"流"向下一环节。减少了存货存储空间，以及出货调配单据的数量，消除了人工处理产生的费时和人为错误的问题，还能动态了解物品运行全过程情况。近年来，EAN与UCC合作建立了全球统一的开放系统的物品编码体系及条码标识，为全供应链物流环节的条码应用提供了解决方案。

图9.11　物流条码

（二）电子数据交换（EDI）技术

电子数据交换（EDI），是指按照统一规定的一套通用标准格式，将标准的经济信息，通过通信网络传输，在贸易伙伴的电子计算机系统之间进行数据交换和自动处理。通过电子数据交换，使信息传递速度大大高于传统方法，实现了不同企业之间信息的实时传递。为了实现商业文件、单据的互通和自动处理，文件结构、格式、语法规则等方面的标准化是实现EDI的关键。标准化的电子格式文件传输提高了企业内部生产率，改善了渠道关系，提高了企业竞争力，降低了作业成本，有利于供应链的纵向整合。

（三）通信技术

通信技术在物流供应链方面也有很大的应用，特别是追踪定位方面。

首先，全球卫星定位系统（GPS）是利用多颗卫星对地面目标进行定位、导航的系统，主要分为GPS卫星星座，地面监控系统，GPS信号接收机。而我们应用的是GPS信息接受终端，即信息采集的终端。GPS在物流供应链信息管理中可以通过及时地调度和配载，有效降低车辆空驶率，并可以实时掌握货车位置，加强管理，彻底解决物流运输低效率问题。

其次，地理信息系统（GIS），以地理空间数据为基础，采用地理模型分析方法，适时提供多种空间的和动态的地理信息。GIS通过将表格型数据转换为地理图形显示，然后对显示结果进行浏览、操纵和分析，集成为车辆路线模型、最短路径模型、分配集合模型和设备定位模型等，从而优化供应链物流线路，降低物流成本。

第三，射频识别技术（RFID）是一种集编码、载体、识别与通信等多种技术于一体的自动识别技术。一般用于物料跟踪、运载工具和货架识别等要求非接触数据采集与交换的场合，以便进行仓储管理，实现生产线自动化，并对供应链中流通信息进行监督和分析预测，从而及时采取补救措施或预警。

本章小结

物流是国民经济的重要组成部分，发展现代物流对国民经济具有重要意义。现代物流管理就是指为了满足客户的需求，以最低的成本，通过运输、保管、配送等方式，实现原材料、半成品、成品或相关信息进行由商品的产地到商品的消费地的计划、实施和管理的全过程。电子商务环境下，企业的物流模式有自营物流、第三方物流、第四方物流、物流一体化、共同配送、物流联盟等模式。这些模式各有优势及局限性，企业应该根据自身情况，作出能降低企业成本，提高企业效益的最优化选择。

供应链管理指人们认识和掌握了供应链各环节内在规律和相互联系基础上，利用管理的计划、组织、指挥、协调、控制和激励职能，对产品生产和流通过程中各个环节所涉及的物流、信息流、资金流、价值流以及业务流进行的合理调控，以期达到最佳组合，发挥最大的效率，以最小的成本为客户提供最大的附加值的活动。供应链管理是以提高企业个体和供应链整体的长期绩效为目标，提高企业的总体效益。电子商务供应链管理是顺应市场形势的必然结果，其能充分利用企业外部资源快速响应市场需求，是真正面向客户的管理。从前的生产是大批量生产，但随着客户越来越多个性化需求的出现，现在的生产要求满足客户的不同需求。供应链管理把客户作为个体来进行管理，并及时把客户的需求反应到生产上，能够做到对客户需求的快速响应。因而不仅满足了客户的需求，而且还挖掘客户潜在的需求，提高客户满意度，是企业新的利润源泉。

思考与练习

一、单选题

1. 生产企业出售商品时,物品在供方与需方之间的实体流动称为( )。
   A. 采购物流　　　B. 企业内物流　　　C. 销售物流　　　D. 退货物流
2. 根据客户要求,对物品进行拣选、加工、包装、分割、组配等作业,并按时送达指定地点,是( )。
   A. 送货活动　　　B. 销售活动　　　C. 运输活动　　　D. 配送活动
3. ( )是指低成本、快速、高效地提供大批量的定制化产品或者服务。
   A. 电子数据交换　　　　　　　　B. 订单管理
   C. 企业资源计划　　　　　　　　D. 大规模定制
4. ( )是指最快、最好地满足客户需要的一种供应链管理策略。
   A. 有效客户响应　　　　　　　　B. 快速反应
   C. 企业资源计划　　　　　　　　D. 电子数据交换
5. 由一组按一定编码规则排列的条、空符号组成,用以表示一定的字符、数字及符号组成的信息识别技术是( )。
   A. 射频识别技术　　　　　　　　B. 条形码技术
   C. 电子数据交换技术　　　　　　D. 生物识别技术
6. 通过无线射频方式进行非接触双向数据通信对目标加以识别的技术是( )。
   A. 射频识别技术　　　　　　　　B. 条形码技术
   C. 电子数据交换技术　　　　　　D. 生物识别技术
7. 物流系统由物流作业系统和( )两部分组成。
   A. 物流信息系统　　　　　　　　B. 运输信息管理系统
   C. 库存信息管理系统　　　　　　D. 电子商务物流信息管理系统
8. 下面( )不是物流信息的特征。
   A. 信息量大　　　B. 更新快　　　C. 来源多样化　　　D. 单向流动
9. 条码就是( )。
   A. 一种代码　　　B. 代码的图形　　　C. 数字串的图形　　　D. 字母串的图形
10. 物流信息系统属于( )类型的系统。
    A. 物流领域的管理信息系统　　　B. 办公自动化系统
    C. MRP 系统　　　　　　　　　D. CIMS
11. 下列( )是属于物流信息系统的典型内容。
    A. 运输信息系统　　　　　　　　B. 客户关系管理系统
    C. 公文管理系统　　　　　　　　D. 财务管理系统
12. 库存与保管概念的差别在于前者是从物流管理的角度出发强调合理化和经济性,后者是从物流作业的角度出发强调( )。
    A. 效率化　　　B. 安全化　　　C. 标准化　　　D. 功能化

二、多选题

1.供应链以( )为媒介实现整个供应链的不断增值。
A.资金流 B.物流 C.信息流 D.服务流

2.电子商务对供应链管理产生的影响有( )。
A.引起传统供应链的变革,变链式供应链为网式供应链
B.促进了企业的流程再造
C.增加了企业的成本
D.促进了供应链中信息流的改善

3.( )是电子商务供应链管理中应用到的信息技术。
A.电子数据交换 B.企业资源计划
C.条形码技术 D.射频识别技术

4.电子数据交换技术的构成要素包括( )。
A.数据标准 B.电子数据交换软件及硬件
C.通信网络 D.物流运输

5.条码是由一组黑白相间、粗细不同的条状符号组成,隐含着( )。
A.数字信息 B.字母信息
C.标志信息 D.符号信息

6.下列关于物流的说法正确的是( )。
A.适当安排物流据点,提高配送效率,保持适当库存
B.在运输、保管、搬运、包装、流通加工方面,实现省力化、合理化
C.尽可能使从接受商品的订货到发货、配送等过程的信息畅通
D.尽可能使物流的成本最小

7.物流的基本功能有( )。
A.运输 B.包装 C.仓储 D.单据传递
E.货物跟踪

8.物流信息系统的基本作用是( )。
A.收集物流信息 B.商业文件处理
C.办公文件传递 D.物流信息利用
E.库存信息的处理

9.物流信息系统开发可行性研究包括( )。
A.目标和方案的可行性 B.技术方面的可行性
C.经济方面的可行性 D.社会方面的可行性
E.行政方面的可行性

10.物流信息系统开发的策略包括( )。
A.接收式的开发策略 B.直接式的开发策略
C.间接式的开发策略 D.迭代式的开发策略
E.实验式的开发策略

11. 以下的物流活动,不属于企业物流范畴内的有( )。
A. 供应物流　　　　B. 回收物流　　　　C. 一般物流　　　　D. 第三方物流

三、判断题

1. 物流概念最初出现在日本,而后传入美国,再由美国传入中国。（　）
2. 节省物质成本是"第三利润源泉"。（　）
3. 亚马逊的物流属于典型的第三方物流模式。（　）
4. 现代的观念中,仓库被看做是一种存储设施,仅仅担负着存储产品的功能,它增加了整个物品的配送成本,并产生了额外的仓库作业成本。（　）
5. 国际物流运作环境比较复杂,业务环节多。（　）
6. 国际物流只在时间、空间、距离上扩大,而在运作方式、复杂性及技术要求与国内物流没有差异。（　）
7. 国际物流与国内物流经营环境不同。（　）
8. 现代物流管理以实现顾客满意为第一目标。（　）
9. 供应链不仅是物料链、信息链、资金链,也是增值链。（　）
10. 生产活动中,原材料备品备件等采购供应活动称为供应生产物流。（　）
11. 由于客户时间观念越来越强,配送中心交货时间越早越好。（　）

四、实践操作题

1. 请结合本地物流企业的发展现状,对物流企业配送中心运作模式进行调查,写出调查报告。
2. 登录顺丰快递或者其他在本地做第三方物流公司的网站,以本地一些做自营物流的企业为例,分析两种物流经营模式的优劣及各自适用性。
3. 联系自身网上购物实例,比较各物流公司的优劣并提出改进提高物流服务水平的具体建议。

五、案例分析题

京东商城的物流配送

京东商城是中国最大的综合网络零售商,是中国电子商务领域最受消费者欢迎和最具有影响力的电子商务网站之一,在线销售家电、数码通讯、电脑、家居百货、服装服饰、母婴、图书、食品、在线旅游等12大类数万个品牌百万种优质商品。2012年第一季度,京东商城以50.1%的市场占有率在中国自主经营式B2C网站中排名第一。

目前京东商城已经建立华北、华东、华南、西南、华中、东北六大物流中心,同时在全国超过300座城市建立核心城市配送站。京东商城以"产品、价格、服务"为核心,致力于为消费者提供质优的商品、优惠的价格,同时领先行业推出"211限时达""售后100分""全国上门取件""先行赔付"等多项专业服务。京东商城通过不断优化的服务引领网络零售市场,率先为中国电子商务行业树立了诚信经营的标杆。

相较于同类电子商务网站,京东商城的特色在于商城提供正品行货、机打发票和售后服务的同时,还推出了"价格保护""延保服务"等优质服务。京东商城凭借更具竞争力的价格和逐渐完善的物流配送体系等优势,赢得市场占有率多年稳居行业首位的骄人成绩。

自 2007 年 8 月开始,京东商城先后赢得今日资本、DST 和老虎基金等共计三轮融资,金额高达 15 亿美金,每一轮融资都给京东商城带来了蓬勃的发展动力。2009 年初,京东商城就斥巨资成立自己的物流公司开始分别在北京、上海、广州、成都、武汉设立自己的一级物流中心,随后在沈阳、济南、西安、南京、杭州、福州、佛山、深圳 8 个城市建立了二级物流中心,这些城市的顾客是京东商城的主要顾客。以华东物流中心——上海为例,每日能正常处理 2.5 万个订单,日订单极限处理能力达到 5 万单。目前,京东商城正在筹建一个新的项目——亚洲一号,即在上海嘉定购置 260 亩土地用于打造亚洲最大的现代化 B2C 物流中心。"亚洲一号"将至少支持百万级的 SKU(Stock Keeping Unit,库存量单位),目标是适应未来 5 到 10 年的发展。正是有了如此大规模的自营物流体系的支持,京东商城才敢在 2010 年 4 月正式推出了"211 限时送达"服务,即指每天上午 11 点前下订单,下午送达;晚上 11 点前下订单,次日上午送达。

随着电子商务的发展,物流问题一直是制约电子商务企业进一步发展的瓶颈,而在各种电子商务模式中,受物流配送影响和制约最大的是 B2C 企业,同样作为一家典型的 B2C 企业,京东商城也面临着同样的问题。如何解决这一瓶颈,京东商城选择了自建物流体系,这样京东商城能够将物流最大程度地控制在自己手里,并且形成了对整个供应链链条的控制,自建物流体系为其保持高速发展提供强有力的支撑,大幅提升其在全国的配送速度,服务质量更将得到改善,解决许多问题,最终能够帮助京东商城将物流从成本控制中心转变成未来新的盈利点。这也能够形成京东商城的差异化战略,提高了电子商务网站竞争的门槛。

我国的 B2C 企业各有其特点——淘宝以电商平台为核心,凡客以货源品牌为核心,当当以先发优势为核心,卓越以 IT 系统数据分析为核心,而京东商城则是以仓储配送为核心,一直以来京东商城不断地投入巨资于物流当中。京东商城的物流模式主要有两种:自建物流体系与自建体系+第三方物流相结合。京东商城并没有像其他 B2C 企业那样完全将物流外包出去,而是创办了自己的物流体系。京东商城在自营配送到达不了和订单量相对较少的区域内,选择与专业的快递公司合作,这样使得京东商城不仅减少了物流成本的支出还让京东商城回归自己的核心业务,专注于自身的业务发展。

(一)京东商城为什么要自建物流?

1. 中国第三方物流企业规模小,资源分散,服务功能单一。
2. 中国第三方物流企业缺少必要的物流管理信息系统。
3. 中国第三方物流企业商品配送缺乏规范性。
4. 为了更好的保护客户信息。

(二)京东商城自建物流的必要性

1. 第三方物流的弊端:根据调查显示,40%的企业对于第三方物流表现出不满意。究其不满意的原因,80%归结于第三方物流无法对于企业客户的需求变化进行快速及时的响应。经过调查研究,发现有以下几大因素致使第三方物流无法及时响应客户变化需求。

①服务能力薄弱:在企业物流服务多样化和复杂化地市场条件下,客户需要的是能够得到从原材料采购到销售的一系列供应链集成解决方案,而不仅仅是第三方物流提供的通过优化库存、运输等物流服务,所以第三方物流企业的服务能力显得比较单一和薄弱。

②物流信息技术和物流设备落后：智能化、自动化仓库还比较少，物流设备落后，仓储运输系统的整合效能比较低，信息流通不畅，不能形成对物流服务需求全面及时的了解，更难以达到对物流过程中商品的合理、有效控制。

③整体效率不高：第三方物流企业企业各自为政，难以解决经济发展中的物流瓶颈，不能有效进行资源整合，所以整体来看第三方物流的效率不高。

④物流人才缺乏：目前从事第三方物流运作的人员，多数是从传统的运输业转化而来，一部分还是雇佣的农民工，这使得第三方物流公司缺乏高素质的物流专门人才，不能有效的对整个供应链进行整合，很难提供综合的物流业务。

⑤与客户合作不深入：虽然大多数第三方物流企业与委托客户企业是一种长期的战略联盟关系，但双方的整体目标不一致，大多数第三方物流企业不能承揽全部的物流和供应链服务。

2. 第三方物流的弊端选择现有的第三方物流企业配送模式，电子商务企业都不得不面对其低下的配送效率，不低廉的物流成本，以及终端用户因低劣配送服务的不满所造成的业务流失。对于京东商城来说更是首当其冲，随着客户量的激增，电子商务信息平台的稳步完善，京东商城有了超过300%的平均增长率，并且其客户为终端客户，往往都是单件，几件货物下单，其货物很多都为大宗商品，现有的国内第三方服务水平、服务扩展性等方面远远落后于京东商城的发展要求，京东商城的口号为省钱又放心，但是选择第三方物流，京东商城要面对着高居不下的物流成本，低下的配送效率，以及第三方物流对商品的不熟悉造成的货物损坏、丢失、错发等所造成的损失和风险，更要因为其低下的服务质量造成的较差的用户体验导致业务的流失。并且在与第三方物流公司合作时，由于账期问题会导致企业的回款时间较长，严重影响了资金周转效率及安全性。

3. 竞争对手和其他物流公司带来的压力。目前，各个大的电子商务企业都在大力推动自建物流体系，如淘宝的大物流计划，凡客的自建物流，苏宁电器、国美电器进军电子商务也开始自建物流等。不仅是竞争对手，快递行业也开始反攻，开始跨界电子商务。2010年中国邮政携TOM亲耕"邮乐网"上线；2011年4月中铁快运打造公共网络交易平台"快运商城"正式上线运行。目前，国内"三通一达"（圆通、申通、中通、韵达）以及顺丰快递等多家民营快递都透露了涉足电子商务的筹谋，开始积极进军电子商务领域等。来自竞争对手和物流公司的压力，使京东商城面临着自建物流及物流一体化的选择。

4. 自身因素京东商城不断增长的订单量也满足了自建物流的要求，销售额增长奇迹与物流配送水平落后的差距给京东商城带来压力，自建物流还能降低物流成本，提高顾客体验带来一系列的效益，并且京东商城2011年4月拿到了15亿美元的融资，对于自建物流的投入有了最基本的资金保障。

（三）京东商城自建物流的优势

1. 自营模式从根本上解决了企业物流货权的把握问题，保证了对于货品从厂家出场到终端消费者全过程的货物把握。这从侧面上减少了货损率。

2. 增加了与顾客直接沟通的机遇，并为企业市场调查提供方便，同时有效实现电子商务物流金融服务的开展（到付刷卡业务）。

3. 节约成本，使企业更有竞争力，企业自营物流对供应链各个环节有较强的控制能力，易于企业的其他各个环节模切配合，可以使物流与资金流，信息流更加紧密结合，从而大大提高了物流作业乃至全方位的工作效率。

4. 为其他生产企业提供物流服务,使得生产企业获得其本身不能提供的物流服务,此外就是,降低物流设施和信息网的滞后对企业的长期影响。

5. 服务优势,可以实现商品的快速交易,增加客户的满意度。

(四)京东商城自建物流的劣势与局限

劣势:

1. 物流团队的专业性大打折扣,由于其是电子商务公司,对于物流服务可谓是门外之人,而在这种门外之人的服务之后,我们经常会享受不到专业服务。

2. 投资过大,增加风险,缺乏灵活性,自建配送系统的成本很大,企业必须进行较大的投资,来进行配送队伍的建成,自营配置模式要求企业自建仓库,而自建仓库的投入性较大,很短的时间内,成本收不回来,使企业的资金缺乏灵活性。

3. 物流服务多为单项服务,大量耗费物流资源,物流效率低,我们知道快递物流服务公司主要是靠双向物理服务(取货和派货同时进行)从而实现物流服务的高利润率,而京东商城服务之下,商城对客户的服务远大于客户对商城的物流服务,从而形成了大量的跑空行为,最终使物流利用率低于其他物流公司。

局限:

1. 未来会有越来越多的 B2C 网站加入到这个物流模式中,和其他的物流公司所造成的竞争压力很大。

2. 企业自营物流增加了企业的投资负担,削弱了企业抵御市场风险的能力,连带经营风险。

3. 在自建物流体系未完善前,系统的管理跟不上,专业化程度不高。

(资料来源 ttp://www.chinadmd.com/file/urp6veuacas6usrapapto6co_1.html)

问题:

1. 对京东物流配送系统进行评价,指出其有哪些可取之处,以及存在的问题并提出相应的建议。

2. 结合自己单位或熟悉物流企业实际进行对比评价,指出存在差距,并提出改进措施。

习题参考答案

第十章 电子商务法律问题

☞**本章学习目标**
1. 了解电子商务法的作用,了解电子商务的立法原则,了解我国电子商务的立法现状;
2. 理解网络服务提供商的义务和责任,理解电子认证法律关系,理解在线交易消费者权益的内容;
3. 掌握电子商务法的概念、调整对象、范围、特征,掌握电子商务交易主体,掌握网络服务提供商侵权责任的认定;
4. 掌握电子签名的概念和法律效力,掌握电子认证的概念,掌握恶意注册域名的认定及法律适用;
5. 理解网络著作权的保护;
6. 掌握我国电子商务税收存在的问题及对策。

企业和消费者在通过电子技术手段尤其是互联网进行商业活动并获取收益的同时,也发展着一种新的商业交易形式——电子商务。20世纪90年代以后,电子商务的商业应用得到了迅速的发展,大大小小的企业、个人甚至政府都纷纷在互联网中寻求和创造商业利益,互联网为新的产业革命带来了契机。

第一节 电子商务法概述

一、电子商务法的概念和特征

(一)电子商务法的概念

电子商务的发展和自身的规范要求导致电子商务法的产生。电子商务法是调整电子商务交易及其引发的相关问题的法律规范的总和。从内容上对电子商务法进行区分,可以将电子商务法分为广义的电子商务法和狭义的电子商务法。广义的电子商务法,是与广义的电子商务概念相对应的,它包括了所有调整以数据电文方式进行的商事活动的法律规范。其内容极其丰富,至少可分为调整以电子商务为交易形式和调整以电子信息为交易内容的两大类规范。狭义的电子商务法,是调整以数据电文为交易手段而形成的因交易形式所引起的商事关系的规范体系。

(二)电子商务法的特征

电子商务法本质上属于商法,具有传统商法共有的特征。同时电子商务法还具有自己独有的特征。

1. 商法性

商法是规范商事主体和商事行为的法律规范。电子商务法规范主要属于行为法,如数据电文制度、电子签名及其认证制度、电子合同制度、电子信息交易制度、电子支付制度等。但是电子商务法也含有组织法的内容,如认证机构的设立条件、管理、责任等,就具有组织法的特点。

2. 技术性

在电子商务法中,许多法律规范都是直接或间接地由技术规范演变而成的。比如一些国家将运用公开密钥体系生成的数字签名,规定为安全的电子签名,这样就将有关公开密钥的技术规范,转化成了法律要求,对当事人之间的交易形式和权利义务的行使,都有极其重要的影响。另外,关于网络协议的技术标准,当事人若不遵守,就不可能在开放环境下进行电子商务交易。

3. 开放性和兼容性

所谓开放性,是指电子商务法要对世界各地区、各种技术网络开放;所谓兼容性,是指电子商务法应适应多种技术手段、多种传输媒介的对接与融合。只有坚持了这个原则,才能实现世界网络信息资源的共享,保证各种先进技术在电子商务中及时应用。

4. 国际性

电子商务固有的开放性、跨国性,要求全球范围内的电子商务规则应该是协调和基本一致的。电子商务法应当而且可以通过多国的共同努力予以发展。通过研究有关国家的电子商务法规,我们发现其原则和规则包括建立的相关制度,在很大程度上是协调一致的。联合国国际贸易法委员会的《电子商务示范法》为这种协调性奠定了基础。

二、电子商务法的调整对象、范围和作用

(一)电子商务法的调整对象

电子商务交易及其形成的商事法律关系成为电子商务法调整的对象。电子商务首先是一种商事行为,应当遵循传统商法的一般规则。电子商务是在网上进行的各种商业行为,即在线商业行为,因商业手段、教育方式、传导介质的改变,导致传统的商法难以解决因采用电子商务方式而引起的相关问题。因此,电子商务法是调整以数据电讯为交易手段而形成的以交易形式为内容的商事关系的规范体系。

(二)电子商务法的调整范围

电子商务法的调整范围主要涵盖以下几个方面:

(1)电子商务主体法律制度。

电子商务法需要规范电子交易主体的法律地位,明确交易主体之间的法律关系和各方的权利与义务,建立网络经营行为各项制度和行为规范,来消除网络交易中的法律风险和不确定性。

(2)电子交易信息服务制度。

这部分主要涉及电子交易活动,涉及电子交易合同的缔结、履行,履行包括支付环节和物流环节。目前在这一领域已经有《合同法》《电子签名法》《电子认证服务管理办法》等,但是《合同法》对电子合同的规定存在不足,电子签名的应用不够广泛,电子商务法还需要在不重复现有规定的基础上,弥补法律的不足,强调各个法律之间的协调性和系统性,以满足电子商务发

展的需要。

(3)电子商务消费者权益保护制度。

由于电子商务的虚拟性、主体的电子化、交易的跨地区性、技术手段的复杂性等特点,电子商务消费者权益保护方面普遍存在着主体确认难、投诉量大、异地协作难、违法查处难、法律执行难等问题。因此,电子商务法需要根据电子商务消费者权益的特殊性,做出有针对性的规定。

(4)电子商务中的个人信息保护制度。

在电子商务发展的过程中,大量的个人信息被电商企业不正当的记录和收集,极易造成个人信息侵权,而且随着大数据技术的发展,大量的数据被挖掘,并被二次分析,可能会引发国家网络安全问题,损害国家利益。我国电子商务法应在保障数据正常流通的前提下,明确电商企业对个人信息保护的义务和责任,明确我国的数据主权和管辖权,最大限度的防止数据外流,保护公民和国家利益。

(5)电子商务平台的义务和责任。

电子商务平台是通过互联网交易系统为电子商务活动提供虚拟场所、设施、交易规则以及相关服务的,在规范、界定、影响电子商务活动及各利益主体的权益方面具有重要的地位和作用。电商交易平台通过制定和实施相关的交易规则,成为事实上的品牌电子商务的管理者。作为承接各家电商和网站网店的载体,电子商务平台是否有义务监督平台用户的合法经营,是否有维护公平交易及消费者利益的责任,这些传统法律未曾涉及的新问题,都需要我国的电子商务法作出专门的规定。

(6)电子监管制度。

电子商务经过初期的市场蓬勃发展和积淀,的确到了规范化经营的阶段。电子商务立法是企业自律、消费者权益保护的屏障,电子商务监管法律,对行业本身的规范和可持续发展都有积极作用。

(7)电子商务纠纷解决制度。

电子商务的跨地域性使以行政区划分为界限的行政执法模式受到挑战,使以国家主权为基础的法律适用范围和以地域为基础的司法管辖问题受到挑战。网络交易主体身份确定存在难度,网络交易电子数据调取和质证存在困难,传统的司法管辖规则使很多网络交易纠纷得不到救济,尤其是跨境贸易之下,解决纠纷的成本大大增加,而且即使本国司法机关根据司法管辖的连接因素可以行使管辖权,但本国法院的判决很难被执行或执行费用太高。

(8)跨境电子商务制度。

由于网络的无国界性,电子商务必然存在跨境的问题,跨境电子商务除了存在货物通关和缴纳关税外,还受到汇率结算、跨境支付、跨境物流等因素制约,使传统能够建立在国家主权基础上的国际贸易体制再次受到冲击。主权国家需要探索建立跨境电子商务的综合服务体系,要保证必要的海关监管,需要与海关部门实现业务协同和数据共享。

(三)电子商务法的作用

1. 为电子商务的发展提供良好的法律环境

随着互联网技术的普及,电子邮件和电子数据交换等现代化通信手段,在商务交易中的使用正在急剧增加。然而,以书面电文形式来传递具有法律意义的信息,可能会遇到法律障碍,从而使该电文的法律效力受到影响。制定电子商务法的目的,需要向电子商务的各类参与者提供一套虚拟环境下进行交易的规则,说明怎样去除此类法律障碍,如何为电子商务创造一种比较可靠的法律环境。

2. 保障网络交易安全

电子商务安全问题涉及两个方面,一个是交易安全,另一个是信息和网络安全。这两个安全问题往往交织在一起,没有信息网络安全就没有交易安全。我国目前还没有出台专门针对电子商务交易的法律法规,主要原因是上述两个方面的法律制度不完善,因而面对迅速发展的电子商务,应当抓紧已经公布的有关交易安全和计算机安全的法律法规的落实,保护电子商务交易的正常进行,并在此基础上不断探索建立适合中国国情的电子商务法律制度。

3. 鼓励利用现代信息技术开展教育活动

电子商务法的目标包括促进电子商务的普及或为此创造便利条件,平等对待基于书面文件的用户和基于数据电文的用户,充分发挥高科技手段在商务活动中的作用等。这些目标都是促进经济增长和提高国际、国内贸易效率的关键所在。从这一角度来看,电子商务立法的目的不是要从技术角度处理电子商务关系,而是建立尽可能安全的法律环境,以便有助于电子商务参与各方高效地开展贸易和服务活动。

4. 弥补现有法律的不足

由于现有法律在制定时,电子商务还不够发达,文件的起草、合同的订立往往要求采用"书面""经签字"的形式或者要求使用"原始文件",这就对现代通信手段的使用施加了某种限制。然而随着网络的发展,人们对电子邮件和手机短信的使用越来越广泛,有必要对新型通信技术制定相应的法律规范。

三、电子商务立法的基本问题

(一)电子商务立法指导思想及原则

电子商务法属于商法范畴,立法的目的应当是为电子商务提供一个透明的、稳定的、有效的行为规则,是在向经营者有一个稳定和安全的预期,提供一个和谐统一的法律环境,维护交易安全,保护公平竞争,保护消费者权益,保护知识产权,保护个人信息。在制定强制性规范的同时,鼓励在电子商务领域的行业自治和当事人自治,是限制性的规定,建立在维护交易安全合理的基础上。

基于以上指导思想,电子商务的立法应当采用如下原则:

1. 技术中立原则

技术中立原则是指政府或立法机构对于各种有关电子商务的技术、软件、媒体等采取中立的态度,由实际从事电子商务者和信息服务中介商自己根据技术发展选择采取新的或与国际社会接轨的技术,政府应当不偏不倚,鼓励新技术的采用和推广。任何数据电文,不管采用什么技术,一旦达到这些标准,即可同起着相同作用的相应书面文件一样,享受同等程度的法律认可。

2. 尊重当事人意思自治及市场导向原则

所谓尊重当事人意思自治及市场导向原则,是指电子商务法应当尊重当事人意思自治原则以及市场导向原则,消费者可以在政府介入程度最低的情况下,在网络上自由买卖商品或服务。

3. 体系化和必要性原则

体系化原则是指任何一个国家的法律要得到较好的实施,一个很关键的要求就是法律之间应当无矛盾,互相兼容,形成一个完善的法律体系。同样,电子商务法要得到实施,必须要和其他法律互相兼容、互相协调。反过来,如果当现行法律对电子商务的发展造成障碍的时候,就应当对现行法律作出修正。必要性原则意味着,对于经由网络发生的商业活动,政府应避免制定不必要的法律规则,只有在现行法律仅在影响电子商务发展而属必要时,始作修正;而仅有在原先的法律不能规范电子商务活动时,始有必要另行制定新的法规。该原则的目的在于消除电子商务交易与传统交易方式之间的鸿沟。

4. 功能等同原则

功能等同(Functional Equivalent)原则是 1996 年联合国贸法会《电子商务示范法》提出的,是指根据针对纸质文件的不同法律要求的作用,使数据通信与相应的具有同等作用的纸质文件一样,享受同等的法律地位和待遇。

5. 国际协调原则

所谓国际协调原则,是指各国在立法过程中尽量采纳一套国际上可接受的规则,以便排除传统法律中的障碍,为电子商务创造更加安全的法律环境。电子商务是无地域界线或超国界的商业方式,因此,它比传统商业活动更需要采取统一规则。我国电子商务立法也应当尽量与联合国《电子商务示范法》保持一致,这样有利于我国电子商务规范与世界接轨。

6. 保护消费者权益原则

所谓保护消费者权益原则,是指网络环境下对消费者的保护不能小于其他任何环境下对消费者的保护。国家应提供清楚、一致且可预测的法律架构,以促进对网络交易当事人的保护。我国属于大陆法系,在电子商务立法时,不仅要解决电子商务技术问题,也应当对消费者权益的保护加以规定。

7. 安全原则

所谓安全原则,是指确立保障电子商务交易的安全规范,使电子商务在安全和公平的法律环境下运行。电子商务法是在虚拟的环境中运行,在线交易给人们带来效率的同时,也带来不安全因素。因此,电子商务法具有特有保障其交易安全的规范如数字签字、身份认证制度等。安全原则是电子商务立法中强制性规范立法的基础。

(二)电子商务立法模式的选择

从立法学的角度看,电子商务的立法可以有两条途径:

第一,先分别立法,即首先解决电子商务发展过程中遇到的现实问题,制定单行法规,如电子合同规则、电子支付规则、电子提单规则、电子商务税收征收办法、网络广告规则等,待时机成熟后,再进行综合立法。这种方法的优点是,能够及时解决电子商务发展过程中的具体问题,并能够在实践中不断积累经验,逐步提出比较完善的综合立法的思路。

第二,先着手综合立法,形成我国电子商务立法的综合思路,出台电子商务基本法,然后对各个具体问题制定单行规则。这一思路有利于从宏观上把握电子商务这一新事物的发展趋势,有利于统一电子商务活动中关键问题的看法。基本法制定出来,指导实践,规范实践,但不要限制实践的发展。

四、我国电子商务立法现状

(一)我国电子商务立法存在的不足

1. 我国电子商务立法滞后

在电子商务发展如此迅速的环境下,迫切需要专门的法律法规来引导和规范其活动,相比与世界上发达国家,我国的立法具有一定的滞后性,这非常不利于我国电子商务的健康发展。

2. 我国电子商务立法体系不够完善

我国目前的立法体系并不完善,现有的法律并不能解决在电子商务过程中发生的纠纷,甚至在一些问题上还存在着空白,这需要我们通过不懈努力进一步加以完善。

3. 我国的电子商务缺乏统一的指导方针

我国在电子商务法规方面的不健全显示了我国目前在电子商务发展缺乏统一的指导方针、发展规划和实施战略。尽管国家的多个部门都出台了相应的政策,但由于彼此之间侧重点不同,缺乏相互之间的协调以及配合,所以在实施方面也有很大的障碍。

(二)电子商务立法完善的建议

虽然我国对网络上使用者的合法权益的保护已经建立了相应的法律法规制度,但是由于实施的力度不够,使得其保护的作用也没有最大化的发挥。中国在互联网管理方面的法律法规与自律公约有四十余个,但是这些规定对于网络合法权益的保护还远远不够,无法适应互联网发展的需要。

2013年12月7号,全国人大常委会在人民大会堂上召开了《电子商务法》第一次起草组的会议,正式启动了《电子商务法》的立法进程。起草组已经明确提出,《电子商务法》要以促进发展、规范秩序、维护权益为立法的指导思想。这无疑会推动电子商务的进一步发展。

电子商务立法完善主要应该立足于现在和未来。一方面,从现有立法方面,《消费者权保护法》是现有的一部对消费者权益进行保护的大法,其中没有对电子商务消费者进行专门的解析和规定,因此可以在里面添加新的章节,或者参考联合国贸法会的法律范本制定相关的章节。另一方面,从新立法方面,要结合中国国情借鉴发达国家的经验。应依照国际惯例,与国际接轨。尤其在隐私和安全保护方面要规范。首先要在全国范围内建立一套电子商务专有的法律,地方上在不违背法律的原则下应当根据本地情况因地制宜地设立地方性法律规范,使得地方上的消费者在电子商务交易过程中获得最大的保护。

第二节 网络服务与在线交易的法律规制

一、网络服务的基本法律问题

(一)网络服务提供商的义务和责任

从广义上讲,任何一个网站的设立者和经营者都是网络服务提供者,因为他们从事共同的服务信息传输、存储、处理等服务,但是习惯上仅把专门为他人设立经营网站或为其他网络通信提供服务的网络服务提供者称为网络服务提供商。在有些情况下，网络管制是针对所有网站经营者的，而在有些情况下，法律有必要专门对网络服务提供商的义务和责任作出界定。

1. 网络服务提供商的义务

(1) 作为网络内容服务提供者的义务。

依照《互联网信息服务管理办法》的规定，平台应取得增值电信服务许可证，从事医疗保健、药品和医疗器械等特殊互联网信息服务，平台应依照法律、行政法规以及国家有关规定获得特殊许可。此外，平台应有与从事经营活动相适应的资金、专业人员、场地以及健全的网络和信息安全保障措施等。

依照规定的时限保存交易记录以及用户发布的信息，当事人的身份信息保存直至服务合同终止或者履行完毕之日起不少于两年，交易信息保存至合同履行完毕之日起不少于两年。此外，平台应积极协助政府监督管理部门和司法机关查处网络商品交易及其相关违法行为，提供涉嫌违法者的登录信息、交易数据等相关资料。

(2) 作为广告发布者的义务。

根据国家工商总局发布的《互联网广告管理暂行办法》的规定，网络服务提供商作为广告发布者具有以下义务：

第一，法律、行政法规规定禁止生产、销售的商品或者提供的服务，以及禁止发布广告的商品或者服务，任何单位或者个人不得在互联网上设计、制作、代理、发布广告。禁止利用互联网发布处方药和烟草的广告。医疗、药品、特殊医学用途配方食品、医疗器械、农药、兽药、保健食品广告等法律、行政法规规定须经广告审查机关进行审查的特殊商品或者服务的广告，未经审查，不得发布。

第二，互联网广告应当具有可识别性，显著标明"广告"，使消费者能够辨明其为广告。付费搜索广告应当与自然搜索结果明显区分。

第三，互联网广告发布者、广告经营者应当按照国家有关规定建立、健全互联网广告业务的承接登记、审核、档案管理制度，依照法律、行政法规查验有关证明文件，核对广告内容。

第四，未经当事人同意或者请求不得向用户发送广告，不得在用户发送的电子邮件中附加广告或者广告链接，在站内发布、发送广告不得影响用户正常使用网络，以弹出等形式发布的广告应显著标明关闭标志，确保一键关闭。

第五，不得以欺骗方式，诱使用户点击广告内容，网络服务提供商对其明知或者应知利用其信息服务发布违法广告的，应当予以制止。

(3) 作为交易场所提供者的义务。

网络服务提供商作为交易场所的提供者，应维护交易系统的正常运行，按照用户的指示发布信息，保护站内经营者的商业秘密及提供其所承诺的其他服务的义务。网络服务提供商不得以格式条款、通知、声明、公告等方式作出排除或限制相对人权利、减轻或者免除自身责任、加重相对人责任的不公平、不合理的规定，不得利用格式条款并借助技术手段强制交易。网络交易平台经营者应建立消费纠纷和解和消费维权自律制度。消费者在平台内购买商品或接受服务，发生消费纠纷或其他合法权益受到侵害时，消费者要求网络交易平台经营者调解的，网络交易平台经营者应调解。消费者通过投诉、诉讼、仲裁或其他方式解决争议的，网络服务提供商应予以协助。

(4)作为支付服务提供者的义务。

网络服务提供商提供支付服务时,应依法取得"支付业务许可证",并接受中国人民银行的监督管理。保障支付系统安全,因自身原因造成电子支付指令无法按约定时间传递、传递不完整或者被篡改,并造成客户财产损失的,应按约定予以赔偿。由于保管使用不当,导致客户资料被泄露或篡改,平台应采取有效措施防止因此造成的损失,并通知和协助客户补救。他人假冒客户身份,盗取客户资金的,网络服务提供商应积极配合客户查找原因,发现因客户造成电子支付指令未执行、未适当执行、迟延执行的,应主动通知客户改正或配合客户采取补救措施。因不可抗力造成电子支付支付指令未执行、未适当执行、迟延执行的平台,网络服务提供商应积极采取措施防止损失扩大。

2. 网络服务提供商侵权责任的认定

(1)网络服务提供商侵权责任的归责原则。

我国《侵权责任法》采用的是二元归责体系,即归责原则以过错责任原则为主,无过错责任为例外。过错责任原则是调整一般侵权行为的一般原则,而无过错责任是适用法律特别规定情形的特殊归责原则。

我国《侵权责任法》第36条第1款规定:"网络用户、网络服务提供者利用网络侵害他人民事权益的,应当承担侵权责任。"该条规定了电子商务平台的直接侵权责任,但并没有明确网络服务提供者承担民事责任是否主观上存在过错。《侵权责任法》第6条规定:"行为人因过错侵害他人民事权益,应当承担侵权责任。根据法律规定推定行为人有过错,行为人不能证明自己没有过错的,应当承担侵权责任。"如果是过错责任,权利人必须证明行为人主观上有过失,才产生行为人承担责任的问题。

(2)网络服务提供商侵权责任的构成要件。

一般情况下,网络侵权责任主要属于一般侵权责任,其构成要件应当符合一般侵权责任的要求,具体包括侵权行为、损害后果、因果关系和主观过错。因此,在讨论网络服务提供商的侵权责任时,通过分析侵权责任的构成要件确定承担的法律责任。

第一,侵权行为。

侵权行为作为侵权责任的构成要件之一,是指行为人实施的给受害人的民事权益带来损害的行为。侵权行为的方式可以是作为方式,也可以是不作为方式。网络服务提供商以作为方式实施侵权,是指电子商务平台利用网络侵害他人的民事权益的行为,在虚拟环境下,侵害的民事权益包括人格权、知识产权以及其他财产权益等。

第二,损害后果。

损害后果是指受害人的民事权益,因他人的侵权行为而遭受的不利后果。电子商务平台的作为加害行为以及不作为加害行为,均会在某种程度上造成权利人在人格权、知识产权或者其他财产权等方面的损失。在直接单独实施侵权行为时,网络服务提供商应承担完全侵权责任。如果和其他行为人一起构成共同侵权时,网络服务提供商应对被侵权人所遭受的损失,根据因果关系大小承担相应的责任。

第三,因果关系。

因果关系主要是指侵权人的侵权行为和权利人遭受的损害后果之间的引起与被引起的关系。在实践中,大多数情况不是由于网络用户实施了侵害他人权利的行为,而是网络服务提供商的不作为导致了损害的发生或扩大,网络服务提供商和网络用户之间没有共同的故意,但是由于各自的侵权行为与损害后果有因果关系,在这种情况下,网络服务提供商承担的责任,就应按照其不作为造成的损害或损害扩大的程度进行判断。

第四,主观过错。

主观过错具体表现为故意和过失两种形式。判断网络服务提供商过错的客观标准应当是:网络服务提供商是否履行了注意义务,如果已经尽到了应尽的注意义务就不存在过错,反之就存在过错。

(二)网站设立及其网络服务的法律管制

1. 网站分类

网站可以按照设立人的性质进行分类,政府机构设立的网站是政府网站,企业金融机构设立的为商业网站,科研机构设立的为科研网站,教育机构设立的为教育网站等等,但这种分类并不完全代表网站信息服务的性质。

从是否从事经营或营利性活动的角度,网站可以区分为经营性网站和公益性网站,但这样划分容易引起误解。一般来讲,从是 B2C 或 B2B 等在线交易或提供在线交易平台服务的网站,属于经营性信息服务网站,从事广告服务、有偿信息服务和其他有偿服务的,也属于经营性信息服务网站。除此之外的均属于非经营性信息服务网。

2. 网站管制

我国对网络信息服务行为的管制大致分为三种情形:经营性行为许可制度、非经营性行为备案制度、特殊行业服务审批制度。

(1)经营性信息服务网站设立的主要条件和程序。

根据《中华人民共和国电信条例》第 13 条,设立经营性网站应具备以下条件:

①经营者为依法设立的公司;

②有与开展经营活动相适应的资金和专业人员;

③有为用户提供长期服务的信誉或者能力;

④国家规定的其他条件。

(2)非经营性网络信息服务备案制度。

《互联网信息服务管理办法》第 4 条明确规定,国家对经营性互联网信息服务实行许可制度;对非经营性互联网信息服务实行备案制度。未取得许可或者未履行备案手续的,不得从事互联网信息服务。第 8 条规定,从事非经营性互联网信息服务,应当向省、自治区、直辖市电信管理机构或者国务院信息产业主管部门办理备案手续。办理备案时,应当提交下列材料:①主办单位和网站负责人的基本情况;②网站网址和服务项目;③服务项目属于本办法第五条规定范围的,已取得有关主管部门的同意文件。

(3)特殊行业信息服务审批制度。

从事新闻、出版、教育、医疗保健、药品和医疗器械等互联网信息服务,依照法律、行政法规以及国家有关规定须经有关主管部门审核同意的,在申请经营许可或者履行备案手续前,应当依法经有关主管部门审核同意。

2010 年 7 月 9 日,国务院办公厅在中央政府网上公布了《国务院关于第五批取消和下放管理层级行政审批项目的决定》。在被国务院取消的 113 项行政审批项目中,第七项就是"互联网电子公告服务专项审批(备案)项目"。

二、电子商务交易主体及其规制

（一）电子商务法律主体

电子商务法律主体是电子商务法律关系的参加者，即在电子商务交易法律关系中享有权利和承担义务的个人或组织。

(1)在线自然人用户和电子商务企业。

根据主体的法律属性，电子商务主体可分为在线自然人用户和电子商务企业。在线自然人用户目前主要是指在线网络服务的使用者，在线自然人用户在网上交流信息、买卖商品、购买服务和数字产品等，以消费者身份参与网络交易。电子商务企业是指通过电子手段进行商务活动的企业，目前我国电子商务企业主要有两种类型，一种是传统企业在原有经营范围的基础上，通过引入电子商务模式开展电子商务活动；另一种是完全借助网络和信息技术进行交易的企业。

(2)直接主体和间接主体。

以是否直接参与电子商务交易为标准，可以将电子商务法律主体分为直接主体和间接主体。直接主体是指直接进行电子商务交易的双方当事人。间接主体是指不直接进行交易，但是交易的进行和完成有赖于其提供服务的参与者。可分为三类：一是网络服务提供商，二是电子认证服务商，三是在线金融服务商。

（二）电子商务交易模式

根据交易平台经营者在交易中的地位和作用，电子商务交易主要有两种模式，一种是直接销售模式，另一种是间接销售模式。

(1)电子商务交易的直接模式。

电子商务交易的直接模式就是在网上开设独立的用户交易界面，对外进行交易，其前提条件是企业设立交易站点或开设在线商店，独立地对外进行交易。网络商品直接销售是消费者和生产者，或者是需求方和供应方直接利用网络形式所开展的买卖活动，这种买卖交易的最大特点是供需直接交流环节少、速度快、费用低。

(2)电子商务交易的中介模式。

网络商品中介交易是通过第三方电子商务交易平台进行的商品交易，第三方电子商务交易平台存在许多模式和运作方式，其中最简单的交易平台仅仅作为信息中心，主要功能是收集、编制供应商的产品或服务目录，使买家容易在网上寻找到这些产品的报价。最普遍的交易平台是商品交易平台，这类交易平台要为买卖双方提供信息服务和交易机会，促进双方成交，然后从交易中赚取佣金。此外，网上拍卖平台也是运作较为成功的交易平台。

（三）在线企业的设立

在线企业是现实企业设立的电子商务交易窗口，但至于其是否真实存在，并不能给人以直观的认识。如何确保在线企业的真实性，成为保障电子商务交易安全的一个重要问题。目前我国在线企业的设立主要采用备案的办法。

（四）在线企业设立中的法律问题

作为为社会提供交易场所的第三方交易平台，其生存需要吸引商家到该平台设立在线企业（网店）。而对需要开辟电子商务交易窗口的商家而言，只有在这样的专业平台上设立店铺，才能进入虚拟市场从事交易。第三方交易平台与设立网点的设立人之间,存在着相互依存的关系。在现实生活中,商家与第三方交易平台之间设立网店的协议大多称为合作协议。这种协议具有什么性质?应该适用什么法律?是我们应该搞清楚的问题。

第三方交易平台与站内经营者之间既不是合伙,也不是租赁、居间或技术服务等所能单独反映的某一种特殊的法律关系。我们将它们之间的法律关系定位为新型服务合同法律关系。服务提供方是网站,接受方是设立人或企业,服务的客体是服务行为。第三方交易平台和站内经营者之间的关系是建立在合作基础上的,但这种合作不构成合作经营,因为参与合作的双方不是在契约式合营,也没有参与利润分配和风险分担。

第三节 电子签名与认证法律制度

一、电子签名的概念及法律效力

（一）电子签名

电子签名,是指一种电子形式的数据,这种数据或含在数据电文中或附加在数据电文上,或在逻辑上与数据电文有联系,它可用于鉴别与数据电文相关的签字人和表明签字人认可的包含在数据电文中的信息。

（二）电子签名的法律效力

电子签名的效力范围包括:①涉及婚姻、收养、继承等人身关系的文书;②涉及土地、房屋等不动产权益转让的文书;③涉及停止供水、供热、供气、供电等公用事业服务的文书。同时,为了使电子签名法在实施过程中具有较大的灵活性,还规定了一个兜底条款,即法律行政法规可以对其他不适用电子文书的情况作出规定。

我国《电子签名法》明确规定,可靠的电子签名与手写签名或者盖章,具有同等的法律效力。如果签名人按照法律要求合法使用了电子签名,该电子签名将依法产生法律效力,具体如下:

1. 对签名人的效力

电子签名具有与传统签名相同的功能,一是表明文件的来源,即签名人承认其为文件的签署者,在签名人与文件之间建立起联系;二是表明签名人对文件内容的确认;三是表名签名人对文件内容正确性和完整性负责的根据。

2. 对数据电讯内容的效力

电子签名和数据电文紧密联系,经过电子签名的数据电文即表明其得到了签名人的认可,在符合证据客观性、关联性、合法性等要求的条件下,可以作为证据使用。

3. 对法律行为的效力

当法律规定某种法律行为必须以书面签名形式作出时,以电子签名对数据电文的签署就充分地满足了这一要求。当然某一电子签名签署的具体的法律行为是否成立或生效,最重要以调整该法律行为的特别法来衡量。但是无论如何,电子签名对法律行为的成立与生效起着重要作用,当以电子签名签署的要约、承诺本身符合合同法的基本规范时,对该要约或承诺的电子签名,就决定着合同成立与合同生效的时间地点等重要的法律行为因素。

二、电子签名使用人的基本行为规范

电子签名使用人包括电子签名和电子签名依赖方。

(一)电子签名人及其行为规范

电子签名人是指持有电子签名制作数据,并以本人身份或以其所代表的人的名义实施电子签名的人。这里的"人"应理解为包括各种类型的人或实体。无论是自然人、法人团体还是其他法人均包括在内。电子签名人应当妥善保管电子签名制作数据,电子签名人知悉电子签名制作数据已经失密或可能已经失密时,应及时告知有关各方并终止使用该电子签名制作数据。电子签名人向电子认证服务提供者申请电子签名认证证书,应当提供真实、完整和准确的信息。

(二)电子签名依赖方及其行为规范

电子签名依赖方,是指基于电子签名认证证书或者电子签名的信赖从事有关活动的人。电子签名依赖方为了自身的利益,应了解电子签名以及电子签名认证证书内容的有效性、完整性和准确性;应采取合理的步骤核查电子签名的可靠性。

三、电子认证的概念和性质

电子认证是一个国家承认的认证机构通过颁发数字证书和管理公共密匙来检验带有电子签名的文件所有人及其内容的真实性。

电子认证服务是指微电子签名相关各方提供真实性、可靠性检验的公众服务活动,电子认证是一种信用服务,认证机构并不向在线当事人出售任何有形商品,也不提供资金或劳动力资源,它所提供的服务成果,只是一种无形的信息,包括交易相对人的身份,公共密匙、信用状况等情报。

四、电子认证法律关系

(一)电子签名人的义务

(1)妥善保管电子签名制作数据的义务。我国《电子签名法》第15条规定:"电子签名人应当妥善保管电子签名制作数据。"电子签名人应当妥善保管电子签名制作数据,防止电子签名制作数据失密,以避免给自己和电子签名信赖方造成不必要的损失。

(2)真实陈述义务。电子认证服务提供者向电子签名人提供电子签名认证证书,为电子签名人向电子签名依赖方提供电子签名证明服务,主要依据电子签名人所提供的数据。因此,电子签名人应当向电子认证服务提供者提供完整和准确的信息。

(3)及时告知义务。我国《电子签名法》第15条规定:"电子签名人知悉电子签名制作数据已经失密或者可能已经失密时,应当及时告知有关各方,并终止使用该电子签名制作数据。"

不履行义务要承担相应的责任,对此我国《电子签名法》第27条有明确规定,电子签名人知悉电子签名制作数据已经失密或者可能已经失密未及时告知有关各方、并终止使用电子签名制作数据,未向电子认证服务提供者提供真实、完整和准确的信息,或者有其他过错,给电子签名依赖方、电子认证服务提供者造成损失的,承担赔偿责任。

(二)认证机构的义务

根据我国《电子签名法》的规定,认证机构的义务主要有:

(1)依法申请许可资格,遵守国务院工业和信息化部的管理规则,并接受工业和信息化部的监督。

(2)公开义务或信息披露义务。即公开其名称、许可证号、电子认证业务规则,包括责任范围、作业操作规范、信息安全保障措施。

(3)谨慎审核义务。即以合法的手段,审查签名人的身份及相关情况。

(4)电子认证服务提供者有关保证义务。既保证认证证书内容在有效期内完整、准确,并保证电子签名依赖方能够证实或了解认证证书所载内容及其他有关事项。

(5)妥善保存与认证相关的信息义务。电子签名人向电子认证服务提供者申请电子签名认证证书,应当提供真实、完整和准确的信息。

(6)妥善解决认证人暂停或终止服务后续工作的义务。

(三)电子签名依赖方的义务

电子签名依赖方是指基于对电子签名认证证书或电子签名的信赖从事有关活动的人。电子签名依赖方的责任与义务在我国电子签名法中未作规定,其是较为被动的一方,应以合理方式对电子签名进行验证。签名人与电子签名依赖方之间,一般表现为商务合同关系,一般要求其作为善意的谨慎商人尽到合理的注意义务即可。

第四节 网络权益保护法律制度

一、电子商务中的知识产权保护

(一)域名的法律保护

1. 域名的概念和法律性质

域名是计算机主机在国际互联网上的数字地址的一种转换形式,其功能近似于电话号码或门牌号码。域名的注册遵循先申请先注册为原则,管理认证机构对申请企业提出的域名是否违反了第三方的权利不进行任何实质性审查。每一个域名的注册都是独一无二、不可重复的。

域名具有唯一性、排他性、可识别性等特点,法律已经开始将某些知识产权的权利内容赋予域名,以保护权利人的利益。尽管目前对域名的法律性质还有待深化,但它实际上已被看作类似于企业名称和商标的一种工业产权,是网络中非常重要的无形资产,应当被纳入知识产权法律制度的保护范围之内。

2. 域名纠纷案件的分类

与域名相关的争议绝大部分是由域名的标识性所引发的,由于国际互联网域名维护、注册与管理公司(简称 ICANN)对域名申请不进行、实际上也不可能实行实质性审查,仅要求申请人提供身份证明,并根据申请人的保证,即批准申请人的域名注册,因此,难免出现大量的注册域名与他人的注册商标、企业名称甚至是其他注册域名相冲突的情况,由此则产生了各种类型的域名争议。比较常见的域名纠纷案件除了域名侵犯商标权利、商标侵犯域名、域名和域名等域名相关争议,还存在以域名为标的的其他相关争议,如域名注册人与域名注册管理机构的纠纷、委托注册域名纠纷,等等。

3.恶意注册域名的认定及法律适用

(1)为商业目的将他人驰名商标注册为域名的。

(2)为商业目的注册、使用与原告的注册商标、域名相同或近似的域名,故意造成与原告提供的产品、服务或原告网站的混淆,误导网络用户访问其网站或其他在线站点的。

(3)曾邀约高价出售、出租或以其他方式转让该域名获取不正当利益的。

(4)注册域名后自己并不使用也未准备使用,而且有意阻止权利人注册该域名的。

(5)域名持有人对该域名标记不享有其他在先权利。

(6)具有其他恶意情形的。被告举证证明在纠纷发生前其持有的域名已经获得一定的知名度,且能与原告的注册商标、域名等相区别或具有其他情形,足以证明其不具有恶意的,人民法院可以不认定被告有恶意。

(7)法律适用。恶意将他人驰名商标注册、盗用为域名的行为,违反诚实信用原则、违背公认的商业道德、构成侵权行为的,应适用相关法律规定;构成不正当竞争行为的,适用《民法通则》和《中华人民共和国反不正当竞争法》。

(8)法律责任。因域名注册构成不正当竞争的,人民法院可判令域名持有人或使用人停止使用、申请撤销或变更域名,因实施不正当竞争行为给权利人造成损害的,还应判令其赔偿损失。

(二)电子商务中的著作权问题

1.网上作品的侵权形式

网上作品的著作权所有者最担心的是作品未经许可被普遍下载,并得不到任何报酬,造成的损失也可能是巨大的。网上作品的著作权侵权形式主要有以下几种:

(1)利用他人享有著作权的作品在网上盈利。

(2)互联网上有许多分专题供人自由上传文字图片、游戏、音乐等内容的电子公告板,其他人也可以从电子公告板上自由下载自己喜欢的内容。侵权者未经许可,将他人作品上传到网站的电子公告板上无疑是一种侵权行为。

(3)利用电子邮件传播受著作权保护的作品。

(4)建立个人网站公开发布他人享有著作权的作品。

2.网络著作权的保护

(1)技术措施的法律保护。

采取一定的技术措施,能够防止作品被他人擅自访问、复制、操纵、散发和传播,并且方便了著作权授权和使用监督。技术措施主要包括控制访问的措施和控制使用的措施。控制访问的措施可以在网络上的某个信息发出端或某个信息接收端上实施,该措施可以让用户无法访问该网站或该网站的作品。控制使用的措施是被用来控制用户复制及传播作品的措施,比如电子文档指示软件、电子签名以及电子水印等。

(2)网络作品的人身权利保护。

2006年,国务院颁布了《信息网络传播权保护条例》,旨在保护著作权人、表演者、录音录像制作者的信息网络传播权。人身权利受到新的传播环境的影响面临着新的挑战,这就需要使人身权利保护保持在适当的限度,找到调整保护水平的合适尺度。

3. 数据库的保护

数据库是指计算机存储设备中按一定组织方式存储在一起的,相互关联,为用户共同关心的全部数据的集合。在我国的《著作权法》和有关法律法规中,尚无明确对数据库的法律保护。为了能够全面妥善的对数据库进行保护,应当引入数据库的特殊权利保护。数据库的特殊权利保护目前正在三个层次上推进,即美国试图建立的国内保护、欧盟已经建立的欧盟内区域保护以及世界知识产权组织领域的国际保护,这三个层次相互推进相互影响,目前亟待解决的就是真正建立一种国际通用规则,来规范这种特殊保护。

二、电子商务中消费者权益保护的法律问题

(一)电子商务与消费者权益保护

1. 在线交易消费者的概念

在线交易消费者,即通过互联网购买消费品和接受服务的消费者,它包括经营者以外的购买商品或接受服务的个人。第一,在网上购买商品的个人,如在线企业对顾客的交易中的购物消费者;第二,在网上接受服务的个人,如订阅电子报刊、搜集信息等的人。

就电子商务而言,无论是企业与企业的模式,还是企业与消费者的模式,最终受到影响的都是消费者。随着电子商务的发展,消费者保护问题越来越受到关注。

2. 在线交易消费者权益的内容

消费者权益是指消费者依法享有的权利,以及该权利受到保护时给消费者带来的应得的利益。我国《消费者权益保护法》对消费者所享有的权利的规定,同样适用于电子商务消费者。

(1)安全保障权。是指消费者在购买、使用商品或接受服务时,所享有的保障其人身、财产安全不受损害的权利。具体包括两个方面:一是人身安全权,二是财产安全权。

(2)知悉真情权。是消费者知悉其购买使用的商品或者接受的服务的真实情况的权利。

(3)自主选择权。是消费者享有自主选择商品或者服务的权利。

(4)公平交易权。是指消费者在购买商品或者接受服务时所享有的获得质量保障和价格合理、计量正确等公平交易的权利。

(5)依法求偿权。是指消费者因购买、使用商品或接受服务受到人身、财产损害时,依法享有的要求获得赔偿的权利。

此外,消费者还有结社权、受教育权、受尊重权以及监督批评权等权利。

新《消费者权益保护法》第25条规定了"七天无理由退货制度",经营者采用网络、电视、电话、邮购等方式销售商品,消费者有权自收到商品之日起七日内退货,且无需说明理由。

由于电子商务经营者提供的商品图片、介绍性文字、他人的评价等,具有不易辨别商品的真实性的特点,为了平衡消费者和经营者之间信息不对称问题,保护消费者的权益,新《消费者权益保护法》增加了"七天无理由退货制度",同时明确了不宜退货的情形、退货的商品应当完好以及退货费用的承担,从而增强了法律适用的确定性和可操作性。

(二)电子商务引起消费者权益保护的法律问题

1. 电子商务中消费者权益保护面临的问题

电子商务中,消费者权益保护主要面临以下几类问题:

(1)网络消费欺诈问题。

在网络环境下,经营者对其身份信息披露不全或虚假,消费者很难认证或无法判断销售者的真实身份。在销售商品或服务时,经营者对消费者无告知销售动机的义务,消费者只是凭借经验和习惯,对经营者的销售动机进行主观判断,购买者很难断定经营者是真实销售商品,还是借销售商品之名实施欺诈。目前网络消费欺诈的常见手段有:低价陷阱、套取货款、空头承诺骗取定金、销售虚假商品等。

(2)网络虚假广告问题。

网络广告是网络消费者购物的主要依据,消费者的购物决定大多根据广告文字和图像进行判断而作出。因网络广告的特殊性,相关部门难以进行审查和监管,而消费者很难判断广告信息的真实性、可靠性,其知情权和公平交易权大打折扣。如果消费者轻信网络虚假广告而购买了假冒伪劣商品,不仅损害了消费者的经济利益,严重的还可能危及消费者的生命和健康安全。

(3)网络格式合同问题。

网络消费类合同普遍采用的是格式合同形式。大多数交易条款或服务条款都是由经营者事先拟定好,消费者一般只能接受或拒绝。在网络环境下,要消除格式合同是不现实的,因为网络具有天然的适用格式合同的条件及优势,很多格式合同中包含有免除经营者责任或加重消费者责任的条款,这些条款往往很难被消费者察觉。经营者的格式合同中存在着减轻、免除自己责任的条款,这些条款有较高的隐藏性,令消费者忽略了条款中不公平、不合理的内容,我国《合同法》给予了接受格式合同的当事人以特殊的保障。

(4)网络支付安全问题。

网络的开放性增加了消费者财产遭受侵害的风险,消费者在使用电子货币支付货款时,可能承担以下风险:网上支付信息被厂商或银行收集后无意或有意泄露给第三者,甚至冒用;不法分子盗窃或非法破解账号密码导致电子货币被盗、丢失;信用卡欺诈;支付系统被非法入侵或病毒攻击等。对于网络支付安全,除了采用当事人自律规范,从网络技术上确保交易安全等措施外,更要从法律上明确银行网络经营者的赔偿责任,平衡其与消费者之间的权利义务关系,尤其要偏重于保护消费者。

(5)网络隐私保护问题。

网络消费中,大量的私人信息和数据被信息服务系统收集储存运输,消费者的隐私权不可避免受到威胁,如网络经营者为追求利益和利润,使用、甚至买卖消费者个人信息;银行的过错行为或黑客侵扰导致的个人信用卡信息被盗,等等。网络隐私泄露给消费者的日常生活带来了极大的不便。

(6)损害赔偿权难以实现问题。

网络的特性和相关法律的空白使网络经营者和消费者之间产生大量的纠纷。当消费者发现自己权益受到侵害后,因无法得知经营者的真实身份或者经营者处于其他地区而无法或不便寻求救济,且过高的诉讼成本,举证的困难性,网络交易纠纷的管辖权归属以及法律适用的不确定,也导致消费者容易放弃救济权。如何更好的保障网络交易的发展,保护网络消费者的合法权益,成为立法面临的新难题。

新的《消费者权益保护法》(以下简称"新《消法》")第44条规定:消费者通过网络交易平台购买商品或者接受服务,其合法权益受到损害的,可以向销售者或者服务者要求赔偿。网络交易平台提供者不能提供销售者或者服务者的真实名称、地址和有效联系方式的,消费者也可以向网络交易平台提供者要求赔偿;网络交易平台提供者作出更有利于消费者的承诺的,应当履行承诺。网络交易平台提供者赔偿后,有权向销售者或者服务者追偿。网络交易平台提供者明知或应知销售者或者服务者利用其平台侵害消费者合法权益,未采取必要措施的,依法与该销售者或者服务者承担连带责任。

新《消法》规定网络交易平台提供者作为第三方,承担有限责任,一是在无法提供销售者或者服务者的真实名称、地址和有效联系方式的情况下,承担先行赔偿责任。二是在明知或应知销售者或者服务者利用平台损害消费者权益的情形下,未采取必要措施的,承担连带责任。同时规定,网络交易平台做出更有利于消费者的承诺的,应当履行承诺,防止承诺不兑现。上述规定有助于督促网络交易平台履行应尽审核义务,有助于解决实践中网购异地消费,一旦发生纠纷难以找到经营主体的突出问题,有助于消费者索赔权的实现,对于维护网购消费者的合法权益具有重要作用。

2.电子商务消费纠纷的救济途径

(1)司法救济。

网络交易中大多数是小额交易,在合同履行出现问题后,出于诉讼成本高、举证困难等因素,消费者往往选择放弃救济,因此有效的小额诉讼程序的设立,对于方便公民小额纠纷,特别是保护网络消费者的权益有着重要意义。小额诉讼程序的实质是为一般民众提供一种救济小额权利的司法形式,其具有立案数额低、简易高效等特点,比如我国台湾地区的小额诉讼程序的审理,就有以下特别规定:可以在夜间或休息日进行;实行一次言词辩论终结诉讼;为实现简便快速的审理目的,对证据的审查有特殊性;使用表格化判决;原则上一审终审,限制当事人上诉。小额诉讼程序的特点适应在线消费者权益受侵害的情况,对于保护网络消费者的权益有着重要意义。

(2)非诉解决机制。

非诉解决机制又被称为在线争端解决机制,它是涵盖所有网络上非法庭但公正的第三人,解决企业与消费者间因电子商务契约所生争执的所有方式。

第一,在线投诉。它是为电子商务的消费者专门提供一种在线的投诉途径,是由第三方机构设立平台接受消费者投诉,并帮助消费者联系商家解决投诉问题的一种机制。在受理投诉之后,受诉机构可以采取调查、调解或仲裁等处理措施。

第二,在线调解。在线调解全部过程是在网络上进行,在线调解的特点有:更能体现当事人的意愿,当事人可以自由决定是否采用该种方式;程序受法律约束较少;第三人为自愿且无利害关系的第三人,通常是由消费者协会、商业协会或一些中立机构来进行调解。

(三)电子商务与消费者隐私权保护

1.电子商务环境下的隐私权

隐私权是指公民享有的私人生活安宁与私人信息依法受到保护,不被他人非法侵犯、知悉、搜集、利用和公开的一种人格权。随着电子商务的发展，消费者出于网络交易和金融服务的需要，必须在网络上向各类经营者提供包括自己个人资料在内的隐私，而且消费者在网上访问的网站、消费习惯、阅读习惯甚至信用记录，也被毫不知情地记录下来，这些资料有可能被收集者转手给其他商业组织。在网络环境下，公民的隐私权面临着受侵犯的风险。

2. 电子商务环境下侵犯隐私权的情形

在网络环境下，个人隐私权受侵犯主要有以下情形：

(1)未经当事人知晓或同意收集个人资料。为了网上购物或接受其他信息服务，消费者必须提供个人信息，如姓名、电话、地址、身份证号等，这些信息可能无形中被记录下来，消费者的个人信息面临泄露的风险。

(2)个人资料被二次开发利用。在网络环境下，个人资料可能会被用于与收集的个人资料事由无关的目的，即个人资料的二次开发利用。商家利用自己所收集掌握的个人资料，建立起各种类型的资料库，从中分析出一些个人并未透露的信息，进而指导其营销战略。

(3)个人资料交易。个人资料被不当利用还表现为个人资料被擅自用于交易，一种是商家之间相互交换各自收集的信息，另一种是将个人资料作为信息产品销售给第三人或转让给他人使用，第三人可能用于其他目的。由于他将个人资料商品化，所以是对个人隐私权侵犯最为严重的一种侵权行为。

3. 我国对电子商务环境下隐私权的保护

随着网络的发展，个人信息面临着更为巨大的威胁，如何有效地保护个人信息，是政府在决定大力发展电子商务的同时必须面临的问题。但是目前，我国并没有专门的法律来保护网络环境下消费者的隐私权。在未来民法典的制定中应明确规定隐私权已经成为共识，应当把个人信息纳入隐私权的范畴，规定相应的保护制度。隐私权保护的一般性规定是不够的，还应制定专门法律来保护公民的个人信息，一方面要规范电子商务运营者收集个人信息的方式和利用目的，确保网上数据的合理流通；另一方面要尽可能考虑保护消费者的个人隐私权，只有在个人隐私权得到有效保障的前提下，电子商务才能有序发展。

第五节 电子商务税收法律问题

一、电子商务的出现对税收政策产生的影响

伴随着互联网在世界各地的兴起，电子商务的出现给一国的经济模式、市场竞争关系以及税收都带来了诸多的机遇和挑战。一方面，电子商务为各个国家和地区提供了新的经济增长点，开拓了一个潜在的、广阔的税源空间；另一方面，电子商务也对传统的税收理论和税收制度产生了不同程度的冲击。

(一)电子商务对税制要素的影响

1. 纳税主体

在传统交易方式下，纳税主体必须进行税务登记。税务登记制度确保了税务机关了解纳税人的基本情况，便于实地查证、掌握税源、加强征管。而在网络环境下，交易双方可能都以虚拟的名称出现，对于查证这些虚拟的信息与实际地点以及法律主体的对应关系，难度较大。税

务机关无从判定纳税主体,传统的税源控制方法就难以奏效。

2. 征税对象

传统的交易对象以实物为主,而电子商务的对象不仅包括有形的实体商品,还涉及无形或数字化的产品与服务。其中数字化的产品使得课税对象的性质变得模糊,即这种数字化的产品应该界定为商品还是服务,这种网上交易是属于商品销售征收增值税,还是属于提供劳务应征营业税,还是属于无形资产的转让而征收营业税,根据现行税收理论,很难做出准确的判定。

3. 征税环节

任何一种商品从生产到消费要经过许多流转环节,现行税法对纳税环节的规定是基于有形商品的流通过程和经营业务活动的,主要适用于对流转额征税。因此其确定必须考虑商品及劳务价格的实现阶段,但是在网上交易过程中,虚拟性、隐蔽性以及数字化商品特性,使得生产、销售、流通等各个阶段无法确切区分,因此征税环节也较难判定。

(二)电子商务对税收征管的影响

1. 税收管辖权

属地管辖权在电子商务税收中难以继续有效地发挥原有的作用,原因在于:第一,服务器和网址流动性极强,可以随时随地转移而不受影响正常工作,对于确定具体地址以及行使管辖权极为不便。第二,商品服务供应地是确认流转税征收管辖权的主要依据。在网络环境中,消费者所在地、网络商业中心所在地及其服务器所在地三者常常位于不同的国家,此时商品供应地如何确定,哪个国家拥有税收管辖权难以判断。鉴于此,一些国家倡导应该弱化属地管辖权,倾向并侧重属人管辖权,但是在网络的虚拟条件下,交易双方可能不会以真实身份出现,实际姓名与确切地址都难以探知,本国对其行使属人管辖权也较为困难。

2. 税务稽查

税务机关对纳税人进行有效的税收征管和稽查,必须切实掌握纳税人完整真实的信息资料。但是在电子商务活动中,谈判签约、支付价款甚至数字化产品的交付等行为都可以在线完成。网上交易的无纸化使得税收征管稽查失去了原始实物凭据。同时电子支付可以轻易的更改而不留痕迹,这些都使得税收征管和稽查变得更加困难。

3. 税款流失

在现行税收征管制度下,税务登记所依据的基础是工商管理登记。但在网络交易下,电子商务纳税主体的虚拟化以及交易的无纸化,使得税务稽查所依据的纳税申报表及发票无从谈起。在电子商务条件下,纳税人在网上的经营范围几乎不受任何限制,这使得税务机关无法了解纳税人的生产经营状况。且在互联网上,企业可以直接进行交易不必通过中介机构,又使传统的代扣代缴税款无法进行。随之而来的税款流失问题成为各国关注的焦点。

二、电子商务环境下税收制度需要探讨和解决的问题

(一)纳税主体的身份难以确定

如上所述,电子商务具有虚拟性,这就使得纳税机关无法明确纳税义务人,动摇了税法中"住所"的基本概念,且在电子商务环境下改变经营地址轻而易举。另外,电子商务贸易涉及的对象较之传统贸易要复杂得多,往往涉及卖方、买方、代理方及网络服务器四个方面,究竟谁是

纳税主体不好判定。

（二）课税依据难以确定

在网络交易中,无纸化操作和虚拟化以及隐蔽性是电子商务的显著特点。所有的信息都是通过网络传输,不涉及现金,无需开具凭证。电子商务的无纸化操作及经营场所的频繁变动,使交易活动不会留下可供税务机关确定课税依据的痕迹,使现行税务机关无从下手。另外,电子货币在交易结算中采用匿名的方式,使税务机关无法跟踪,因此电子商务使课税依据变得模糊不清。

（三）数字产品电子商务税收的实现问题

电子商务所具有的商流与信息流的虚拟性,以及产品形态的特殊性,物流的虚拟性等特点使纳税人身份在判定中、交易过程的可追溯性上与税务稽查上有效实现的难度都大大增加。甚至可以说如果一个数字产品电子商务的经营者不如实地履行各项纳税申报,对于税务机关可以说基本上没有什么有效的方法和途径去追查其交易商品资金的细节。

（四）如何避免对电子商务双重征税的问题

由于电子商务中纳税人的身份、主营地点交易的细节、交易凭证等环节都难以有效确认与监督,所以也必然会存在对电子商务双重征税或多征税的问题,即如果电子商务中的各环节不能有效的确认,不能处理好依照电子商务中商流或信息流征税与根据物流征税的有效衔接的问题,那么电子商务中的双重征税或多征税的问题无法避免。

（五）如何从税收优惠的角度鼓励电子商务的发展

随着全球进入信息经济时代,电子商务作为现在主要经济贸易方式之一,必将给世界和各国经济的增长带来巨大的变革。对于这样一种崭新的具有重大意义的产业,在其发展初期国家从政策优惠的角度对电子商务给予一定程度的税收优惠,还是非常必要的。

（六）国际电子商务中税收管辖权的确定

税收管辖权确定的困难已在国际电子商务中显现出来,这主要是由于世界各国采取的确定税收管辖权的标准不同引起的。当消费者通过在不同国家拥有的网络商业中心采购时,关于哪个国家有权收取消费税的问题就会显现出来,并且在处理相关问题的过程中,极易造成重复征税或偷税漏税现象的发生。

三、美国电子商务税收政策综述

美国是世界上最先对电子商务税收制定专门政策的国家。1996年11月,美国财政部颁布了《全球电子商务税收政策解析》,提出各国在制定税收政策及税务管理措施时,应遵循中立原则,以促进互联网这一新兴技术的运用和发展。要达成国际共识以确保不对电子商务征收歧视性税收。并且应该明确对电子商务征税采取属人管辖而非属地管辖原则,避免双重征税。1997年7月,克林顿发布了《全球电子商务纲要》,提出了发展电子商务的五大原则:继续由私人企业主导互联网的发展;政府应避免对电子商务做不正当的限制;如果政府的介入是必要的,其应该在于支持即建立一种一致而简单的电子商务法律环境;政府应认识互联网特殊的本质,必须以全球为基础来促进电子商务的发展。对于离线交易应按现行税制办理,而不应开征新的税种;对于在线交易则应免征关税。

四、我国对电子商务税收的对策

(一) 加快实施电子征税

电子征税是指利用电子信息网络对商家网上交易和非网上交易征税的新方式。电子征税包括电子申报和电子结算两个环节。

电子申报是指纳税人利用各自的计算机或电话机,通过电话网、分组交换网、互联网等通信网络系统,直接将申报资料发给税务局,从而实现纳税人不必亲临税务机关即可完成申报的一种方式;电子结算是指国家税务机关根据纳税人的税票信息,直接从其开户银行划拨税款的过程。

第一个环节解决了纳税人与税务部门间的电子信息交换的问题,实现了申报无纸化;第二个环节解决了纳税人、税务机关、银行及国库间电子信息及资金的交换问题,实现了税款收付的无纸化。电子征税提高了申报的效率和质量,降低了税收成本。对纳税人来说,电子方式申报不受时间和空间的限制;对税务机关来说,电子方式纳税减少了数据录入所需的庞大的人力、物力,还大幅度降低了输入、审核的错误率。同时由于采用现代化计算机网络技术,票据的传输传递速度,缩短了税款在途滞留的环节和时间,从而确保了国家税收的及时入库。

(二) 建立健全适应电子征税的征管模式

(1) 建立统一的纳税人识别号。对每个纳税人应赋予唯一的纳税人,识别号及纳税人识别要采用国家标准。对于上网企业最好建立专门的电子商务税务登记制度,使税务机关对上网企业实施监控管理。

(2) 加快金税工程建设。建立全国范围的纳税信息网,将纳税企业的各种资料和纳税情况及时录入,便于进行情报交换,实现国际与国内商品价格和相关资料的共享。

(三) 加大税收的征管和稽查力度

(1) 建立规范性的认证制度。在电子贸易中,无论是数字的邮戳服务还是数字凭证的发放,都不能靠交易双方自己完成,而需要一个具有权威性和公正性的第三方来完成。认证机构就是承担网上安全、电子交易认证服务、签发数字证书,并能确认用户身份的服务机构。这一机构的主要任务是受理数字凭证的申请、签发及对数字凭证的管理,防止避税行为的发生。

(2) 规范电子发票。电子发票在未来很可能成为具有法律效力的会计凭证,它的规范性将有利于提高税务工作的效率,为将来的网上事务管理带来便捷,同时也是网上交易的合法依据。

(3) 加强与电子银行的合作。电子银行是一种全新的金融服务,随之而来的是电子货币、电子支票等电子支付方式的出现和应用。税务部门应与银行合作,通过电子货币、电子支票的实际转移来确定应税行为的发生,同时也有利于防止偷漏税行为的发生。

(4) 加强税务稽查工作。在税务稽查方面,加强同工商、银行、海关、法院、公安、边检等部门的联系,共建专门的税务计算机监控网络,防止在电子商务活动中税收违纪违法行为的发生。

(5) 建立密匙管理系统。要求企业将计算机超级密码钥匙的备份交给国家指定的保密机关,并建立一个密匙管理系统,税务机关在必要时可取得企业计算机超级密码的钥匙,从而加大稽查力度。

(6)在征管稽查中,应重点加强国际情报交流企业的网络化。只有通过各国税务机关的密切配合,运用互联网等先进技术加强国际交流,才能深入了解纳税人的信息,使税收征管、稽查有更充分的依据。

本章小结

我国正在逐步完善与电子商务有关的立法,并取得了一定的成效。但是应该看到,我国电子商务法律法规的发展还处在初级阶段,还没有建立起完整的法律体系,电子商务发展过程中产生的一系列问题还不能得到很好的解决。建立完善的电子商务法律法规体系,明确网络服务提供商的义务和责任,解决在线企业设立中的法律问题,建立完善的电子签名与认证法律制度,保护电子商务中的知识产权,保护电子商务消费者的合法权益,针对电子商务环境下税收面临的问题,制定我国电子商务税收的对策……解决电子商务过程中的法律难题,并随着电子商务的不断发展建立完善的电子商务法律制度,是电子商务飞速发展的大势所趋。

思考与练习

一、单选题

1. 下列不属于数据电文的是(　　)。
A. 电子邮件　　　　B. 手机短信　　　　C. 电报　　　　D. 书面合同

2. 我国第一部真正意义的电子商务法是(　　)。
A.《电子签名法》　　　　　　　　　B.《计算机信息系统安全保护条例》
C.《电子认证服务管理办法》　　　　D.《维护互联网安全的决定》

3. 侵权行为地通常包括侵权行为实施地和(　　)。
A. 侵权结果发生地　　　　　　　　B. 侵权人所在地
C. 被侵权人所在地　　　　　　　　D. 侵权服务器所在地

4. 电子签名是指(　　)中以电子形式所含、所附用于识别签名人身份并表明签名人认可其中内容的数据。
A. 电子邮件　　　　B. 电子合同　　　　C. 数据电文　　　　D. 磁盘

5. 下列关于电子签名的说法中不正确的是(　　)。
A. 电子签名是以电子形式出现的数据
B. 电子签名是附着于数据电文的
C. 电子签名是用电子笔从屏幕输入的
D. 电子签名可以是数据电文的一个组成部分,也可以是数据电文的连接;它与数据电文具有某种逻辑关系,能够使数据电文与电子文件联系

6. 数字签名与传统的手写签名相比有如下优点(　　)。
A. 数字签名中的签名同信息是不能分开的
B. 只有特定的人可以对数字签名进行检验
C. 任何人都可以对数字签名进行修改

D. 在数字签名中,有效签名的复制同样是有效的

7. 除非发件人与收件人另有协议,数据电文应以( )为数据电文接收的地点。
A. 收件人所设的营业地
B. 收件人没有营业地的,以发件人的营业地
C. 发件人所设的营业地
D. 发件人没有营业地的,以其惯常居住地

8. 所谓电子支付,是指以电子计算机及其网络为手段,将负载( )取代传统的支付工具用于资金流程,并具有实时支付效力的一种支付方式。
A. 有特定信息的电子数据
B. 有秘密信息的电子数据
C. 有一般信息的电子产品
D. 有通用信息的电子数据

9. 在电子商务中,对现有的电子商务技术进行客观评价时,不能对其产生限制,要给未来的电子商务技术的发展留下法律空间,这主要体现了电子商务法的( )原则。
A. 媒体中立
B. 技术中立
C. 实施中立
D. 功能等同

10. 目前,电子支付存在的最关键的问题是( )。
A. 技术问题
B. 安全问题
C. 成本问题
D. 观念问题

11. 同一商标的两个合法拥有者都想以他们的商标做域名的行为属于( )。
A. 域名抢注行为
B. 域名混淆行为
C. 同一商标的域名争议
D. 反向域名侵夺

12. 我国《消费者权益保护法》第七条规定,消费者在购买使用商品和接受服务时,享有人身财产不受损害的权利,这实质上是对消费者( )的保护。
A. 知情权
B. 交易安全权
C. 公平交易权
D. 隐私权

13. 我国《电子签名法》第24条规定,电子认证服务提供者应当妥善保存与认证相关的信息,信息保存期限至少为电子签名认证证书失效后( )。
A. 三年
B. 四年
C. 五年
D. 六年

二、多选题

1. 下列情况中,属于侵犯信息网络传播权的有( )。
A. 未经授权上传权利人作品
B. 未经允许在网络上转载、摘编他人的网上信息
C. 未经授权以P2P方式共享他人作品
D. 未经允许链接使用他人作品

2. 赵经理的公司刚刚在阿里巴巴中文网站上开展网上贸易业务,由于警惕性不够,经验不足,很快就遭遇了骗局,当发现上当受骗,赵经理应该( )。
A. 保留所有交易过程中的一切资料,包括合同、聊天记录、往来邮件、发货凭证、汇款凭证、账号信息、联系方式等
B. 到当地公安机关报警

C. 将公安机关的立案证明(受理案件回执)或者法院的立案通知书签字盖章的复印件提供给阿里巴巴

D. 到诚信论坛进行投诉

3. 对于电子信息交易合同,一方违约后,可以采取的救济方式为( )。
   A. 实际履行　　　B. 责令改正　　　C. 继续使用　　　D. 中止访问

4. 根据技术中立原则,要达到各方利益的平衡,实现公平的目标,就有必要做到( )。
   A. 技术中立　　　B. 主体中立　　　C. 媒介中立　　　D. 实施中立

5. 电子商务法的特征有( )。
   A. 商法性　　　　　　　　　　　B. 技术性
   C. 开放性和兼容性　　　　　　　D. 国际性

6. 网络服务提供商侵权责任的构成要件有( )。
   A. 侵权行为　　　B. 损害后果　　　C. 因果关系　　　D. 主观过错

三、判断题

1. "电子邮件"不属于我国《合同法》所说的"书面形式"。( )
2. 我国目前对经营性和非经营性的互联网信息服务均实行许可制度。( )
3. 域名之间虽然不能完全相同,但可以极度相似。在这一点上,域名与商标不同。( )
4. 各类数字化形式的作品都受著作权法保护。( )
5. 从电子商务活动参与者的角度分类,电子商务法律关系可以分为企业与企业之间的电子商务法律关系,企业与消费者之间的电子商务法律关系和企业与政府之间的电子商务法律关系。( )
6. 技术中立原则意味着,电子商务立法必须考虑信息技术的高速发展趋势,为新技术的采纳留有余地,或者不应排斥对新技术的采纳,以适应电子技术和电子商务模式的新发展。( )
7. 电子商务法的开放性特征主要是针对因特网的国际开放性而言的。( )
8. 采用数据电文形式订立合同,收件人指定特定系统接收数据电文的,该数据电文进入该特定系统的时间,视为到达时间。( )
9. 数据电文的形式为电报、电传、传真、电子数据交换和电子邮件形式。( )
10. 在政府的大力推动和企业的不懈努力下,我国的电子商务取得了一定的成就,已经建立了比较完善的电子商务法律体系。( )

四、实践题

1. 查看我国《电子签名法》,了解电子签名使用人的基本行为规范及电子签名的法律效力。
2. 查看《消费者权益保护法》2014年新增内容中涉及网络经营者与消费者权利义务的规定,提出自己的观点。
3. 如果自己在参与电子商务的过程中,合法权益受到侵害,该如何维权?列举自身经历来进行阐述。

五、案例分析题

案例一

2016年1月,张先生认识了李女士。4月份,李女士发短信给张先生,向他借钱应急,短信中说:"我需要5000元,刚回北京做了眼睛手术,不能出门,你汇到我卡里。"杨先生随即将钱汇给了韩某。不久,张先生再次收到李某的短信,又借给李某6000元。因都是短信来往,二次汇款张先生都没有索要借据。此后,因李某一直没提过借款的事,而且又再次向张先生借款,张先生产生了警惕,于是向李某催要。但一直索要未果,于是起诉至海淀法院,要求韩某归还其11000元钱,并提交了银行汇款单存单两张二张。但李某却称这是张先生归还以前欠她的欠款。

在庭审中,张先生在向法院提交的证据中,除了提供银行汇款单存单两张外,还提交了自己使用的号码为"1391166XXXX"的飞利浦移动电话一部,其中记载了部分短信息内容。如:2014年4月27日15:05:"那就借点资金援助吧。"2014年4月27日15:13:"你怎么这么实在!我需要五千,这个数不大也不小,另外我昨天刚回北京做了个眼睛手术,现在根本出不了门口,见人都没法见,你要是资助就得汇到我卡里!"等韩某发来的18条短信内容。后经法官核实,张先生提供的发送短信的手机号码拨打后接听者是李某本人。而李某本人也承认自己使用这个手机号码。

问题:

针对上述案例,你认为法庭如何判定?

案例二

2011年3月31日,刘某在A公司交易平台网交易平台注册,由A公司交易平台网为刘某提供免费的网络交易平台服务。2011年7月1日,A公司交易平台网开始向用户收取网络交易平台使用费,并于9月18日发布了新的《服务协议》供新老用户确认,该协议对用户注册程序、网上交易程序、收费标准和方式及违约责任等作了具体的约定。此后,刘某确认了A公司交易平台网的《服务协议》,并继续使用A公司交易平台网的网络交易平台,但至2011年9月24日,刘某尚欠A公司交易平台网网络平台使用费1330元,为此,A公司交易平台网诉至法院,要求刘某支付网络平台使用费、赔偿律师费用。刘某则认为,《服务协议》长达67页,过于冗长,致使用户不能阅读全文,故用户不应受该协议的约束。本案涉及的主要法律问题是如何确认网络服务合同的成立这一法律问题。

问题:

针对上述案例,你认为法庭如何判定?

案例三

2014年7月19日,甲工具制造有限公司(以下简称甲公司)与乙电子商务有限公司(以下简称乙公司)通过邮件形式签订电子商务服务合同1份,约定:乙公司为甲公司安装其拥有自主版权的IteMS2000 1.0版国际贸易电子商务系统软件1套,在安装后1年之内最少为甲公司提供5个有效国际商务渠道。乙公司对甲公司利用其软件与商情获得的成交业务,按不同情形收取费用,最高不超过50万元。如果在1年之内,乙公司未能完成提供有效国际商务渠道的义务,则无条件退还甲公司首期付款5万元并支付违约金。合同签订后,乙公司在甲公司处安装了软件平台,并代甲公司操作该系统。

2015年10月,甲公司以乙公司违约,未能提供有效国际商务渠道为由起诉至法院,要求解除合同,返还已付款项并支付违约金。乙公司在举证期限内提供了海外客户对甲公司产品询盘的4份电子邮件(打印文件),以此证明乙公司为甲公司建立的交易平台已取得业务进展,至于最终没有能够成交,是由于甲公司提供给外商的样品不符合要求。

一审法院认为,电子邮件的资料为只读文件,除网络服务提供商外,一般外人很难更改,遂认定了电子邮件证据的效力。甲公司不服判决并上诉。二审法院认为,乙公司提供的电子邮件只是打印件,对乙公司将该电子邮件从计算机上提取的过程是否客观和真实无法确认,而乙公司又拒绝当庭用储存该电子邮件的计算机通过互联网现场演示,故否认了4份电子邮件的证据效力。

问题:
针对上述案例,你认为法庭如何判定?

习题参考答案

参考文献

[1] 张楚. 电子商务法[M]. 4版. 北京:中国人民大学出版社,2016.
[2] 杨坚争. 电子商务法教程[M]. 3版. 北京:高等教育出版社,2016.
[3] 贺琼琼. 电子商务法[M]. 3版. 武汉:武汉大学出版社,2016.
[4] 韩晓平. 电子商务法律法规[M]. 2版. 北京:机械工业出版社,2015.
[5] 刘映春. 电子商务法[M]. 北京:中央广播电视大学出版社,2012.
[6] 戴恩勇,袁超. 网络营销[M]. 北京:清华大学出版社,2015.
[7] 田玲. 网络营销理论与实践[M]. 2版. 北京:北京交通大学出版社,2014.
[8] 李海刚. 新媒体营销密码[M]. 北京:电子工业出版社,2016.
[9] 海天金融研究中心. 一本书玩转数据分析[M]. 北京:清华大学出版社,2016.
[10] 黄颖. 一本书读懂大数据[M]. 吉林:吉林出版集团有限责任公司.
[11] 岑咏霆. 市场调查技术[M]. 北京:高等教育出版社,2005.
[12] http://www.docin.com/p-813231039.html.
[13] 任昱衡,李倩星,米晓飞. 数据挖掘[M]. 北京:电子工业出版社,2016.
[14] http://blog.sina.com.cn/s/blog_6824d6f10100ipzf.html.
[15] https://wenku.baidu.com/view/df18e442336c1eb91a375d6e.html.
[16] 荆林波. 电子商务概论[M]. 北京:中央广播电视大学出版社,2012.
[17] 吴卫明. 互联网金融知识读本. 北京:中国人民大学出版社,2015-07-01.
[18] 张宽海. 网上支付与结算. 2版. 北京:电子工业出版社,2013-08-01.
[19] 丛砚敏. 移动金融:支付革命. 北京:清华大学出版社,2016.
[20] 曹一兵. 移动支付实战攻略 指尖上的移动互联网商业革命 卖家版. 北京:化学工业出版社,2015.
[21] 张滨,等. 移动电子商务安全技术与应用实践. 北京:人民邮电出版社,2016.
[22] 陈国嘉. 移动物联网 商业模式+案例分析+应用实战. 北京:人民邮电出版社,2016.
[23] 程文渭. 电子商务网络技术基础. 北京:电子工业出版社,2016-01-01.
[24] 张宝明,文燕平,陈梅梅. 电子商务技术基础. 3版. 北京:清华大学出版社,2016.
[25] 臧良运. 电子商务支付与安全. 3版. 北京:电子工业出版社,2014.
[26] 周虹. 电子支付与结算. 北京:人民邮电出版社,2016.
[27] 李翔. 电子商务概论[M]. 北京:中国计划出版社,2001.
[28] 王方华,吴盛刚,朱彤. 网络营销[M]. 太原:山西经济出版社,1999.
[29] 冯英健. 网络营销基础与实践[M]. 北京:清华大学出版社,2007.
[30] 于鹏. 电子商务基础[M]. 北京:电子工业出版社,2007.
[31] 秦勇,李东进. 电子商务概论[M]. 北京:清华大学出版社,2015.
[32] 陶世怀. 电子商务概论[M]. 大连:大连理工大学出版社,2009.
[33] 邵兵家. 电子商务概论[M]. 北京:高等教育出版社,2006.

[34] 刘喜敏. 网络营销[M]. 大连：大连理工大学出版社，2012.

[35] 武亮，王跃进. 跨境电商[M]. 北京：化学工业出版社，2016.

[36] 肖海明，姚伟. 网络营销理论与实务[M]. 北京：中国传媒大学出版社.

[37] 林慧娟. 关于优化电子商务支付交易的研究[J]. 金融经济，2016(24)：174-176.

[38] 张妍. 电子商务环境下移动支付模式研究——以支付宝和微信支付为例[J]. 现代经济信息，2016(18)：318.

[39] 杨静，张双才. 电子商务与第三方支付、网上用户规模的交互影响分析——基于双对数联立方程的探讨[J]. 财会月刊，2016(26)：10-14.

[40] 田建浩，任百祥. 电子商务中第三方网络支付的安全问题分析及对策[J]. 现代经济信息，2016(16)：285.

[41] 戚奇平. 电子商务环境下移动支付问题与优化策略探析[J]. 电子技术与软件工程，2016(10)：234.

[42] 李笃. 电子商务网络支付安全问题研究[J]. 现代营销（下旬刊），2016(05)：119.

[43] 张滨，冯运波，吴秦建，等. 移动电子商务安全技术与应用实践[J]. 通信学报，2016(04)：200.

[44] 雷涵博. 移动电子商务支付模式及其安全性分析[J]. 中国管理信息化，2016(08)：146.